励学·金融学系列

金融数学简明教程

主　编　杨　婷
副主编　马　荣

南京大学出版社

图书在版编目(CIP)数据

金融数学简明教程/ 杨婷主编. --南京:南京大学出版社,2014.4
(励学·金融学系列)
ISBN 978 - 7 - 305 - 12947 - 6

Ⅰ. ①金… Ⅱ. ①杨… Ⅲ. ①金融—经济数学—高等学校—教材 Ⅳ. ①F830

中国版本图书馆 CIP 数据核字 (2014) 第 051599 号

出版发行	南京大学出版社
社　　址	南京市汉口路 22 号　邮编 210093
网　　址	http://www.NjupCo.com
出 版 人	左　健
丛 书 名	励学·金融学系列
书　　名	金融数学简明教程
主　　编	杨　婷
副 主 编	马　荣
责任编辑	陈　超　府剑萍　　编辑热线:025 - 83592193
照　　排	江苏南大印刷厂
印　　刷	南京京新印刷厂
开　　本	787×1092　1/16　印张 15.25　字数 370 千
版　　次	2014 年 4 月第 1 版　2014 年 4 月第 1 次印刷
ISBN	978 - 7 - 305 - 12947 - 6
定　　价	29.80 元

发行热线　025 - 83594756　83686452
电子邮箱　Press@NjupCo.com
　　　　　Sales@NjupCo.com(市场部)

* 版权所有,侵权必究
* 凡购买南大版图书,如有印装质量问题,请与所购图书销售部门联系调换

前　言

　　在高等教育日益普及的今天,各级民办高等院校如雨后春笋般应运而生。面对竞争愈发激烈的就业市场,如何使学生通过大学的学习在未来占有优势,是高校普遍关心的问题,对于民办高校更是突出!"实务型教学"成为民办高校当下生存的基础和办学的宗旨。但如何切实办出实务的特色是许多民办高校面临的迫切挑战。我国高校的教学计划与许多发达国家所实行的实务教学目前还有很大差距。

　　在德国,许多民办高校和专科大学的学生学历并不高,但他们很受用人单位青睐。原因在于这些高校走的是实务型"职业培训"的教学之路:在有限的时间里最有效地学习对具体工作最有用的知识,同时将省下来学书本的时间用到企业的实习中,使学生大大缩短了将来在企业的工作培训期和适应期,能更快上手,有力地增加学生的就业竞争力。

　　这种"职业培训"教学的成功经验,促使我们尝试改革传统高校金融系的数学教学体系。目的是减轻学生沉重的数学压力,提高数学学习效率,力争做到学有所用,突出实务性。目前,这种数学教学思路在全国高校的金融专业还没有先例,本教材就是在这种指导思想下诞生的。

　　本教材的特点:以金融系本科毕业生在金融领域工作中的技能需要为导向,首先对金融应用数学(即传统教学中的"金融数学")的内容进行调整,只介绍常用到的金融数学模型,强调如何用,而不是如何证;强调面要广,而不是内容深;再对基础数学(即传统教学中的"高等数学")的内容进行精选,删除一些艰深的数学内容,留下实用性强的内容,目的是使学生具备能够掌握上述金融数学模型所需要的数学基础;最后将精选的金融应用数学和基础数学内容全部汇总,整合成这本金融数学的教材。

　　教材分为两部分:第一部分主要介绍利息理论的知识,第二部分则包括资产资本定价理论及金融衍生品的定价理论;每一部分都分为基础数学篇和金融应用篇。教材汇总了金融系本科教学里的微积分、概率论及金融数学的内容,大学四年里金融系学生所需基本的数学内容都涵盖在书中,内容全面、易懂和实用,旨在起到一个简单的"职业培训手册"作用。

　　本教材的目的是介绍一个金融数学基础,重在实用;学生若渴望在金融领域有更深的造诣,还需要结合其他相关教材。

　　教材编写之初得到了南京大学金融系于润老师、方先明老师、孙武军老师的大力支持和帮助,他们就本书的框架结构、特色方向给出了宝贵建议。在后期校对工作中严威、潘若愚、孙哲、孙义程提供了许多帮助,章丽霞参与了基础数学篇部分例题的编写,在此一并表示感谢!

　　本书在编写过程中参阅了大量的相关书籍、文献,在参考文献中都有标记,在此对于这些文献的作者表示诚挚的感谢。如尚存遗漏之处,请原谅我们的无心之失。

　　本书的写作分工如下:杨婷负责了全书的框架编排、内容拣选、全书统稿及金融应用篇的撰写。马荣负责基础数学篇的撰写。

　　因时间、精力等因素所限,本教材难免有不足之处,若能得到同行专家和读者的指正,不胜感谢。

杨　婷

2014年2月

目 录

导论　金融市场 ··· 1

第一部分　利息理论

基础数学篇

第1章　函数与极限 ·· 7
　第1节　函数 ··· 7
　第2节　数列的极限 ··· 12
　第3节　函数的极限 ··· 15

第2章　导数与微分 ··· 26
　第1节　导数的概念 ··· 26
　第2节　求导法则 ·· 29
　第3节　微分 ·· 34

第3章　微分中值定理与导数的应用 ·· 38
　第1节　微分中值定理 ·· 38
　第2节　洛必达(L'Hospital)法则 ·· 41
　第3节　函数的单调性、极值与最值 ·· 43

第4章　不定积分 ·· 48
　第1节　不定积分的概念和基本积分表 ·· 48
　第2节　换元积分法 ··· 50
　第3节　分部积分法 ··· 53

第5章 定积分 56
第1节 定积分的概念 56
第2节 定积分的计算 58

第6章 多元函数微积分 64
第1节 二元函数的极限 64
第2节 偏导数 66
第3节 二重积分 71

第7章 无穷级数 80

金融应用篇

第8章 利息理论 87
第1节 利息的基本函数 88
第2节 利息的计算 90
第3节 小区间的利息度量工具 96

第9章 年金 101
第1节 期末付年金 101
第2节 期初付年金 103
第3节 延期年金 105
第4节 永续年金 105

第10章 投资收益分析 107
第1节 贴现现金流分析 107
第2节 再投资分析 110
第3节 投资收益分配 111

第11章 债务偿还 114
第1节 等额分期偿还 114
第2节 等额偿债基金 116

第二部分　金融产品定价理论

基础数学篇

第 12 章　随机事件及其概率 ·········· 121
　第 1 节　随机事件 ·········· 121
　第 2 节　概率 ·········· 126
　第 3 节　条件概率 ·········· 128
　第 4 节　事件的独立性 ·········· 132

第 13 章　随机变量及其分布 ·········· 136
　第 1 节　随机变量及其概率分布 ·········· 136
　第 2 节　常见的几种重要分布 ·········· 140
　第 3 节　随机变量函数的分布 ·········· 145
　第 4 节　二维随机变量 ·········· 146

第 14 章　随机变量的数字特征 ·········· 153
　第 1 节　数学期望 ·········· 153
　第 2 节　方差、协方差 ·········· 155
　第 3 节　大数定理 ·········· 160
　第 4 节　中心极限定理 ·········· 162

第 15 章　参数估计与假设检验 ·········· 167
　第 1 节　参数估计 ·········· 167
　第 2 节　假设检验 ·········· 171

金融应用篇

第 16 章　债券和股票 ·········· 175
　第 1 节　固定收益证券的类型和特点 ·········· 175
　第 2 节　债券基本定价 ·········· 176
　第 3 节　普通股票 ·········· 178

第17章 资产组合管理 ... 180
第1节 投资组合理论 ... 181
第2节 资本资产定价理论 ... 186

第18章 远期与期货 ... 191
第1节 基本衍生证券 ... 191
第2节 衍生产品定价理论 ... 193
第3节 远期合约的应用 ... 197

第19章 期权 ... 200
第1节 期权的基本原理 ... 200
第2节 二叉树的定价理论 ... 206
第3节 连续时间模型定价理论 ... 216

附录 ... 225

参考文献 ... 236

导论 金融市场

> **学习目的**
> 了解金融数学的发展历程和研究领域.

引 言

早在古希腊时代,第一张借据产生的那一刻,金融(Finance)就出现了. 时至今日,金融的概念已经扩展到了银行的利息、各种证券交易. 那么究竟什么是金融? 其需要解决的核心问题是什么? 为此不得不动用经济学家历来钟爱的荒岛鲁宾逊(Robinson Crusoe)传奇. 故事仍然从鲁宾逊在沉船的残骸中取回了最后的一些谷子开始. 他必须现在就消费其中的一部分,否则立刻就会饿死;但又不能图一时享受把谷子全部吃光,还必须拿出一部分用于耕种,期待来年有所收获以维持生计. 到此为止一切那样有条不紊. 但很快鲁宾逊遇到一个新问题,在他耕种得已经很熟悉的那块土地上,每年的产出量都是一个不太多的固定数目,他对此不太满意. 一次在岛东边巡视时,他发现了一片看上去非常肥沃的冲积平原. 他估计如果把谷子播种在这块土地上,来年可能会有更好的收成. 但是他对此又没有十分的把握,如果把所有的种子都投放在这个风险项目上,而又不幸出了什么差错的话,那么他辛辛苦苦一年,到头来仍然难逃饿死的命运. 现在问题复杂了,鲁宾逊必须同时决定现在消费多少谷子、投放多少谷子在原来的土地上,又投放多少谷子在有风险的土地上.

一、金融与金融数学

我们很容易想到所谓金融,顾名思义就是指资金的融通或者说资本的借贷. 通过上面的故事更进一步看,我们认为,金融需要解决的核心问题就是:如何在不确定的环境下,对资源进行跨期地最优配置. 这还算不上是一个定义,但是它确实为我们提供了一条线索,换句话说,作为消费者的鲁宾逊必须决定如何跨期地在不确定的环境下,把资源最优地配置给同时又是生产者的鲁宾逊. 这就是金融所要解决的核心问题.

金融核心:在不确定的环境下,通过资本市场,对资源进行跨期(最优)配置.

无论从哪个角度看,这个不确定环境下的资源跨期最优配置问题都是相当棘手的. 那么现实中的经济体系是如何对这个问题做出解答的呢? 伴随着金融学的深化与发展,金融数学(Financial Mathematics)应运而生.

在现代金融学的发展历程中,两次华尔街革命产生了一门新兴的学科,即金融数学. 随着金融市场的发展,金融创新日益涌现,各种金融衍生产品层出不穷,这给金融数学的发展提出了更高的要求,同时也为金融数学这一门学科的发展提供了广阔的空间.

金融数学是金融学自身发展而衍生出来的一个新的分支,是数学与金融学相结合而产生的一门新的学科,是金融学由定性分析向定性分析与定量分析相结合,由规范研究向实证研究为主转变,由理论阐述向理论研究与实用研究并重,金融模糊决策向精确化决策发展的结果.

金融数学:运用数学工具来定量研究金融问题的一门学科.与其说是一门独立学科,还不如说是作为一系列方法而存在.

金融数学研究的中心问题是风险资产(包括衍生金融产品和金融工具)的定价和最优投资策略的选择.

二、金融工具分类

金融市场是指资金供求双方运用各种金融工具,通过各种途径实现货币借贷和资金融通的交易活动的总称.其含义有广义和狭义之分.广义是指金融机构与客户之间、各金融机构之间、客户与客户之间所有以资金商品为交易对象的金融交易,包括存款、贷款、信托、租赁、保险、票据抵押与贴现、股票债券买卖等全部金融活动.狭义则一般限定在以票据和有价证券为交易对象的融资活动范围之内.

按是否与实际信用活动相关,金融工具可分为原生金融工具和衍生金融工具.

1. 原生金融工具

原生金融工具指在实际信用活动中出具的能证明债权债务关系或所有权关系的合法凭证.其种类主要有商业票据、债券等债权债务凭证,以及股票、基金等所有权凭证.原生金融工具是金融市场上最广泛使用的工具,也是衍生金融工具赖以生存的基础.常见的原生金融工具如下:

(1) 商业票据:由金融公司或某些信用较高的企业开出的无担保短期票据,分为本票和汇票两种.

(2) 股票:一种由股份有限公司签发的用以证明股东所持股份的凭证,分为普通股和优先股.

(3) 债券:一种有价证券,是社会各类经济主体为筹措资金而向债券投资者出具的,并且承诺按一定利率定期支付利息和到期偿还本金的债券债务凭证,按发行人分为国家债券与公司债券.

2. 衍生金融工具

衍生金融工具是在原生金融工具的基础上派生出来的各种金融合约及其组合形式的总称.其种类包括远期、期货、期权、互换.衍生产品的特点相较于原生产品更突显出杠杆性、高风险性和虚拟性.

(1) 远期合约:甲、乙双方(目前)时刻 t 签订一份合约:在将来给定时刻 T 以(当前)设定的价格成交一种物品(称为标的资产(Underlying Asset)或标的物品(Underlying Commodity)),这样的一份合约称为 $[t, T]$ 上的一个远期(合约)(Forward (Contract)).所设定的成交价格称为交割价格(Strike Price),也称执行价格(Exercise Price),时刻 T 称为到期时刻(Maturity).在到期时刻 T 将成为标的资产买方的称为多头(Long Position),而将成为标的资产卖方的称为空头(Short Position).

我们以标的资产是股票的远期合约通过图示来解释,远期是如何操作的:

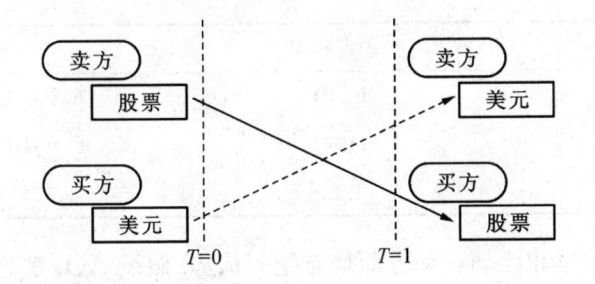

合约条款：

① 在确定的日期（到期日），合约的买方必须支付规定数量的现金（即交割价格）给合约的卖方.

② 合约的卖方必须在到期日转让相应股票给买方.

到期日买方的利润或损失：$S_T - K$.

S_T——到期时的股票价格；

K——交割价格.

（2）期货合约（Futures Contracts）：由期货交易所统一制订的、规定在将来某一特定的时间和地点交割一定数量和质量的实物商品或金融商品的标准化合约.

（3）期权（Option）：在未来一定时期可以买卖的权利，是买方向卖方支付一定数量的金额（指权利金）后拥有的在未来一段时间内（指美式期权）或未来某一特定日期（指欧式期权）以事先规定好的价格（执行价格）向卖方购买（指看涨期权）或出售（指看跌期权）一定数量的特定标的物的权利，但不负有必须买进或卖出的义务. 期权交易事实上就是这种权利的交易. 买方有执行的权利，也有不执行的权利，完全可以灵活选择.

（4）互换（Swaps）：两个或两个以上当事人按照商定条件，在约定的时间内交换一系列现金流的合约. 可以看作是一系列远期的组合. 主要的互换类别有利率互换（Interest Rate Swap，IRS）和货币互换（Currency Swap）.

投资者可以通过互换这样的工具获益的原因是基于一个重要的比较优势理论.

比较优势理论（Comparative Advantage）是英国著名经济学家大卫·李嘉图（David Ricardo）提出的. 他认为，在两国都能生产两种产品，且一国在这两种产品的生产上均处于有利地位，而另一国均处于不利地位的条件下，如果前者专门生产优势较大的产品，后者专门生产劣势较小（即具有比较优势）的产品，那么通过专业化分工和国际贸易，双方均能从中获益.

接下来我们以一个利率互换的例子来解释比较优势理论如何在操作中发挥它的神奇作用的.

例 利率互换（Interest Rate Swaps）是指双方同意在未来的一定期限内根据同种货币的同样的名义本金交换现金流，其中一方的现金流根据浮动利率计算出来，而另一方的现金流根据固定利率计算. 常见期限包括1年、2年、3年、4年、5年、7年与10年，也偶见30年与50年的利率互换.

双方进行利率互换的主要原因是双方在固定利率和浮动利率市场上具有比较优势. 假定A、B公司都想借入5年期的1 000万美元的借款，A想借入与6个月期相关的浮动利率借款，B想借入固定利率借款. 但两家公司信用等级不同，故市场向它们提供的利率也不同：

	固定利率	浮动利率
A公司	10.0%	6个月 LIBOR+0.30%
B公司	11.2%	6个月 LIBOR+1.00%
借款成本差额	1.2%	0.7%

A较B在固定利率和浮动利率方面均有绝对优势. 假设 A、B 都想借入期限为 5 年的 1 000 万美元,A 在固定利率借款方面有比较优势,B 在浮动利率方面有比较优势.

根据比较优势理论,A 以年利率 10%的固定利率借入 5 年的 1 000 万美元,B 以 6 个月 LIBOR+1.00%借入 1 000 万美元.

这样操作之后,双方总的筹资成本降低了

$$(11.2\% + 6 \text{个月 LIBOR} + 0.30\%) - (10.00\% + 6 \text{个月 LIBOR} + 1.00\%) = 0.5\%.$$

这是互换利益,假设由双方各分享一半.

三、重要的金融数学工具

金融数学的主要目的就是根据标的资产的价格计算衍生产品的价格. 而发现其价格的两个金融数学工具就是无套利的条件与复制的方法.

1. 无套利

若在一个市场中,人们可以身无分文入市,通过资产的买卖(允许卖空和借贷)使得能够最终不欠债,且有正概率的机会获得盈利,则称该市场存在套利机会. 假如市场不存在套利机会,则称市场无套利.

无套利市场满足以下条件:

$$V(t=0) = 0 \Rightarrow V(t>0) = 0,$$

其中 $V(t)$ 表示 t 时刻的资产价值. 相反地,$V(t>0) > 0$ 说明市场上有套利机会.

一般假设投资者是理性的,理性的金融市场是满足无套利的. 套利机会往往发生在不同地域间的短时期内.

例 一股票在纽约 140 美元,在伦敦 100 英镑,而汇率为每英镑 1.43 美元. 套利者会如何操作?

美国买入股票,英国卖出. 无风险获利 143−140 = 3(美元).

这时大量的套利者就会在纽约市场买入该股票,导致纽约市场上该股票价格上涨;而在伦敦市场卖出该股票,导致伦敦市场上该股票价格下跌. 供求关系的变化使两个市场上的股票价格趋于一致并最终平衡,此时再无套利机会.

2. 复制

复制是指将一个金融工具以组合头寸来加以表示.

关于这两个工具的具体应用,我们在后面的章节里还会作进一步更详细的介绍.

第一部分

利息理论

一切金融现象都离不开"利息"二字，它是解决复杂的金融问题的基础，故我们在本书开始先要重点介绍一下基本的利息理论。为了掌握利息理论我们需要具备基础的微积分知识。第一部分的基础数学篇着重介绍微积分的内容，在具备基础的数学知识前提下，在金融应用篇再来介绍利息理论。

基础数学篇

第1章 函数与极限

学习目的
1. 掌握基本初等函数的性质及其图形；
2. 熟练掌握利用极限的性质和四则运算法则，以及利用两个重要极限求极限的方法；
3. 理解无穷小量、无穷大量的概念，会用等价无穷小量求极限.

函数是高等数学的主要研究对象，极限是微积分的基本工具，因此，我们先来研究函数和极限.

第1节 函 数

一、函数的概念和基本性质

定义1-1 设 D 是一个非空实数集，x,y 是两个变量. 若对于 $\forall x \in D$，按照某个对应法则 f，总有唯一确定的 y 值与之对应，则称 y 是 x 的**函数**，记作 $y = f(x)$，$x \in D$. 其中 x 称为**自变量**，y 称为**因变量**，集合 D 称为函数 $f(x)$ 的**定义域**.

$f(x)$ 的全体函数值的集合 $\{y \mid y = f(x), x \in D\}$ 称为函数 $y = f(x)$ 的**值域**，记作 R_f 或 $f(D)$.

例1-1 求下列函数的定义域：

(1) $y = \sqrt{3x-2}$；　　　　(2) $y = \dfrac{1}{x} + \ln(x^2 - 4)$.

解 (1) 要使 $y = \sqrt{3x-2}$ 有意义，需 $3x - 2 \geqslant 0$，则 $x \geqslant \dfrac{2}{3}$，故函数的定义域为 $\left\{x \mid x \geqslant \dfrac{2}{3}\right\}$；

(2) 要使 $y = \dfrac{1}{x} + \ln(x^2 - 4)$ 有意义，需

$$x^2 - 4 > 0, \text{且 } x \neq 0,$$

则 $x < -2$ 或 $x > 2$，故函数的定义域为 $\{x \mid x < -2 \text{ 或 } x > 2\}$.

函数的定义中,每一个 $x \in D$,只能有唯一的一个 y 值与它对应,这样定义的函数称为**单值函数**;若同一个 x 值可以对应多于一个 y 值,则称这种函数为**多值函数**.

函数 $f(x)$ 给出了 x 轴上的点集 D 到 y 轴上的点集 R_f 之间的单值对应,也称为**映射**,对于 $a \in D$,$f(a)$ 称为映射 f 下 a 的**象**,a 则称为 $f(a)$ 的**原象**.

函数常用的三种表示方法:解析法(或公式法)、列表法和图像法.

注 函数的定义中有两个基本要素:定义域与对应法则.因此,只有当两个函数的定义域与对应法则完全相同时,才认为它们是同一个函数.

函数具有以下的基本性质:

(1) 有界性

定义 1-2 设函数 $y = f(x)$ 的定义域为 D,若存在一个常数 $M(L)$,使得 $\forall x \in D$,都有

$$f(x) \leqslant M (f(x) \geqslant L),$$

则称 $f(x)$ 为 D 内有上(下)**界的函数**,数 $M(L)$ 称为 $f(x)$ 在 D 内的**一个上**(下)**界**.

定义 1-3 设函数 $y = f(x)$,$x \in D$,若存在一个正数 $K > 0$,使得 $\forall x \in D$,都有

$$|f(x)| \leqslant K,$$

则称 $f(x)$ 在 D 内是**有界函数**;否则,称为**无界函数**.

有界函数的**等价定义**是:若 $y = f(x)$ 在 D 内既有上界又有下界,则称 $f(x)$ 在 D 内是有界函数.

$y = f(x)$ 在 D 内有界当且仅当数集 $f(D)$ 是有界集,即

$$\forall f(x) \in f(D), L \leqslant f(x) \leqslant M,$$

其中 M, L 为常数,分别称为 $f(D)$ 的一个上界和一个下界.

无界的**正面描述**是:

$y = f(x)$,$x \in D$ 是无界函数当且仅当 $\forall M > 0$,$\exists x \in D$,使得 $|f(x)| > M$.

有界函数的几何意义:

若函数 $y = f(x)$,$x \in D$ 为有界函数,则 $f(x)$ 的图像

$$graph f(x) = \{(x, y) \mid y = f(x), x \in D\}$$

完全落在直线 $y = M$ 和 $y = -M$ 之间.

注 函数的有界性与函数自变量 x 的取值范围有关,如:$y = x$,在 **R** 内无界,但在任何有限区间内都有界.

(2) 单调性

定义 1-4 设函数 $y = f(x)$,$x \in D$,对区间 $I \subseteq D$,若 $\forall x_1, x_2 \in I$,当 $x_1 \leqslant x_2$ 时,恒有

$$f(x_1) \leqslant f(x_2) (f(x_1) \geqslant f(x_2)),$$

则称 $y = f(x)$ 在区间 I 内**单调递增**(**单调递减**),也称 $y = f(x)$ 为区间 I 内的**单调递增函数**(**单调递减函数**).单调递增函数和单调递减函数统称为**单调函数**.

定义中的不等号若改为严格的不等号,则称 $y=f(x)$ 为严格的单调函数.

从几何图形上看,单调递增(单调递减)函数的图像沿着 x 轴正向逐渐上升(下降).

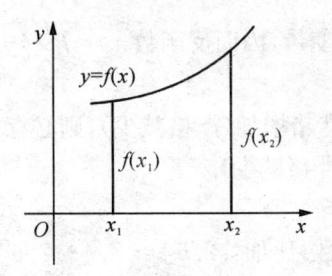

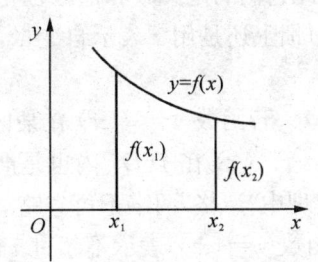

图 1-1

注 函数的单调性与区间有关,因此只要提到一个函数是单调函数,必须指出它的单调区间.

(3) 奇偶性

定义 1-5 设函数 $y=f(x),x\in D$,其中 D 是关于原点对称的一个数集,若 $\forall x\in D$,恒有

$$f(-x)=f(x)(f(-x)=-f(x)),$$

则称函数 $y=f(x)$ 为 D 内的**偶(奇)函数**. 若既非奇函数,又非偶函数,则称为**非奇非偶函数**.

从几何图形上看,偶函数的图像关于 y 轴对称,奇函数的图像关于原点对称.

注 定义中 D 关于原点对称是指,$\forall x\in D$,必有 $-x\in D$.

(4) 周期性

定义 1-6 设函数 $y=f(x),x\in D$,若 $\exists T>0$,使得 $\forall x\in D$,都有

$$f(x+T)=f(x),$$

则称 $y=f(x)$ 是**周期函数**.

若 T 为周期,则 $kT\ (k\in \mathbf{N}^*)$ 也是周期,其中最小的正数称为**最小正周期**,通常说的周期是指最小正周期.

注 并非每个周期函数都有最小正周期,如:常函数 $y=C$.

二、反函数与复合函数

1. 反函数

在函数的定义中有两个变量,一个是自变量,一个是因变量,一主一从,地位不同. 然而在实际问题中,谁是自,谁是因,是可以相互转化的.

定义 1-7 设函数 $y=f(x),x\in D$,若 $\forall y\in f(D)$,有唯一的一个 $x\in D$,使 $f(x)=y$,则在 $f(D)$ 内定义了一个函数,记为

$$x=f^{-1}(y),\ y\in f(D),$$

称为函数 $y=f(x)$ 的**反函数**.

在同一个直角坐标系中,函数与其反函数的图像关于直线 $y=x$ 对称.

函数 $y=f(x)$ 的自变量 x 和因变量 y 与其反函数 $x=f^{-1}(y)$ 的自变量 y 和因变量 x 正好互换,因此它们的定义域和值域也正好互换.

注 因习惯上还是用 x 表示自变量,y 表示因变量,因而反函数 $x=f^{-1}(y)$ 仍记作 $y=f^{-1}(x)$.

定理1-1 若函数 $y=f(x)$ 在某区间 D 内严格增加(严格减少),则必存在反函数,且其反函数 $y=f^{-1}(x)$ 在 $f(D)$ 内也是严格增加(严格减少).

注1 定理中"严格"两字不可省略.

如取整函数 $y=[x]$,表示不超过 x 的最大整数,比如:$[2.6]=2$,$[-2.6]=-3$ 等等. $y=[x]$ 的定义域是 $(-\infty,+\infty)$,值域是 $\mathbf{Z}$,其图像如图1-2所示.

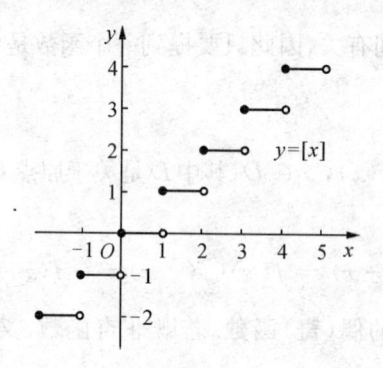

图1-2

由图像可见,取整函数是单调递增函数,但它不是严格单调增加的函数,它不存在反函数.

注2 严格单调仅仅是函数存在反函数的充分条件,如:函数

$$y=\begin{cases}-x+1, & -1\leqslant x<0,\\ x, & 0\leqslant x\leqslant 1,\end{cases}$$

在区间 $[-1,1]$ 上不是单调函数,但它存在反函数

$$x=f^{-1}(y)=\begin{cases}y, & 0\leqslant y\leqslant 1,\\ 1-y, & 1<y\leqslant 2.\end{cases}$$

2. 复合函数

定义1-8 设函数 $y=f(u)$,$u\in D$,$u=g(x)$,$x\in E$. 若 $E^{*}=\{x\mid g(x)\in D, x\in E\}\neq\varnothing$,则称 $y=f(g(x))$ 为由函数 $y=f(u)$ 和 $u=g(x)$ 复合而成的**复合函数**,其中 x 为**自变量**,y 为**因变量**,u 称为**中间变量**,其中 f 称为复合函数的**外函数**,g 称为**内函数**.

注1 仅当 $E^{*}\neq\varnothing$ 时,两个函数才能复合.

例如:$y=f(u)=\sqrt{u}$,$u=g(x)=-x^{2}$ 就不能复合.

注2 复合函数也可以由多个函数相继复合而成.

例如:$y=\log_{a}u$,$u=\sqrt{g}$,$g=1+x^{2}$ 可以复合成 $y=\log_{a}\sqrt{1+x^{2}}$. 反之,也可将一个复合函数看成是简单函数的复合,例如:$y=\cos^{2}(1+x^{2})$ 可以看成是由 $y=u^{2}$,$u=$

$\cos z, z = 1 + x^2$ 复合而成的.

已知一个复合函数 $y = f(g(x))$ 的表达式,欲求 $f(x)$ 的表达式,有两种方法:

方法一 换元法. 即令 $u = g(x)$,代入 $y = f(g(x))$,解出 $f(u)$,即为 $f(x)$;

方法二 拼凑法. 将 $y = f(g(x))$ 拼凑成关于 $g(x)$ 的函数即可.

例 1-2 下列函数是由哪些函数复合而成?

(1) $y = (3x+1)^{10}$;   (2) $y = \tan^3 \dfrac{x}{4}$.

解 (1) $y = (3x+1)^{10}$ 是由 $y = u^{10}$, $u = 3x+1$ 复合而成的;

(2) $y = \tan^3 \dfrac{x}{4}$ 是由 $y = u^3$, $u = \tan v$, $v = \dfrac{x}{4}$ 复合而成的.

例 1-3 若函数 $f(x+1) = x^2 - 3x + 2$,求 $f(x)$,$f(x-1)$.

解 因为 $f(x+1) = x^2 - 3x + 2 = (x-1)(x-2) = [(x+1)-2][(x+1)-3]$,

所以 $f(x) = (x-2)(x-3) = x^2 - 5x + 6$.

于是 $f(x-1) = [(x-1)-2][(x-1)-3] = (x-3)(x-4) = x^2 - 7x + 12$.

三、初等函数

(1) 常值函数 $y = C$.

(2) 幂函数 $y = x^\mu$(μ 为实常数).

(3) 指数函数 $y = a^x (a > 0, a \neq 1)$.

(4) 对数函数 $y = \log_a x (a > 0, a \neq 1)$.

指数函数和对数函数互为反函数,因而它们的图像关于直线 $y = x$ 对称.

(5) 三角函数

$$y = \sin x, y = \cos x, y = \tan x, y = \cot x, y = \sec x, y = \csc x.$$

正切函数和余切函数的图像见图 1-3 和图 1-4:

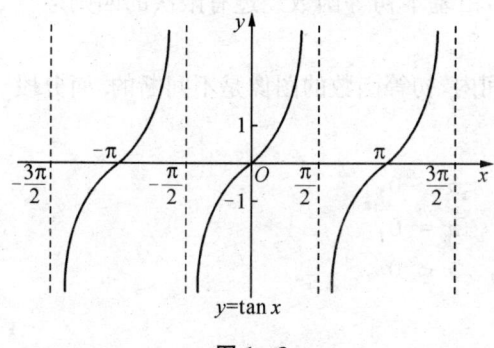

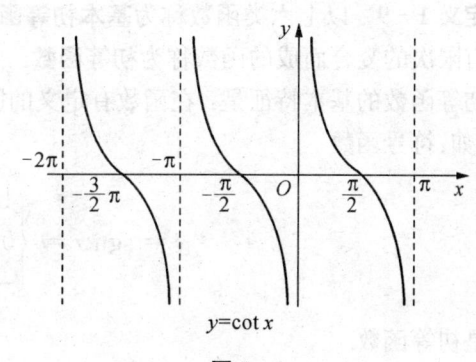

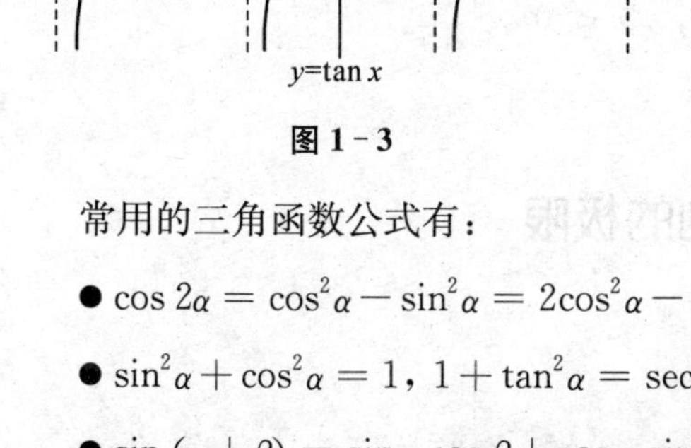

图 1-3 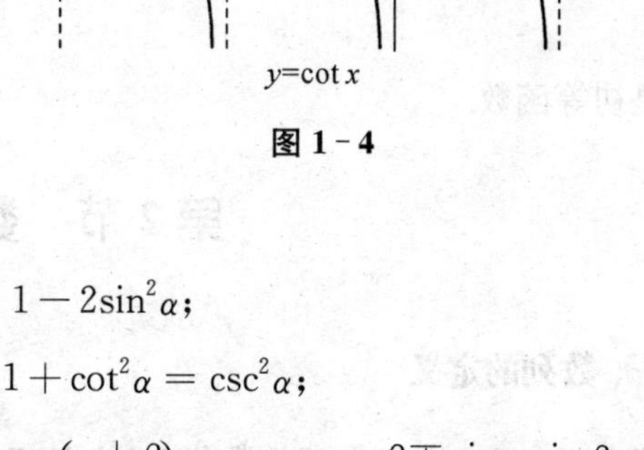   图 1-4

常用的三角函数公式有:

● $\cos 2\alpha = \cos^2 \alpha - \sin^2 \alpha = 2\cos^2 \alpha - 1 = 1 - 2\sin^2 \alpha$;

● $\sin^2 \alpha + \cos^2 \alpha = 1$, $1 + \tan^2 \alpha = \sec^2 \alpha$, $1 + \cot^2 \alpha = \csc^2 \alpha$;

● $\sin(\alpha \pm \beta) = \sin\alpha\cos\beta \pm \cos\alpha\sin\beta$, $\cos(\alpha \pm \beta) = \cos\alpha\cos\beta \mp \sin\alpha\sin\beta$;

- $\sin\alpha\cos\beta = \dfrac{1}{2}[\sin(\alpha+\beta)+\sin(\alpha-\beta)]$,

  $\cos\alpha\cos\beta = \dfrac{1}{2}[\cos(\alpha+\beta)+\cos(\alpha-\beta)]$,

  $\sin\alpha\sin\beta = \dfrac{1}{2}[\cos(\alpha-\beta)-\cos(\alpha+\beta)]$.

(6) 反三角函数

反正弦函数 $y=\arcsin x$, 定义域是 $[-1,1]$, 值域 $\left[-\dfrac{\pi}{2},\dfrac{\pi}{2}\right]$;

反余弦函数 $y=\arccos x$, 定义域是 $[-1,1]$, 值域 $[0,\pi]$;

反正切函数 $y=\arctan x$, 定义域是 $(-\infty,+\infty)$, 值域 $\left(-\dfrac{\pi}{2},\dfrac{\pi}{2}\right)$;

反余切函数 $y=\operatorname{arccot} x$, 定义域是 $(-\infty,+\infty)$, 值域 $(0,\pi)$;

图像如下:

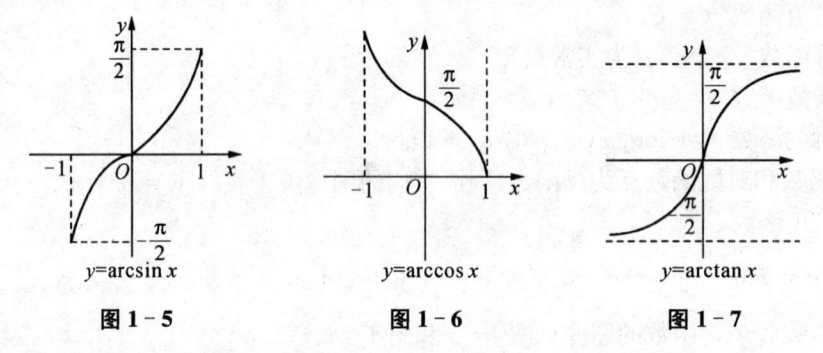

图 1-5   图 1-6   图 1-7

定义 1-9　以上六类函数称为**基本初等函数**, 由基本初等函数经过有限次的四则运算以及有限次的复合而成的函数称为**初等函数**.

初等函数的基本特征是: 在函数有定义的区间内, 初等函数的图像是不间断的. 而分段函数, 如: 符号函数

$$y=\operatorname{sgn} x=\begin{cases}1, & x>0,\\ 0, & x=0,\\ -1, & x<0\end{cases}$$

就不是初等函数.

第 2 节　数列的极限

一、数列的定义

定义 1-10　定义在正整数集 $\mathbf{N}^*$ 上的函数

$$f: \mathbf{N}^* \to \mathbf{R}$$

相当于用正整数编号的一串数:

$$x_1 = f(1), x_2 = f(2), \cdots, x_n = f(n), \cdots$$

这样的函数称为一个实数序列,简称**数列**,记为

$$x_1, x_2, \cdots, x_n, \cdots$$

简记为$\{x_n\}$,数列中的每一个数称为数列的**项**,x_1称为**首项**,x_n称为数列的**一般项**或**通项**.

例如:(1)《庄子·天下篇》引用过一句话:"一尺之锤,日取其半,万世不竭",其含义是指一尺的东西今天取其一半,明天取其一半的一半,后天再取其一半的一半的一半,总有一半留下,故永远也取不尽. 设原长为 1,第一天截取$\frac{1}{2}$,第二天截取$\frac{1}{2^2}$,$\cdots$,第 n 天截取$\frac{1}{2^n}$,$\cdots$

这样就得到一个数列:

$$\frac{1}{2}, \frac{1}{2^2}, \cdots, \frac{1}{2^n}, \cdots$$

(2) $1, 2, 3, \cdots, n, \cdots$

(3) $0, \dfrac{3}{2}, \dfrac{2}{3}, \cdots, 1 + \dfrac{(-1)^n}{n}, \cdots$

(4) $1, -1, 1, -1, \cdots$

两类特殊的数列:

等差数列 $\{x_n\}$,$x_{n+1} - x_n = d$,$x_n = x_1 + (n-1)d$,$S_n = \dfrac{n(x_1 + x_n)}{2}$.

等比数列 $\{x_n\}$,$\dfrac{x_{n+1}}{x_n} = q\ (q \neq 0)$,$x_n = x_1 q^{n-1}$,$S_n = \dfrac{x_1(1-q^n)}{1-q}\ (q \neq 1)$.

二、数列的极限

定义 1-11 如果当 n 无限增大时,数列$\{x_n\}$与某一常数 A 无限接近,即$|x_n - A|$无限趋近于零,那么称**数列**$\{x_n\}$**以 A 为极限**,记作

$$\lim_{n \to +\infty} x_n = A \quad \text{或} \quad x_n \to A\ (n \to +\infty).$$

根据定义,若这样的 A 存在,则称数列$\{x_n\}$是**收敛**的;若 A 不存在,则称数列$\{x_n\}$是**发散**的.

如:上面例子(1)、(3)中,$\lim\limits_{n \to +\infty} \dfrac{1}{2^n} = 0$,$\lim\limits_{n \to +\infty}\left[1 + \dfrac{(-1)^n}{n}\right] = 1$,都是收敛的,例子(2)、(4)极限不存在,故发散.

三、收敛数列的性质与运算

1.(唯一性) 收敛数列的极限是唯一的.

2. (**有界性**) 若数列 $\{x_n\}$ 收敛,则 $\{x_n\}$ 为**有界数列**,即存在正数 M,使得对一切正整数 n,有

$$|x_n| \leqslant M.$$

注 对于数列 $\{x_n\}$,若存在数 M,使得对一切正整数 n,有 $x_n \leqslant M$ ($x_n \geqslant M$),则称 $\{x_n\}$ 为有上(下)**界的数列**,M 称为 $\{x_n\}$ 的一个上(下)界.

3. (**保号性**) 若 $\lim\limits_{n \to +\infty} x_n = A, A > 0 (A < 0)$,则存在正整数 N,使得当 $n > N$ 时,有 $x_n > 0$ ($x_n < 0$).

4. (**迫敛性**) 设收敛数列 $\{x_n\}$,$\{y_n\}$ 都以 A 为极限,数列 $\{z_n\}$ 满足:存在正整数 N,使得当 $n > N$ 时,有

$$x_n \leqslant z_n \leqslant y_n,$$

则数列 $\{z_n\}$ 收敛,且 $\lim\limits_{n \to +\infty} z_n = A$.

5. (**四则运算法则**) 若 $\{x_n\}$,$\{y_n\}$ 为收敛数列,则 $\{x_n \pm y_n\}$,$\{x_n \cdot y_n\}$ 也都是收敛数列,且有

$$\lim_{n \to +\infty} (x_n \pm y_n) = \lim_{n \to +\infty} x_n \pm \lim_{n \to +\infty} y_n,$$

$$\lim_{n \to +\infty} (x_n \cdot y_n) = \lim_{n \to +\infty} x_n \cdot \lim_{n \to +\infty} y_n.$$

特别地,当 y_n 为常数 C 时,有

$$\lim_{n \to +\infty} (x_n + C) = \lim_{n \to +\infty} x_n + C,$$

$$\lim_{n \to +\infty} (Cx_n) = C \lim_{n \to +\infty} x_n.$$

假设 $y_n \neq 0$,及 $\lim\limits_{n \to +\infty} y_n \neq 0$,则 $\left\{\dfrac{x_n}{y_n}\right\}$ 也是收敛数列,且有

$$\lim_{n \to +\infty} \frac{x_n}{y_n} = \frac{\lim\limits_{n \to +\infty} x_n}{\lim\limits_{n \to +\infty} y_n}.$$

例 1-4 求下列数列的极限:

(1) $\lim\limits_{n \to +\infty} \dfrac{2^{n+1} + 3^{n+1}}{2^n + 3^n}$; (2) $\lim\limits_{n \to +\infty} \left(\dfrac{1 + 2 + \cdots + n}{n + 2} - \dfrac{n}{2}\right)$.

解 (1) $\lim\limits_{n \to +\infty} \dfrac{2^{n+1} + 3^{n+1}}{2^n + 3^n} = \lim\limits_{n \to +\infty} \dfrac{2 \cdot 2^n + 3 \cdot 3^n}{2^n + 3^n} = \lim\limits_{n \to +\infty} \dfrac{2 \cdot \left(\frac{2}{3}\right)^n + 3}{\left(\frac{2}{3}\right)^n + 1} = 3;$

(2) $\lim\limits_{n \to +\infty} \left(\dfrac{1 + 2 + \cdots + n}{n + 2} - \dfrac{n}{2}\right) = \lim\limits_{n \to +\infty} \left[\dfrac{n(n+1)}{2(n+2)} - \dfrac{n}{2}\right]$

$= \lim\limits_{n \to +\infty} \dfrac{n(n+1) - n(n+2)}{2(n+2)} = -\dfrac{1}{2} \lim\limits_{n \to +\infty} \dfrac{n}{n+2} = -\dfrac{1}{2}.$

定义 1-12 设$\{x_n\}$为数列，$\{n_k\}$为正整数集$\mathbf{N}^*$的无限子集，且$n_1 < n_2 < \cdots < n_k < \cdots$ 则数列

$$x_{n_1}, x_{n_2}, \cdots, x_{n_k}, \cdots$$

称为数列$\{x_n\}$的一个**子列**，简记为$\{x_{n_k}\}$.

数列$\{x_n\}$本身以及$\{x_n\}$去掉有限项后得到的子列，称为$\{x_n\}$的**平凡子列**，不是平凡子列的称为**非平凡子列**.

定理 1-2 数列$\{x_n\}$收敛的充要条件是$\{x_n\}$的任何非平凡子列都收敛.

若数列$\{x_n\}$的各项满足条件$x_n \leqslant x_{n+1}(x_n \geqslant x_{n+1})$，则称$\{x_n\}$为**递增（递减）数列**. 递增和递减数列统称为**单调数列**.

定理 1-3（单调有界收敛准则） 单调有界数列必存在极限.

注 对于单调递增数列只要证明它有上界，单调递减数列只要证明它有下界.

例 1-5 证明：数列$x_1 = \sqrt{2}$，$x_{n+1} = \sqrt{2 + x_n}$ $(n = 1, 2, \cdots)$有极限，并求极限.

证明 易见$x_{n+1} = \sqrt{2 + x_n} > x_n$，数列递增，因而只要证明数列有上界，即证$x_n = \underbrace{\sqrt{2 + \sqrt{2 + \cdots + \sqrt{2}}}}_{n\text{个}2}$有上界.

因为$x_1 = \sqrt{2} < 2$，所以假设$x_n < 2$，则有

$$x_{n+1} = \sqrt{2 + x_n} < \sqrt{2 + 2} = 2,$$

从而$\forall n \in \mathbf{N}^*$，$x_n < 2$有上界. 由单调有界收敛准则知，$\lim\limits_{n \to +\infty} x_n$存在.

设$\lim\limits_{n \to +\infty} x_n = l$，因为$x_{n+1} = \sqrt{2 + x_n}$，两边同时取极限，得$\lim\limits_{n \to +\infty} x_{n+1} = \lim\limits_{n \to +\infty} \sqrt{2 + x_n}$，即$l = \sqrt{2 + l}$，解得$l = -1$或$2$，而由数列可知，$l = -1$是不可能的，故有$\lim\limits_{n \to +\infty} x_n = 2$.

第3节 函数的极限

函数的极限和数列的极限有相似之处，也有不同之处. 数列是一种特殊的函数$x_n = f(n)$，其中自变量n的取值范围是正整数集，因此自变量的变化趋势仅仅是n取正整数且离散的趋于正无穷大. 一般函数$y = f(x)$中，自变量x的变化趋势就多种多样. 归纳起来，有两大类共六种情形，即自变量趋于无穷大时的极限与自变量趋于某个定值时的极限，第一类：$x \to \infty$，$x \to +\infty$，$x \to -\infty$；第二类：$x \to x_0$，$x \to x_0^+$，$x \to x_0^-$.

一、自变量趋于无穷大时函数的极限

定义 1-13 当$|x|$无限增大时，相应的函数值$f(x)$与某个常数A无限接近，则称当$x \to \infty$时，函数$f(x)$的极限值是A，记作

$$\lim_{x \to \infty} f(x) = A \quad \text{或} \quad f(x) \to A \ (x \to \infty).$$

如果$x > 0$且无限增大（记作$x \to +\infty$），即得到$\lim\limits_{x \to +\infty} f(x) = A$；同样地，$x < 0$且$|x|$

无限增大(记作 $x \to -\infty$),即得到 $\lim\limits_{x \to -\infty} f(x) = A$.

极限 $\lim\limits_{x \to +\infty} f(x) = A$ 与 $\lim\limits_{x \to -\infty} f(x) = A$ 称为**单侧极限**.

定理 1-4 $\lim\limits_{x \to \infty} f(x) = A$ 的充要条件是 $\lim\limits_{x \to +\infty} f(x) = \lim\limits_{x \to -\infty} f(x) = A$.

例 1-6 计算下列极限：

(1) $\lim\limits_{x \to \infty} \dfrac{1}{x}$; (2) $\lim\limits_{x \to -\infty} 2^x$.

解 (1) $\lim\limits_{x \to \infty} \dfrac{1}{x} = 0$;

(2) $\lim\limits_{x \to -\infty} 2^x = 0$.

例 1-7 判断当 $x \to \infty$ 时,3^{-x} 的极限是否存在.

解 因 $\lim\limits_{x \to +\infty} 3^{-x} = \lim\limits_{x \to +\infty} \dfrac{1}{3^x} = 0$, $\lim\limits_{x \to -\infty} 3^{-x} = \lim\limits_{x \to +\infty} 3^x = +\infty$,即

$$\lim\limits_{x \to +\infty} 3^{-x} \ne \lim\limits_{x \to -\infty} 3^{-x},$$

所以根据定理 1-4 知,当 $x \to \infty$ 时,3^{-x} 的极限不存在.

二、自变量趋于某个确定点 x_0 时函数的极限

定义 1-14 设 $x_0 \in \mathbf{R}, \delta > 0$,将满足不等式 $|x - x_0| < \delta$ 的全体实数的集合称为以 x_0 为中心,δ 为半径的**邻域**,记作 $U(x_0, \delta)$,即

$$U(x_0, \delta) = \{x \mid |x - x_0| < \delta\} = (x_0 - \delta, x_0 + \delta).$$

如果把邻域 $U(x_0, \delta)$ 的中心点 x_0 去掉,得到的集合称为点 x_0 的**空心邻域**,记作 $\mathring{U}(x_0, \delta)$,即 $\mathring{U}(x_0, \delta) = \{x \mid 0 < |x - x_0| < \delta\} = \{x \mid (x_0 - \delta, x_0) \cup (x_0, x_0 + \delta)\}$. 通常称 $(x_0 - \delta, x_0)$ 为点 x_0 的**左 δ 邻域**,$(x_0, x_0 + \delta)$ 为点 x_0 的**右 δ 邻域**.

定义 1-15 若函数 $y = f(x)$ 在点 x_0 的某空心邻域内有定义,且当 x 无限接近于 x_0 时,对应的函数值 $f(x)$ 与某个常数 A 无限接近,则这个常数 A 就称为**当 x 趋于 x_0 时函数 $y = f(x)$ 的极限**,记作

$$\lim\limits_{x \to x_0} f(x) = A \quad \text{或} \quad f(x) \to A \ (x \to x_0).$$

类似地,可以定义单侧极限：左极限即 x 从 x_0 的左侧趋近于 x_0,记作

$$\lim\limits_{x \to x_0^-} f(x) = A \quad \text{或} \quad f(x) \to A \ (x \to x_0^-),$$

右极限即 x 从 x_0 的右侧趋近于 x_0,记作

$$\lim\limits_{x \to x_0^+} f(x) = A \quad \text{或} \quad f(x) \to A \ (x \to x_0^+).$$

注 定义中空心是指 $x \to x_0$ 但 x 不一定取到 x_0,因此 $f(x)$ 在 x_0 处不要求有定义,即使

有定义,极限值与函数值也不一定相等.

定理 1-5 $\lim_{x \to x_0} f(x) = A$ 的充要条件是 $\lim_{x \to x_0^+} f(x) = \lim_{x \to x_0^-} f(x) = A$.

例 1-8 计算下列极限:

(1) $\lim_{x \to 2}(x+2)$; (2) $\lim_{x \to 2} \dfrac{x^2-4}{x-2}$.

解 (1) $\lim_{x \to 2}(x+2) = 4$;

(2) $\lim_{x \to 2} \dfrac{x^2-4}{x-2} = \lim_{x \to 2}(x+2) = 4$.

例 1-9 设函数 $f(x) = \dfrac{x}{x}$,$\varphi(x) = \dfrac{|x|}{x}$,当 $x \to 0$ 时,求 $f(x)$,$\varphi(x)$ 的左、右极限,问:$\lim_{x \to 0} f(x)$,$\lim_{x \to 0} \varphi(x)$ 是否存在?

解 因 $\lim_{x \to 0^-} f(x) = \lim_{x \to 0^+} f(x) = 1$,所以 $\lim_{x \to 0} f(x)$ 存在且 $\lim_{x \to 0} f(x) = 1$.

而 $\lim_{x \to 0^-} \varphi(x) = \lim_{x \to 0^-}(-1) = -1$,$\lim_{x \to 0^+} \varphi(x) = \lim_{x \to 0^+} 1 = 1$,$\lim_{x \to 0^-} \varphi(x) \neq \lim_{x \to 0^+} \varphi(x)$,故 $\lim_{x \to 0} \varphi(x)$ 不存在.

三、函数极限的性质与运算

(1) (**唯一性**) 若 $\lim_{x \to x_0} f(x)$ 存在,则其极限是唯一的.

(2) (**局部有界性**) 若 $\lim_{x \to x_0} f(x) = A$,则存在正数 M,使得当 $0 < |x - x_0| < \delta$ 时,有 $|f(x)| \leqslant M$.

(3) (**局部保号性**) 若 $\lim_{x \to x_0} f(x) = A$,$A > 0$ ($A < 0$),则存在常数 $\delta > 0$,使得当 $0 < |x - x_0| < \delta$ 时,有 $f(x) > 0$ ($f(x) < 0$).

(4) (**迫敛性**) 设 $\lim_{x \to x_0} f(x) = \lim_{x \to x_0} g(x) = A$,且在某个 $\overset{\circ}{U}(x_0, \delta)$ 内有

$$f(x) \leqslant h(x) \leqslant g(x),$$

则 $\lim_{x \to x_0} h(x)$ 存在,且 $\lim_{x \to x_0} h(x) = A$.

(5) (**四则运算法则**) 若 $\lim_{x \to x_0} f(x)$ 与 $\lim_{x \to x_0} g(x)$ 都存在,则 $f \pm g$,$f \cdot g$ 当 $x \to x_0$ 时极限也存在,且有

$$\lim_{x \to x_0}(f(x) \pm g(x)) = \lim_{x \to x_0} f(x) \pm \lim_{x \to x_0} g(x),$$

$$\lim_{x \to x_0}(f(x) \cdot g(x)) = \lim_{x \to x_0} f(x) \cdot \lim_{x \to x_0} g(x).$$

又若 $\lim_{x \to x_0} g(x) \neq 0$,则 f/g 当 $x \to x_0$ 时极限也存在,且有

$$\lim_{x \to x_0} \frac{f(x)}{g(x)} = \frac{\lim\limits_{x \to x_0} f(x)}{\lim\limits_{x \to x_0} g(x)}.$$

定理 1-6(归结原则) 设函数 $f(x)$ 在 $\overset{\circ}{U}(x_0, \delta)$ 内有定义,$\lim\limits_{x \to x_0} f(x)$ 存在的充要条件是对任何包含于 $\overset{\circ}{U}(x_0, \delta)$ 且以 x_0 为极限的数列 $\{x_n\}$,$\lim\limits_{n \to \infty} f(x_n)$ 都存在且相等.

定理 1-7 基本初等函数在定义域内每一点处的极限都存在,并且等于该点处的函数值.

定理 1-8(复合函数的极限运算) 设函数 $y = f(g(x))$ 是由函数 $y = f(u)$ 与函数 $u = g(x)$ 复合而成,若 $\lim\limits_{u \to u_0} f(u) = A$,$\lim\limits_{x \to x_0} u(x) = u_0$,则 $\lim\limits_{x \to x_0} f(g(x)) = \lim\limits_{u \to u_0} f(u) = A$.

例 1-10 计算下列极限:

(1) $\lim\limits_{x \to 2} \dfrac{x^2 + 4}{x + 2}$;

(2) $\lim\limits_{x \to 0} \left(\dfrac{x^2 - 3x + 1}{x + 4} + 2 \right)$;

(3) $\lim\limits_{x \to \infty} \dfrac{3x^3 + x}{9x^3 - 2x + 1}$;

(4) $\lim\limits_{x \to 2} \left(\dfrac{1}{x - 2} - \dfrac{4}{x^2 - 4} \right)$.

解 (1) $\lim\limits_{x \to 2} \dfrac{x^2 + 4}{x + 2} = \dfrac{\lim\limits_{x \to 2}(x^2 + 4)}{\lim\limits_{x \to 2}(x + 2)} = 2$;

(2) $\lim\limits_{x \to 0} \left(\dfrac{x^2 - 3x + 1}{x + 4} + 2 \right) = 2 + \dfrac{\lim\limits_{x \to 0}(x^2 - 3x + 1)}{\lim\limits_{x \to 0}(x + 4)} = 2 + \dfrac{1}{4} = \dfrac{9}{4}$;

(3) $\lim\limits_{x \to \infty} \dfrac{3x^3 + x}{9x^3 - 2x + 1} = \lim\limits_{x \to \infty} \dfrac{3 + \dfrac{1}{x^2}}{9 - \dfrac{2}{x^2} + \dfrac{1}{x^3}} = \dfrac{1}{3}$;

(4) $\lim\limits_{x \to 2} \left(\dfrac{1}{x - 2} - \dfrac{4}{x^2 - 4} \right) = \lim\limits_{x \to 2} \dfrac{x - 2}{x^2 - 4} = \lim\limits_{x \to 2} \dfrac{1}{x + 2} = \dfrac{1}{4}$.

定义 1-16 设函数 $y = f(x)$ 在 $U(x_0, \delta)$ 内有定义,若
$$\lim_{x \to x_0} f(x) = f(x_0),$$
则称函数 $y = f(x)$ **在点 x_0 处连续**,并称 x_0 为 $f(x)$ 的**连续点**.

定义 1-17 若函数 $y = f(x)$ 在区间 I 内每一点都连续,则称 $y = f(x)$ 为区间 I 内的**连续函数**.

定理 1-9 初等函数在定义域内的每一点都连续.

例 1-11 设函数

$$f(x) = \begin{cases} \dfrac{\cos x}{x + 2}, & x > 0, \\ 1, & x = 0, \\ \dfrac{1 - \sqrt{1 - x}}{x}, & x < 0. \end{cases}$$

试问函数在 $x=0$ 处是否连续？

解 因 $\lim\limits_{x\to 0^-} f(x) = \lim\limits_{x\to 0^-} \dfrac{1-\sqrt{1-x}}{x} = \lim\limits_{x\to 0^-} \dfrac{1}{1+\sqrt{1-x}} = \dfrac{1}{2}$,

$$\lim_{x\to 0^+} f(x) = \lim_{x\to 0^+} \dfrac{\cos x}{x+2} = \dfrac{1}{2},$$

所以 $\lim\limits_{x\to 0} f(x) = \dfrac{1}{2}$，而 $f(0)=1$，根据连续点的定义知，$x=0$ 不是函数 $f(x)$ 的连续点.

四、两个重要极限

1. $\lim\limits_{x\to 0} \dfrac{\sin x}{x} = 1$

证明 x 改变符号时，函数值的符号不变，故只需对于 x 由正值趋于零时来验证，即只需证明

$$\lim_{x\to 0^+} \dfrac{\sin x}{x} = 1.$$

作单位圆，如图 1-8 所示.

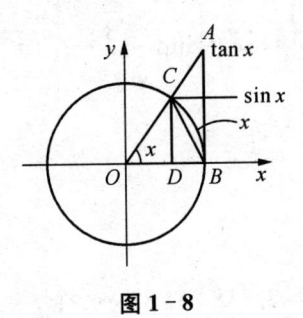

图 1-8

设圆心角 $\angle AOB = x$（弧度），且 $0 < x < \dfrac{\pi}{2}$，过点 B 作圆的切线交 OC 的延长线于点 A，则

$$\triangle BOC \text{ 的面积} < \text{扇形 } BOC \text{ 的面积} < \triangle AOB \text{ 的面积}.$$

由于

$$\triangle BOC \text{ 的面积} = \dfrac{OB \cdot OC}{2}\sin x = \dfrac{1}{2}\sin x,$$

$$\text{扇形 } BOC \text{ 的面积} = \dfrac{1}{2}\widehat{BC} \cdot OB = \dfrac{1}{2}x,$$

$$\triangle AOB \text{ 的面积} = \dfrac{OB \cdot AB}{2} = \dfrac{1}{2}\tan x,$$

因此
$$\frac{1}{2}\sin x < \frac{1}{2}x < \frac{1}{2}\tan x,$$

于是
$$1 < \frac{x}{\sin x} < \frac{1}{\cos x},$$

即
$$\cos x < \frac{\sin x}{x} < 1 \ \left(0 < x < \frac{\pi}{2}\right).$$

因为 $\lim\limits_{x \to 0}\cos x = \cos 0 = 1$,$\lim\limits_{x \to 0} 1 = 1$,所以由迫敛性得

$$\lim_{x \to 0}\frac{\sin x}{x} = 1.$$

例 1-12 求下列极限：

(1) $\lim\limits_{x \to 0}\dfrac{\sin 5x}{x}$；　　　　(2) $\lim\limits_{x \to 0}\dfrac{x^2}{\sin^2 \dfrac{x}{3}}$.

解 (1) $\lim\limits_{x \to 0}\dfrac{\sin 5x}{x} = 5\lim\limits_{x \to 0}\dfrac{\sin 5x}{5x} = 5$；

(2) $\lim\limits_{x \to 0}\dfrac{x^2}{\sin^2 \dfrac{x}{3}} = 9\lim\limits_{x \to 0}\dfrac{\left(\dfrac{x}{3}\right)^2}{\sin^2 \dfrac{x}{3}} = 9\left[\lim\limits_{x \to 0}\dfrac{\dfrac{x}{3}}{\sin \dfrac{x}{3}}\right]^2 = 9.$

2. $\lim\limits_{x \to \infty}\left(1 + \dfrac{1}{x}\right)^x = e$

证明略.

这里的 e 是一个无理数：$e = 2.718281828\cdots$. 令 $t = \dfrac{1}{x}$,则当 $x \to \infty$ 时,$t \to 0$,于是重要极限又可以写成 $\lim\limits_{t \to 0}(1+t)^{\frac{1}{t}} = e.$

例 1-13 求下列极限：

(1) $\lim\limits_{x \to \infty}\left(1 + \dfrac{1}{x+1}\right)^x$；　　　　(2) $\lim\limits_{x \to \infty}\left(1 + \dfrac{2}{x}\right)^x$.

解 (1) $\lim\limits_{x \to \infty}\left(1 + \dfrac{1}{x+1}\right)^x = \lim\limits_{x \to \infty}\left(1 + \dfrac{1}{x+1}\right)^{x+1} \cdot \lim\limits_{x \to \infty}\left(1 + \dfrac{1}{x+1}\right)^{-1} = e$；

(2) $\lim\limits_{x \to \infty}\left(1 + \dfrac{2}{x}\right)^x = \lim\limits_{x \to \infty}\left[\left(1 + \dfrac{1}{\dfrac{x}{2}}\right)^{\frac{x}{2}}\right]^2 = e^2.$

五、无穷小量与无穷大量

1. 无穷小量

定义 1-18 若 $\lim\limits_{x \to x_0} f(x) = 0$,则称 $f(x)$ 是当 $x \to x_0$ 时的**无穷小量**,简称**无穷小**.

在此定义中,将 $x \to x_0$ 换成 $x \to x_0^+$,$x \to x_0^-$,$x \to +\infty$,$x \to -\infty$,$x \to \infty$ 以及 $n \to +\infty$,可定义不同形式的无穷小. 例如:

当 $x \to 0$ 时,x^2,$\sin x$,$1 - \cos x$ 都是无穷小.

当 $x \to 1^-$ 时,$\sqrt{1-x}$ 是无穷小.

当 $x \to \infty$ 时,$\dfrac{1}{x^2}$,$\dfrac{\sin x}{x}$ 都是无穷小.

当 $n \to +\infty$ 时,数列 $\left\{\dfrac{1}{n}\right\}$,$\left\{\dfrac{n}{n^2+1}\right\}$ 都是无穷小.

注 无穷小量不是一个很小的量,而是一个函数或数列,任何常数除零外,无论多么小,都不是无穷小.

根据极限的定义和四则运算法则,可以证明无穷小具有以下性质:

性质 1-1 有限多个(相同类型的)无穷小量之和、差仍为无穷小量.

性质 1-2 有限多个无穷小量之积仍为无穷小量.

性质 1-3 无穷小量与有界量的乘积仍为无穷小量.

定理 1-10 $\lim\limits_{x \to x_0} f(x) = A$ 当且仅当 $f(x) = A + \alpha(x)$,其中 $\alpha(x)$ 为 $x \to x_0$ 时的无穷小量.

2. 无穷大量

定义 1-19 若当 $x \to x_0 (x \to \infty)$ 时,对应函数的绝对值 $|f(x)|$ 无限增大,则称 $f(x)$ 为 $x \to x_0 (x \to \infty)$ 时的**无穷大量**,简称**无穷大**.

例如:当 $x \to 0$ 时,$\dfrac{1}{x}$ 是无穷大量;当 $x \to \dfrac{\pi}{2}$ 时,$\tan x$ 是无穷大量.

注 1 无穷大量也不是很大的量的意思,而是一个变量.

注 2 无穷大量一定是无界量,但反之,未必成立.

定理 1-11(无穷小量与无穷大量的关系)

(1) 若 $\lim\limits_{x \to x_0} f(x) = 0$,且 $f(x) \neq 0$,则 $\lim\limits_{x \to x_0} \dfrac{1}{f(x)} = \infty$;

(2) 若 $\lim\limits_{x \to x_0} f(x) = \infty$,则 $\lim\limits_{x \to x_0} \dfrac{1}{f(x)} = 0$.

例 1-14 求下列极限:

(1) $\lim\limits_{x \to \infty} \dfrac{(x^2 + x)\arctan x}{x^3 - x + 3}$;

(2) $\lim\limits_{x \to -2} \dfrac{x^2 + 2}{x + 2}$.

解 (1) 因 $\lim\limits_{x \to \infty} \dfrac{(x^2 + x)\arctan x}{x^3 - x + 3} = \lim\limits_{x \to \infty} \arctan x \cdot \dfrac{x^2 + x}{x^3 - x + 3}$,

而 $\lim\limits_{x\to\infty}\dfrac{x^2+x}{x^3-x+3}=\lim\limits_{x\to\infty}\dfrac{\dfrac{1}{x}+\dfrac{1}{x^2}}{1-\dfrac{1}{x^2}+\dfrac{3}{x^3}}=0$,即 $\dfrac{x^2+x}{x^3-x+3}$ 是 $x\to\infty$ 时的无穷小,

又 $|\arctan x|\leqslant\dfrac{\pi}{2}$,所以

$$\lim_{x\to\infty}\dfrac{(x^2+x)\arctan x}{x^3-x+3}=0;$$

(2) 因 $\lim\limits_{x\to-2}\dfrac{x+2}{x^2+2}=\dfrac{\lim\limits_{x\to-2}(x+2)}{\lim\limits_{x\to-2}(x^2+2)}=\dfrac{0}{6}=0$,则

$$\lim_{x\to-2}\dfrac{x^2+2}{x+2}=\infty.$$

六、无穷小的比较

根据无穷小的性质,两个无穷小之和、差、积仍是无穷小,但两个无穷小之商,却会出现不同的情况. 如: $x\to 0$ 时,x,x^2,$\sin x$ 都是无穷小,而

$$\lim_{x\to 0}\dfrac{x^2}{x}=0,\ \lim_{x\to 0}\dfrac{x}{x^2}=\infty,\ \lim_{x\to 0}\dfrac{\sin x}{x}=1,$$

从中可以看出各无穷小趋于 0 的快慢程度不同. 即无穷小之商的极限不同,反映了无穷小趋于零的快慢程度不同.

定义 1-20 设当 $x\to x_0$ 时,$\alpha(x)$,$\beta(x)$ 均为无穷小.

(1) 若 $\lim\limits_{x\to x_0}\dfrac{\beta(x)}{\alpha(x)}=0$,则称当 $x\to x_0$ 时,$\beta(x)$ 为 $\alpha(x)$ 的**高阶无穷小量**或称 $\alpha(x)$ 为 $\beta(x)$ 的**低阶无穷小量**,记作 $\beta(x)=o(\alpha(x))\ (x\to x_0)$.

例如: $\sin^2 x=o(x)\ (x\to 0)$,$x^2=o(x)\ (x\to 0)$.

特别地,$\beta(x)$ 为当 $x\to x_0$ 时的无穷小量,记作 $\beta(x)=o(1)\ (x\to x_0)$.

(2) 若 $\lim\limits_{x\to x_0}\dfrac{\beta(x)}{\alpha(x)}=C\neq 0$,则称当 $x\to x_0$ 时,$\beta(x)$ 为 $\alpha(x)$ 的**同阶无穷小量**,记作 $\beta(x)=O(\alpha(x))\ (x\to x_0)$.

例如:当 $x\to 0$ 时,$1-\cos x$ 与 x^2 均为无穷小,$\lim\limits_{x\to 0}\dfrac{1-\cos x}{x^2}=\lim\limits_{x\to 0}\dfrac{2\sin^2\dfrac{x}{2}}{x^2}=\dfrac{1}{2}$,故 $1-\cos x=O(x^2)(x\to 0)$.

(3) 若 $\lim\limits_{x\to x_0}\dfrac{\beta(x)}{\alpha(x)}=1$,则称当 $x\to x_0$ 时,$\beta(x)$ 为 $\alpha(x)$ 的**等价无穷小量**,记作 $\beta(x)\sim\alpha(x)(x\to x_0)$.

例如: $\sin x\sim x\ (x\to 0)$.

等价无穷小具有下列性质：$(x \to x_0)$

(1) 自反性. $\alpha \sim \alpha$.

(2) 对称性. 若 $\alpha \sim \beta$，则 $\beta \sim \alpha$.

(3) 传递性. 若 $\alpha \sim \beta$，$\beta \sim \gamma$，则 $\alpha \sim \gamma$.

定理 1-12 设 $f(x) \sim g(x)$ $(x \to x_0)$.

(1) 若 $\lim\limits_{x \to x_0} f(x)h(x) = A$，则 $\lim\limits_{x \to x_0} g(x)h(x) = A$；

(2) 若 $\lim\limits_{x \to x_0} \dfrac{h(x)}{f(x)} = B$，则 $\lim\limits_{x \to x_0} \dfrac{h(x)}{g(x)} = B$.

例 1-15 计算下列极限：

(1) $\lim\limits_{x \to 0} \dfrac{x}{\sin \dfrac{x}{2}}$；

(2) $\lim\limits_{x \to 0^+} \dfrac{\sin 3x}{\sqrt{1 - \cos x}}$.

解 (1) $x \to 0$ 时，$\sin \dfrac{x}{2} \sim \dfrac{x}{2}$，故

$$\lim_{x \to 0} \frac{x}{\sin \dfrac{x}{2}} = \lim_{x \to 0} \frac{x}{\dfrac{x}{2}} = 2;$$

(2) $x \to 0^+$ 时，$\sin 3x \sim 3x$，$1 - \cos x \sim \dfrac{x^2}{2}$，故

$$\lim_{x \to 0^+} \frac{\sin 3x}{\sqrt{1 - \cos x}} = \lim_{x \to 0^+} \frac{3x}{\sqrt{\dfrac{x^2}{2}}} = 3\sqrt{2}.$$

习题 1

1. 求下列函数的定义域：

(1) $y = \sqrt{16 - x^2}$；

(2) $y = \lg(5x - x^2 - 3)$；

(3) $y = \arcsin \dfrac{x-1}{2}$；

(4) $y = \dfrac{1}{\sin x - \cos x}$.

2. 设函数 $y = f(x)$ 的定义域为 $[0, 1]$，求下列函数的定义域：

(1) $f(x^2)$； (2) $f(\sin x)$； (3) $f(x+3) + f(x-3)$.

3. 确定下列函数的奇偶性：

(1) $y = \dfrac{1}{2}(a^x - a^{-x})$ $(a > 0, a \neq 1)$；

(2) $y = \log_a(x + \sqrt{x^2 + 1})$ $(a > 0, a \neq 1)$.

4. 设在对称区间 $(-l, l)$ 上，函数 $f(x)$ 为偶函数.

(1) 若 $g(x)$ 为偶函数，证明：$f(x) + g(x)$ 为偶函数；

(2) 若 $g(x)$ 为奇函数，证明：$f(x) \cdot g(x)$ 为奇函数.

5. 下列函数中哪些是周期函数？对于周期函数，请指出其周期.

(1) $y = 2\sin\left(2x + \dfrac{\pi}{3}\right)$;   (2) $y = \sin x + \cos\dfrac{x}{2}$.

6. 求下列函数的反函数：

(1) $y = \dfrac{2^x}{2^x + 1}$;   (2) $y = \dfrac{x+1}{x-1}$.

7. 下列函数是由哪些函数复合而成？

(1) $y = e^{\cot x}$;   (2) $y = \sin\sqrt{3 + 2x^4}$;

(3) $y = (\arccos 3^x)^2$;   (4) $y = \dfrac{1}{\ln(\ln x)}$.

8. 已知函数 $f(x)$ 的周期为 2，且
$$f(x) = \begin{cases} 0, & -1 < x < 0, \\ x^2, & 0 \leqslant x \leqslant 1. \end{cases}$$
试在 $(-\infty, +\infty)$ 上作出 $f(x)$ 的图像.

9. 数列 $\{x_n\}$ 的一般项如下，观察数列的变化趋势，哪些数列收敛？哪些数列发散？若数列收敛，则写出其极限.

(1) $x_n = \dfrac{(-1)^{n-1}}{n}$;   (2) $x_n = \dfrac{n+1}{3n-1}$;

(3) $x_n = n + (-1)^n$;   (4) $x_n = e^{-n}$.

10. 计算：$\lim\limits_{n \to \infty} \dfrac{1 + 3 + 5 + \cdots + (2n-1)}{n^2}$.

11. 求下列极限：

(1) $\lim\limits_{x \to 0} \dfrac{x^2 + 2x}{x^3 + 2}$;   (2) $\lim\limits_{x \to \infty} \dfrac{x^2 + x}{x^3 - 2x + 1}$;

(3) $\lim\limits_{x \to \infty} \dfrac{(2x-3)^{20}(3x+2)^{30}}{(5x+1)^{50}}$;   (4) $\lim\limits_{x \to 1}\left(\dfrac{2}{x^2 - 1} - \dfrac{1}{x-1}\right)$;

(5) $\lim\limits_{x \to \infty}\left(\dfrac{x^3}{2x^2 - 1} - \dfrac{x^2}{2x+1}\right)$;   (6) $\lim\limits_{x \to 0^-} \dfrac{|x|}{x(1+x^2)}$.

12. 设函数 $f(x) = \begin{cases} x + 3, & x < 1, \\ 3x - 2, & x \geqslant 1, \end{cases}$ 作出 $f(x)$ 的图像，试问 $\lim\limits_{x \to 1^-} f(x)$，$\lim\limits_{x \to 1^+} f(x)$ 以及 $\lim\limits_{x \to 1} f(x)$ 是否存在？

13. 若函数 $f(x)$ 在点 x_0 处的极限存在，则（　　）.

A. $f(x_0)$ 必存在且等于极限

B. $f(x_0)$ 存在但不一定等于极限值

C. $f(x)$ 在点 x_0 处的函数值可以不存在

D. 若 $f(x_0)$ 存在，则必等于极限值

14. 一元函数在某点处极限存在是函数在该点连续的（　　）.

A. 必要不充分条件   B. 充分不必要条件

C. 充要条件   D. 既不充分也不必要条件

15. 下列函数在 $x = 0$ 处是否连续？

(1) $f(x) = \begin{cases} x-3, & x \leqslant 0, \\ 1-x, & x > 0; \end{cases}$ 　　　(2) $f(x) = \begin{cases} e^{\frac{1}{x}}, & x < 0, \\ 1, & x = 0, \\ x, & x > 0. \end{cases}$

16. 计算下列极限：

(1) $\lim\limits_{x \to \infty} \dfrac{\sin x}{x}$; 　　　(2) $\lim\limits_{x \to 0} \dfrac{\sin 6x}{\tan 2x}$;

(3) $\lim\limits_{n \to \infty} \dfrac{5n}{2} \sin \dfrac{2\pi}{n}$; 　　　(4) $\lim\limits_{x \to 1} \dfrac{\sin^2(x-1)}{x^2-1}$.

17. 求下列极限：

(1) $\lim\limits_{x \to 0}(1-3x)^{\frac{1}{x}}$; 　　　(2) $\lim\limits_{x \to \infty}\left(1 - \dfrac{1}{x+1}\right)^{x+2}$;

(3) $\lim\limits_{x \to \infty}\left(1 - \dfrac{2}{2x+1}\right)^x$; 　　　(4) $\lim\limits_{x \to +\infty} x \ln\left(\dfrac{x+1}{x}\right)$.

18. 下列函数中哪些是无穷小？哪些是无穷大？

(1) $3 + \dfrac{1}{x}$, 当 $x \to 0$; 　　　(2) $\dfrac{2}{x^2+2}$, 当 $x \to \infty$;

(3) 3^{-x}, 当 $x \to +\infty$; 　　　(4) $\dfrac{1}{3^x}$, 当 $x \to -\infty$.

19. 求下列函数的极限：

(1) $\lim\limits_{x \to 0} x^2 \sin \dfrac{1}{x}$; 　　　(2) $\lim\limits_{n \to \infty} \dfrac{\cos n^2}{n}$.

20. 证明：当 $x \to 0$ 时，$\arctan x \sim x$，$\arcsin x \sim x$.

21. 计算下列极限：

(1) $\lim\limits_{x \to 0} \dfrac{\tan ax}{\tan bx}$; 　　　(2) $\lim\limits_{x \to 0} \dfrac{\arctan 2x}{\sin 3x}$;

(3) $\lim\limits_{x \to 0} \dfrac{\ln(1+4x^2)}{\sin x^2}$; 　　　(4) $\lim\limits_{x \to 0} \dfrac{1-e^{3x}}{\tan 2x}$;

(5) $\lim\limits_{x \to 0^+} \dfrac{x}{\sqrt{1-\cos x}}$; 　　　(6) $\lim\limits_{x \to 0} \dfrac{\sqrt{1+x}-1}{\sin 2x}$.

22. 求下列函数的极限：

(1) $\lim\limits_{x \to +\infty} \arccos \dfrac{x^3-3}{-2x^3+3x-5}$; 　　　(2) $\lim\limits_{x \to 1} \dfrac{\sqrt{5x-4}-\sqrt{x}}{x-1}$;

(3) $\lim\limits_{x \to +\infty}(\sqrt{x^2+3x+2}-x)$; 　　　(4) $\lim\limits_{x \to \infty} \dfrac{3x + \sin x}{2x + \sin x}$;

(5) $\lim\limits_{x \to 0} \dfrac{e^x-1}{\ln(1+4x)}$; 　　　(6) $\lim\limits_{x \to +\infty}\left(1 - \dfrac{1}{x}\right)^{\sqrt{x}}$.

第 2 章 导数与微分

学习目的
1. 掌握导数和微分的四则运算法则和复合函数的求导法则,牢记基本初等函数的导数公式,掌握反函数的求导方法;
2. 了解高阶导数的概念,会求简单函数的高阶导数.

第 1 节 导数的概念

导数的思想最初是由法国数学家费马为研究极值问题而引入的,但与导数概念直接相联系的是两个问题:已知运动规律求速度和已知曲线求切线.分别是由英国数学家牛顿和德国数学家莱布尼茨在研究力学和几何学过程中建立起来的.

下面我们以曲线求切线这个问题为背景引入导数的概念.

设曲线 C 是函数 $y = f(x)$ 的图形,求曲线 C 在点 $P_0(x_0, y_0)$ 处切线的斜率.

如图 2-1 所示.

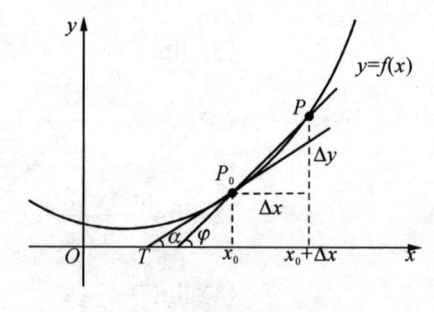

图 2-1

设 $P(x, y)$ 是曲线上 $P_0(x_0, y_0)$ 附近的一点,P_0P 称为曲线的割线,当 P 沿曲线向 P_0 靠近时,割线 P_0P 的极限位置 P_0T 就称为曲线 $y = f(x)$ 在点 P_0 处的切线.而割线的斜率

$$k_{P_0P} = \tan \varphi = \frac{y - y_0}{x - x_0} = \frac{\Delta y}{\Delta x} = \frac{f(x_0 + \Delta x) - f(x_0)}{\Delta x}.$$

取极限,得切线斜率

$$k_{P_0T} = \tan \alpha = \lim_{\Delta x \to 0} \tan \varphi = \lim_{\Delta x \to 0} \frac{\Delta y}{\Delta x} = \lim_{\Delta x \to 0} \frac{f(x_0 + \Delta x) - f(x_0)}{\Delta x}.$$

即函数值的增量与自变量增量的比值,在自变量增量趋于 0 时的极限.

定义 2-1 设函数 $y = f(x)$ 在 $U(x_0, \delta)$ 内有定义,在点 x_0 处自变量的增量是 Δx,对应的函数的增量 $\Delta y = f(x_0 + \Delta x) - f(x_0) = f(x) - f(x_0)$,若极限

$$\lim_{\Delta x \to 0} \frac{\Delta y}{\Delta x} = \lim_{\Delta x \to 0} \frac{f(x_0 + \Delta x) - f(x_0)}{\Delta x} = \lim_{x \to x_0} \frac{f(x) - f(x_0)}{x - x_0}$$

存在,则称函数 $f(x)$ 在点 x_0 处**可导**,并称该极限为函数 $f(x)$ 在点 x_0 处的**导数**,记作 $f'(x_0)$,即

$$f'(x_0) = \lim_{\Delta x \to 0} \frac{\Delta y}{\Delta x} = \lim_{\Delta x \to 0} \frac{f(x_0 + \Delta x) - f(x_0)}{\Delta x} = \lim_{x \to x_0} \frac{f(x) - f(x_0)}{x - x_0}.$$

故导数就是函数值增量与自变量增量之比的极限,这个增量之比称为函数关于自变量的**平均变化率**,而导数 $f'(x_0)$ 则为函数 $f(x)$ 在点 x_0 处关于 x 的变化率.

若上述极限值不存在,则称函数 $f(x)$ 在点 x_0 处**不可导**.

注 1 导数的本质是一个极限,因而是一个数值.

注 2 由引例知,导数 $f'(x_0)$ 的几何意义是曲线 $y = f(x)$ 在点 $(x_0, f(x_0))$ 处切线的斜率,即

$$f'(x_0) = k_{切} = \tan \alpha.$$

例 2-1 设函数 $f(x) = x^2$,求 $f'(1)$ 的值.

解 因

$$\Delta y = f(x_0 + \Delta x) - f(x_0) = f(1 + \Delta x) - f(1) = (1 + \Delta x)^2 - 1 = 2\Delta x + (\Delta x)^2,$$

则 $\dfrac{\Delta y}{\Delta x} = 2 + \Delta x$,所以 $f'(1) = \lim\limits_{\Delta x \to 0} \dfrac{\Delta y}{\Delta x} = \lim\limits_{\Delta x \to 0} (2 + \Delta x) = 2.$

例 2-2 证明下列函数在点 $x_0 = 0$ 处不可导:

(1) $y = |x|$; (2) $f(x) = \begin{cases} x\sin \dfrac{1}{x}, & x \neq 0, \\ 0, & x = 0. \end{cases}$

证明 (1) $y = |x| = \begin{cases} x, & x \geqslant 0, \\ -x, & x < 0. \end{cases}$

当 $x > 0$ 时,$\dfrac{f(x) - f(0)}{x - 0} = \dfrac{x}{x} = 1 \to 1,$

当 $x < 0$ 时,$\dfrac{f(x) - f(0)}{x - 0} = \dfrac{-x}{x} = -1 \to -1,$

由极限的唯一性知,此极限不存在,故 $y = |x|$ 在点 $x_0 = 0$ 处不可导.

(2) $\dfrac{\Delta y}{\Delta x} = \dfrac{f(x) - f(0)}{x - 0} = \dfrac{x\sin \dfrac{1}{x}}{x} = \sin \dfrac{1}{x},$

当 $x \to 0$ 时,$\dfrac{1}{x} \to \infty$,故 $\sin \dfrac{1}{x}$ 在 $(-1, 1)$ 内无限次振荡,从而极限不存在,即 $f(x)$ 在点 $x_0 = 0$ 处不可导.

上例两个函数在点 $x_0 = 0$ 处都是连续的,但都不可导,故连续的函数不一定是可导的,那么反过来呢?

定理 2-1 设函数 $y=f(x)$ 在点 x_0 处可导,则在点 x_0 处连续.

注 等价的命题为不连续则不可导.

定义 2-2 设函数 $y=f(x)$ 在区间 I 内每一点 x 处都可导,则称函数 $f(x)$ 为区间 I 内的**可导函数**. 此时,对每一个 $x\in I$,都有 $f(x)$ 的一个导数 $f'(x)$ 与之对应,这样就定义了一个在 I 内的函数,称为 $f(x)$ 在 I 内的**导函数**,简称**导数**,记作 $f'(x)$ 或 $\dfrac{\mathrm{d}y}{\mathrm{d}x}$.

$f'(x_0)$ 也可以写作 $f'(x)\Big|_{x=x_0}$ 或 $\dfrac{\mathrm{d}y}{\mathrm{d}x}\Big|_{x=x_0}$,即导函数在点 x_0 处的函数值.

例 2-3 求函数 $f(x)=C$(C 为常数)的导数.

解 $f'(x)=\lim\limits_{h\to 0}\dfrac{f(x+h)-f(x)}{h}=\lim\limits_{h\to 0}\dfrac{C-C}{h}=0$,

即 $(C)'=0.$

例 2-4 设函数 $f(x)=\sin x$,求 $(\sin x)'$ 和 $(\sin x)'\Big|_{x=\frac{\pi}{4}}$.

解 由增量

$$\Delta y=\sin(x+\Delta x)-\sin x=2\cos\dfrac{x+\Delta x+x}{2}\sin\dfrac{x+\Delta x-x}{2}=2\cos\left(x+\dfrac{\Delta x}{2}\right)\sin\dfrac{\Delta x}{2}$$

得比值 $\dfrac{\Delta y}{\Delta x}=\dfrac{2\cos\left(x+\dfrac{\Delta x}{2}\right)\sin\dfrac{\Delta x}{2}}{\Delta x},$

故极限 $\lim\limits_{\Delta x\to 0}\dfrac{\Delta y}{\Delta x}=\lim\limits_{\Delta x\to 0}\dfrac{2\cos\left(x+\dfrac{\Delta x}{2}\right)\sin\dfrac{\Delta x}{2}}{\Delta x}=\cos x,$

即 $(\sin x)'=\cos x,\ (\sin x)'\Big|_{x=\frac{\pi}{4}}=\cos x\Big|_{x=\frac{\pi}{4}}=\dfrac{\sqrt{2}}{2}.$

定义 2-3 若函数 $f(x)$ 的导函数 $f'(x)$ 在点 x_0 处可导,则称 $f(x)$ 在点 x_0 处**二阶可导**,$f'(x)$ 在点 x_0 处的导数为 $f(x)$ 在点 x_0 处的**二阶导数**,记作 $f''(x_0)$,即

$$f''(x_0)=\lim\limits_{\Delta x\to 0}\dfrac{f'(x_0+\Delta x)-f'(x_0)}{\Delta x}.$$

定义 2-4 若函数 $f(x)$ 在定义区间 I 内每一点都二阶可导,则得到一个定义在区间 I 内的**二阶可导函数**,记作 $f''(x)$.

一般地,可以由 f 的 $n-1$ 阶导函数定义 f 的 **n 阶导函数**,记作 $f^{(n)}(x)$ 或 $\dfrac{\mathrm{d}^n y}{\mathrm{d}x^n}$.

二阶以及二阶以上的导数均称为**高阶导数**.

注 四阶及四阶以上的高阶导数只能用 $f^{(n)}(x)$ 或 $\dfrac{\mathrm{d}^n y}{\mathrm{d}x^n}$ 记号.

例 2-5 求下列函数的 n 阶导数:

(1) $y = e^x$;
(2) $y = \sin x$.

解 (1) $y' = (e^x)' = e^x$,
$y'' = (e^x)' = e^x$,
$\cdots$

一般地，可得
$$y^{(n)} = e^x.$$

(2) $y' = (\sin x)' = \cos x = \sin\left(x + \dfrac{\pi}{2}\right)$,

$y'' = (\cos x)' = -\sin x = \sin\left(x + 2 \cdot \dfrac{\pi}{2}\right)$,

$y^{(3)} = (-\sin x)' = -\cos x = \sin\left(x + 3 \cdot \dfrac{\pi}{2}\right)$,

$y^{(4)} = (-\cos x)' = \sin x = \sin\left(x + 4 \cdot \dfrac{\pi}{2}\right)$,

$\cdots$

一般地，可得
$$y^{(n)} = \sin\left(x + n \cdot \dfrac{\pi}{2}\right).$$

第2节 求导法则

上一节我们从定义出发求出了一些简单函数的导数，但是对于一般函数的导数，虽然也可以用定义来求，但通常比较繁琐. 本节我们引入一些求导法则，利用这些法则，可以较为简单的求出一些初等函数的导数.

一、四则运算的求导法则

定理 2-2 设函数 $u(x)$ 与 $v(x)$ 在点 x 处可导，则 $u(x) \pm v(x)$ 在点 x 处也可导，且
$$(u(x) \pm v(x))' = u'(x) \pm v'(x).$$

证明 令 $y = u(x) \pm v(x)$，则
$$\Delta y = [u(x+\Delta x) \pm v(x+\Delta x)] - [u(x) \pm v(x)]$$
$$= [u(x+\Delta x) - u(x)] \pm [v(x+\Delta x) - v(x)]$$
$$= \Delta u \pm \Delta v,$$

$$\dfrac{\Delta y}{\Delta x} = \dfrac{\Delta u}{\Delta x} \pm \dfrac{\Delta v}{\Delta x}.$$

已知函数 $u(x)$ 与 $v(x)$ 在点 x 处可导,则

$$\lim_{\Delta x \to 0}\frac{\Delta y}{\Delta x} = \lim_{\Delta x \to 0}\frac{\Delta u}{\Delta x} \pm \lim_{\Delta x \to 0}\frac{\Delta v}{\Delta x} = u'(x) \pm v'(x).$$

定理 2-3 设函数 $u(x)$ 与 $v(x)$ 在点 x 处可导,则 $u(x)v(x)$ 在点 x 处也可导,且

$$(u(x)v(x))' = u'(x)v(x) + u(x)v'(x).$$

证明略.

利用数学归纳法,可以将这个法则推广到任意有限多个函数乘积的情形. 例如:

$$(uvw)' = u'vw + uv'w + uvw'.$$

若 $v(x) = C$,则有 $(Cu(x))' = Cu'(x)$.

例 2-6 求下列函数的导数:

(1) $y = 2x^4 - \dfrac{1}{x^3} + \dfrac{1}{x} - \ln 7$; (2) $y = 3\sqrt[3]{x^2} - \log_a x + \cos\dfrac{\pi}{3}$;

(3) $y = \tan x \cdot \ln x$; (4) $y = 2x\sin x - (x^2 - 2)\cos x.$

解 (1) $y' = 2(x^4)' - \left(\dfrac{1}{x^3}\right)' + \left(\dfrac{1}{x}\right)' - (\ln 7)' = 8x^3 + \dfrac{3}{x^4} - \dfrac{1}{x^2}$;

(2) $y' = 3(\sqrt[3]{x^2})' - (\log_a x)' + \left(\cos\dfrac{\pi}{3}\right)' = \dfrac{2}{\sqrt[3]{x}} - \dfrac{1}{x\ln a}$;

(3) $y' = (\tan x \cdot \ln x)' = (\tan x)'\ln x + \tan x(\ln x)' = \sec^2 x \ln x + \dfrac{\tan x}{x}$;

(4) $y' = 2(x\sin x)' - [(x^2 - 2)\cos x]'$
$= 2\sin x + 2x\cos x - [(x^2 - 2)'\cos x + (x^2 - 2)(\cos x)']$
$= 2\sin x + 2x\cos x - 2x\cos x + x^2\sin x - 2\sin x = x^2\sin x.$

定理 2-4 设函数 $v(x)$ 在点 x 处可导,且 $v(x) \neq 0$,则 $\dfrac{1}{v(x)}$ 在点 x 处也可导,且

$$\left(\frac{1}{v(x)}\right)' = -\frac{v'(x)}{v^2(x)}.$$

定理 2-5 设函数 $u(x)$ 与 $v(x)$ 在点 x 处可导,且 $v(x) \neq 0$,则 $\dfrac{u(x)}{v(x)}$ 在点 x 处也可导,且

$$\left(\frac{u(x)}{v(x)}\right)' = \frac{u'(x)v(x) - u(x)v'(x)}{v^2(x)}.$$

例 2-7 求下列函数的导数:

(1) $y = \sec x$; (2) $y = \tan x.$

解 (1) 因 $y = \sec x = \dfrac{1}{\cos x}$,由定理 2-4 知,

$$y' = (\sec x)' = \left(\frac{1}{\cos x}\right)' = -\frac{(\cos x)'}{\cos^2 x} = -\frac{-\sin x}{\cos^2 x} = \frac{\sin x}{\cos^2 x} = \frac{1}{\cos x} \cdot \frac{\sin x}{\cos x} = \sec x \tan x.$$

同理可得，$(\csc x)' = -\csc x \cot x$.

(2) 因 $y = \tan x = \dfrac{\sin x}{\cos x}$，由定理 2-5 知，

$$y' = (\tan x)' = \left(\frac{\sin x}{\cos x}\right)' = \frac{(\sin x)' \cos x - \sin x (\cos x)'}{\cos^2 x}$$

$$= \frac{\cos x \cdot \cos x - \sin x \cdot (-\sin x)}{\cos^2 x} = \frac{\cos^2 x + \sin^2 x}{\cos^2 x}$$

$$= \frac{1}{\cos^2 x} = \sec^2 x.$$

同理可得，$(\cot x)' = -\csc^2 x$.

例 2-8 求下列函数的导数：

(1) $y = \dfrac{\tan x}{x^3}$； (2) $y = \dfrac{1 - \ln x}{1 + \ln x}$.

解 (1) $y' = \dfrac{(\tan x)' x^3 - \tan x (x^3)'}{x^6} = \dfrac{x^3 \sec^2 x - 3x^2 \tan x}{x^6} = \dfrac{x \sec^2 x - 3 \tan x}{x^4}$；

(2) $y' = \dfrac{(1-\ln x)'(1+\ln x) - (1-\ln x)(1+\ln x)'}{(1+\ln x)^2}$

$$= \frac{-\dfrac{1}{x}(1+\ln x + 1 - \ln x)}{(1+\ln x)^2} = -\frac{2}{x(1+\ln x)^2}.$$

例 2-9 求下列函数在指定点处的导数：

(1) 设函数 $y = \cos x - \sin x$，求 $y'\big|_{x=\frac{\pi}{2}}$ 和 $y'\big|_{x=\frac{\pi}{4}}$；

(2) 设函数 $y = \dfrac{1-\sqrt{x}}{1+\sqrt{x}}$，求 $y'(4)$.

解 (1) 因 $y' = -\sin x - \cos x$，所以

$$y'\big|_{x=\frac{\pi}{2}} = -\sin\frac{\pi}{2} - \cos\frac{\pi}{2} = -1, \quad y'\big|_{x=\frac{\pi}{4}} = -\sin\frac{\pi}{4} - \cos\frac{\pi}{4} = -\sqrt{2};$$

(2) 因

$$y' = \frac{(1-\sqrt{x})'(1+\sqrt{x}) - (1-\sqrt{x})(1+\sqrt{x})'}{(1+\sqrt{x})^2} = \frac{-\dfrac{1+\sqrt{x}}{2\sqrt{x}} - \dfrac{1-\sqrt{x}}{2\sqrt{x}}}{(1+\sqrt{x})^2} = -\frac{1}{\sqrt{x}(1+\sqrt{x})^2},$$

所以

$$y'(4) = -\frac{1}{\sqrt{4}(1+\sqrt{4})^2} = -\frac{1}{18}.$$

二、反函数的导数

定理 2-6 设函数 $y = f(x)$ 与 $x = f^{-1}(y)$ 互为反函数. 如果 $f^{-1}(y)$ 可导，且 $(f^{-1}(y))' \neq 0$，那么

$$f'(x) = \frac{1}{(f^{-1}(y))'} \text{ 或 } \frac{dy}{dx} = \frac{1}{\frac{dx}{dy}}.$$

运用此定理可以求反三角函数的导数：

(1) $(\arcsin x)' = \dfrac{1}{\sqrt{1-x^2}}$；

(2) $(\arccos x)' = -\dfrac{1}{\sqrt{1-x^2}}$；

(3) $(\arctan x)' = \dfrac{1}{1+x^2}$；

(4) $(\text{arccot } x)' = -\dfrac{1}{1+x^2}$.

下证(1)和(3)，其他留给读者证明.

证明 (1) 因 $\arcsin x$ 是 $\sin x$ 在区间 $\left(-\dfrac{\pi}{2}, \dfrac{\pi}{2}\right)$ 内的反函数，令 $\arcsin x = y$，则 $x = \sin y \left(y \in \left(-\dfrac{\pi}{2}, \dfrac{\pi}{2}\right)\right)$，由定理 2-6 知，

$$(\arcsin x)' = \frac{1}{(\sin y)'} = \frac{1}{\cos y} = \frac{1}{\sqrt{1-\sin^2 y}} = \frac{1}{\sqrt{1-x^2}};$$

(3) 因 $\arctan x$ 是 $\tan x$ 在区间 $\left(-\dfrac{\pi}{2}, \dfrac{\pi}{2}\right)$ 内的反函数，令 $\arctan x = y$，则 $x = \tan y \left(y \in \left(-\dfrac{\pi}{2}, \dfrac{\pi}{2}\right)\right)$，由定理 2-6 知，

$$(\arctan x)' = \frac{1}{(\tan y)'} = \frac{1}{\sec^2 y} = \frac{1}{1+\tan^2 y} = \frac{1}{1+x^2}.$$

三、复合函数的求导法则

定理 2-7（链式法则） 设 $y = f(g(x))$ 是由 $y = f(u)$，$u = g(x)$ 复合而成的函数，若函数 $u = g(x)$ 在点 x 处可导，$f(u)$ 在点 $u = g(x)$ 处可导，则复合函数 $y = f(g(x))$ 在点 x 处也可导，且

$$f'(x) = f'(u)g'(x) = f'(g(x))g'(x),$$

或
$$\frac{dy}{dx} = \frac{dy}{du} \cdot \frac{du}{dx}.$$

对于多个函数复合而成的复合函数,如 $y = f(u)$, $u = g(v)$, $v = \varphi(x)$,则有
$$\frac{dy}{dx} = \frac{dy}{du} \cdot \frac{du}{dv} \cdot \frac{dv}{dx}.$$

例 2-10 求下列函数的导数:

(1) $y = (3x+5)^7$; (2) $y = \sin\sqrt{1+x^2}$.

解 (1) $y' = 7(3x+5)^6 \cdot (3x+5)' = 21(3x+5)^6$;

(2) $y' = 2x \cdot \cos\sqrt{1+x^2} \cdot \dfrac{1}{2} \cdot \dfrac{1}{\sqrt{1+x^2}} = \dfrac{x\cos\sqrt{1+x^2}}{\sqrt{1+x^2}}.$

例 2-11 求下列函数的导数:

(1) $y = x\arcsin(\ln x)$;

(2) 设 $f(x) = \ln\dfrac{1}{1-x}$,求 $f^{(n)}(0)$.

解 (1) $y' = \arcsin(\ln x) + \dfrac{x}{\sqrt{1-\ln^2 x}} \cdot \dfrac{1}{x} = \arcsin(\ln x) + \dfrac{1}{\sqrt{1-\ln^2 x}}$;

(2) $f'(x) = (1-x) \cdot \dfrac{1}{(1-x)^2} = \dfrac{1}{1-x} = (1-x)^{-1},$

$f''(x) = (-1) \cdot (-1) \cdot (1-x)^{-2} = 1 \cdot (1-x)^{-2},$

$f^{(3)}(x) = (-1) \cdot (-2) \cdot (1-x)^{-3} = 1 \cdot 2 \cdot (1-x)^{-3},$

$f^{(4)}(x) = (-1) \cdot (-3) \cdot 2(1-x)^{-4} = 1 \cdot 2 \cdot 3 \cdot (1-x)^{-4},$

...

$f^{(n)}(x) = 1 \cdot 2 \cdot 3 \cdots (n-1)(1-x)^{-n} = \dfrac{(n-1)!}{(1-x)^n},$

故
$$f^{(n)}(0) = \dfrac{(n-1)!}{(1-x)^n}\bigg|_{x=0} = (n-1)!.$$

四、基本初等函数的导数

(1) $(C)' = 0$;

(2) $(x^n)' = nx^{n-1}\ (n \in \mathbf{R})$;

(3) $(\sin x)' = \cos x$, $(\cos x)' = -\sin x$;

(4) $(\tan x)' = \sec^2 x$, $(\cot x)' = -\csc^2 x$;

(5) $(\sec x)' = \sec x \tan x$, $(\csc x)' = -\csc x \cot x$;

(6) $(\log_a x)' = \dfrac{1}{x\ln a}$ $(a>0, a\neq 1)$,

特别地,当 $a = \mathrm{e}$ 时,$(\ln x)' = \dfrac{1}{x}$;

(7) $(a^x)' = a^x \ln a$ $(a>0, a\neq 1)$,

特别地,当 $a = \mathrm{e}$ 时,$(\mathrm{e}^x)' = \mathrm{e}^x$.

第3节 微 分

一、微分的定义

定义 2-5 设函数 $y = f(x)$ 在 x_0 的某个邻域 $U(x_0)$ 内有定义,对于自变量的增量 $\Delta x = x - x_0$,相应的函数增量为 $\Delta y = f(\Delta x + x_0) - f(x_0)$. 若存在常数 A,使得

$$\Delta y = A\Delta x + o(\Delta x),$$

则称函数 $f(x)$ 在点 x_0 处**可微**,并称 Δy 的线性主部 $A\Delta x$ 为 $f(x)$ 在点 x_0 处的**微分**,记作

$$\mathrm{d}y \Big|_{x=x_0} = A\Delta x.$$

于是,$\Delta y \Big|_{x=x_0} = \mathrm{d}y \Big|_{x=x_0} + o(\Delta x)$.

二、可微与可导的关系

设 $y = f(x)$ 在点 x_0 处可微,即有

$$\Delta y = A\Delta x + o(\Delta x),$$

两边同时除以 Δx,得

$$\frac{\Delta y}{\Delta x} = A + \frac{o(\Delta x)}{\Delta x}.$$

当 $\Delta x \to 0$ 时,由上式就可得到

$$A = \lim_{\Delta x \to 0} \frac{\Delta y}{\Delta x} = f'(x_0),$$

即函数 $y = f(x)$ 在点 x_0 处可导,且 $A = f'(x_0)$.

反之,若函数 $y = f(x)$ 在点 x_0 处可导,即有

$$\lim_{\Delta x \to 0} \frac{\Delta y}{\Delta x} = f'(x_0),$$

则 $\dfrac{\Delta y}{\Delta x} = f'(x_0) + \alpha$,其中 $\alpha \to 0$(当 $\Delta x \to 0$),由此可得

$$\Delta y = f'(x_0)\Delta x + \alpha \Delta x,$$

因 $\alpha\Delta x = o(\Delta x)$，且 $f'(x_0)$ 不依赖于 Δx，由微分的定义知，函数 $y = f(x)$ 在点 x_0 处可微.

定理 2-8 函数 $y = f(x)$ 在点 x_0 处可微的充要条件是函数 $y = f(x)$ 在点 x_0 处可导，且
$$dy = f'(x_0)\Delta x.$$

定义 2-6 若函数 $y = f(x)$ 在区间 I 内每一点都可微，则称 $y = f(x)$ 为区间 I 内的**可微函数**，函数 $y = f(x)$ 在区间 I 内任一点 x 处的微分记作
$$dy = f'(x)\Delta x, \ x \in I.$$

特别地，当 $y = x$ 时，
$$dy = dx = \Delta x,$$

这表示自变量的微分 dx 就等于自变量的增量，于是
$$dy = f'(x)dx.$$

如果把上式改写为
$$\frac{dy}{dx} = f'(x),$$

那么函数的导数就等于函数微分与自变量微分之商，因此，导数也常称为**微商**.

三、微分的计算

(1) 利用 $dy = f'(x)dx$

例如：$d\sin x = (\sin x)'dx = \cos x\,dx$, $d(x^\alpha) = (x^\alpha)'dx = \alpha x^{\alpha-1}dx$.

(2) 四则运算法则

$d(u \pm v) = (u \pm v)'dx = (u' \pm v')dx = u'dx \pm v'dx = du \pm dv;$

$d(Cu) = Cdu;$

$d(uv) = vdu + udv;$

$d\left(\dfrac{u}{v}\right) = \dfrac{vdu - udv}{v^2} \ (v \neq 0).$

例 2-12 设函数 $y = x^2\ln x + \cos x^2$，求 dy.

解 $dy = d(x^2\ln x + \cos x^2) = d(x^2\ln x) + d(\cos x^2)$
$= \ln x\,dx^2 + x^2 d(\ln x) + d(\cos x^2)$
$= 2x\ln x\,dx + x\,dx - 2x\sin x^2\,dx.$

例 2-13 设函数 $y = \dfrac{x}{\sqrt{x^2+1}}$，求 $dy\Big|_{x=0}$.

解 因 $dy = d\left(\dfrac{x}{\sqrt{x^2+1}}\right) = \dfrac{\sqrt{x^2+1}\,dx - x\,d\sqrt{x^2+1}}{x^2+1}$

$$= \frac{\sqrt{x^2+1}\mathrm{d}x - \dfrac{x^2}{\sqrt{x^2+1}}\mathrm{d}x}{x^2+1} = \frac{1}{(x^2+1)^{\frac{3}{2}}}\mathrm{d}x,$$

所以 $\quad \mathrm{d}y\Big|_{x=0} = \dfrac{1}{(0^2+1)^{\frac{3}{2}}}\mathrm{d}x = \mathrm{d}x.$

习题 2

1. 利用导数的定义求函数 $f(x)=\sqrt{x}$ 在点 $x_0=1$ 处的导数.
2. 求下列函数的导数:
   (1) $y=x^7$;
   (2) $y=x^5 \cdot \sqrt[4]{x^3}$.
3. 求下列曲线在指定点处的切线方程:
   (1) $y=\sin x$ 在点 $\left[\dfrac{\pi}{3}, \dfrac{\sqrt{3}}{2}\right]$ 处;
   (2) $y=\ln x$ 在点 $(\mathrm{e}, 1)$ 处.
4. 试证: 函数 $y=\sqrt[3]{x}$ 在点 $x=0$ 处连续但不可导.
5. 设 $f'(x_0)=-2$, 求下列各极限:
   (1) $\lim\limits_{\Delta x \to 0} \dfrac{f(x_0+3\Delta x)-f(x_0)}{\Delta x}$;
   (2) $\lim\limits_{\Delta x \to 0} \dfrac{f(x_0-3\Delta x)-f(x_0)}{\Delta x}$;
   (3) $\lim\limits_{h \to 0} \dfrac{f(x_0+h)-f(x_0-h)}{h}$.
6. 若函数 $f(x)$ 在点 x_0 处不连续, 则 $f(x)$ 在点 x_0 处( ).
   A. 必不可导　　　B. 一定可导　　　C. 可能可导　　　D. 极限不存在
7. 函数 $f(x)$ 在点 x_0 连续是 $f(x)$ 在 x_0 处可导的( ).
   A. 充分不必要条件　　　B. 必要不充分条件
   C. 充要条件　　　D. 既不充分也不必要条件
8. 求下列函数的导数:
   (1) $y=x^5+3x^2-2x+8$;
   (2) $y=\ln x - 3\log_4 x$;
   (3) $y=x\tan x$;
   (4) $y=3\cos x \cdot \lg x$;
   (5) $y=(2+\sec x)\sin x$;
   (6) $y=\dfrac{t}{1-\cos t}$.
9. 求下列函数在指定点处的导数:
   (1) 设 $y=\sin x - \cos x$, 求 $y'\big|_{x=\frac{\pi}{6}}$;
   (2) 设 $y=(1+x^3)\left(5-\dfrac{1}{x^2}\right)$, 求 $y'\big|_{x=1}$.
10. 求下列函数的导数:
    (1) $y=4\sin(3x+1)$;
    (2) $y=\tan(3x-5)$;
    (3) $y=(\arcsin x)^5$;
    (4) $y=\mathrm{e}^{3x^2}$;

(5) $y = \sqrt{1+\ln^2 x}$; (6) $y = \ln\cos x$;

(7) $y = x^2 \sin\dfrac{1}{x}$; (8) $y = \arctan e^{2x}$;

(9) $y = x\arccos x - \sqrt{1-x^2}$; (10) $y = \dfrac{3x-2}{x^2+1}$.

11. 求下列函数的二阶导数:

(1) $y = x^2 + \ln x$; (2) $y = xe^{-x}$;

(3) $y = (1+x^2)\arctan x$; (4) $y = \dfrac{1}{x^3+1}$.

12. 求下列函数在指定点处的导数:

(1) $y = \arcsin x^2$,求 $y''(0)$;

(2) $y = x\sqrt{x^2-16}$,求 $\dfrac{d^2 y}{dx^2}\Big|_{x=5}$.

13. 求函数 $y = e^{ax}$ 的 n 阶导数.

14. 在括号内填入适当的函数,使等式成立:

(1) $\dfrac{1}{1+x^2}dx = d(\quad)$; (2) $e^{-x}dx = d(\quad)$;

(3) $\sqrt{x^3}dx = d(\quad)$; (4) $\cos x\, dx = d(\quad)$;

(5) $de^{\sin 4x} = (\quad)d(\sin 4x) = (\quad)d(4x) = (\quad)dx$.

15. 函数 $f(x)$ 在点 x_0 处可导是 $f(x)$ 在点 x_0 处可微的( ).

A. 必要不充分条件 B. 充分不必要条件

C. 充要条件 D. 既不充分也不必要条件

16. 求下列函数的微分:

(1) $y = (1+x+x^2)^4$; (2) $y = \tan^2 x$;

(3) $y = \sqrt{\arcsin x}$; (4) $y = \ln(3x+1)$;

(5) $y = \dfrac{\sin 2x}{x}$; (6) $y = e^{-x}\sin(2-3x)$.

第3章 微分中值定理与导数的应用

> **学习目的**
> 1. 理解罗尔定理、拉格朗日中值定理,了解柯西中值定理;
> 2. 熟练掌握用洛必达法则求未定式极限的方法;
> 3. 理解函数极值、最值的概念,掌握用导数判断函数的单调性和求极值、最值的方法.

前面我们学习了导数的概念以及计算导数的方法,导数的概念来源于实际问题,我们还要把导数应用到实际问题当中去.本章我们将建立几个定理,它们是导数应用的理论基础.

第1节 微分中值定理

一、罗尔(Rolle)定理

观察图 3-1.

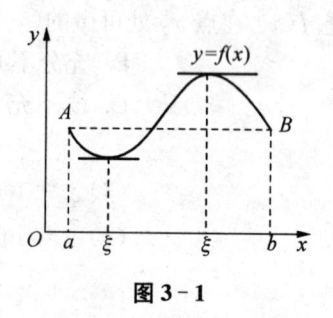

图 3-1

设函数 $y = f(x)$ 在区间 $[a, b]$ 内的图像是一条连续光滑的曲线,这条曲线在区间 (a, b) 内每一点都存在不垂直于 x 轴的切线,且区间 $[a, b]$ 的两个端点处的函数值相等,即 $f(a) = f(b)$,则可以发现在曲线的最高点或最低点处,曲线有水平切线,即有 $f'(\xi) = 0$. 如果用数学语言把这种几何现象描述出来,就可以得到下面的定理:

定理 3-1 设函数 $y = f(x)$ 满足:
(1) 在闭区间 $[a, b]$ 上连续;
(2) 在开区间 (a, b) 内可导;
(3) $f(a) = f(b)$,
则在 (a, b) 内至少存在一点 ξ,使得
$$f'(\xi) = 0.$$

注1 从代数学的观点来看,若 $f(x)$ 满足罗尔定理中的条件,则方程 $f'(x) = 0$ 在区间

(a, b) 内至少有一个实根,从而罗尔定理经常应用于判定方程根的个数.

注 2 罗尔定理的几何意义是:在每一点都可导的一段连续曲线上,若曲线上的两端点高度相同,则至少存在一条水平切线.

注 3 定理中三个条件缺少任何一个,结论都可能不成立(见图 3 - 2).

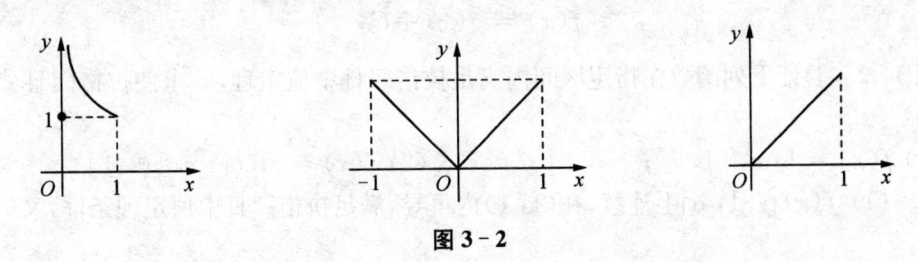

图 3 - 2

例 3 - 1 判断下列函数在指定区间内是否满足罗尔定理的条件:

(1) $f(x) = \begin{cases} x, & [0, 1), \\ 1-x, & [1, 2]; \end{cases}$

(2) $f(x) = (x-2)^{\frac{2}{3}}$, $[0, 4]$.

解 (1) 当 $x = 1 \in [0, 2]$ 时,有

$$\lim_{x \to 1^-} f(x) = \lim_{x \to 1^-} x = 1, \lim_{x \to 1^+} f(x) = \lim_{x \to 1^+} (1-x) = 0.$$

因 $\lim_{x \to 1^-} f(x) \neq \lim_{x \to 1^+} f(x)$,函数在点 $x = 1$ 处不连续,进而不可导,又

$$f(0) = 0, f(2) = -1,$$

从而,函数 $f(x)$ 不满足罗尔定理的 3 个条件;

(2) $f(x)$ 在 $[0, 4]$ 上连续,且 $f(0) = f(4) = 2^{\frac{2}{3}}$,又

$$f'(x) = \frac{2}{3\sqrt[3]{x-2}},$$

可见,$f(x)$ 在点 $x = 2 \in (0, 4)$ 处不可导,从而,函数 $f(x)$ 不满足罗尔定理的条件(2).

二、拉格朗日(Lagrange)中值定理

定理 3 - 2 设函数 $y = f(x)$ 满足:
(1) 在闭区间 $[a, b]$ 上连续;
(2) 在开区间 (a, b) 内可导,
则在 (a, b) 内至少存在一点 ξ,使得

$$f(b) - f(a) = f'(\xi)(b - a). \tag{3-1}$$

注 1 当 $f(a) = f(b)$ 时,拉格朗日中值定理就是罗尔定理,这表明罗尔定理就是拉格朗日中值定理的特殊情况.

注 2 式(3-1)称为拉格朗日公式,它还有其他几种等价形式:

$$f(b) - f(a) = f'(a + \theta(b-a))(b-a), 0 < \theta < 1,$$
$$f(a+h) - f(a) = f'(a + \theta h)h,$$

在 $[0, x]$ 上,$f(x) - f(0) = f'(\xi)x, 0 < \xi = \theta x < x.$

推论 3-1 若函数 $f(x)$ 在区间 I 内可导,且 $f'(x) \equiv 0, x \in I$,则 $f(x)$ 为区间 I 内的一个常数.

推论 3-2 若函数 $f(x), g(x)$ 均在区间 I 内可导,且 $f'(x) = g'(x), x \in I$,则 $f(x)$ 与 $g(x)$ 只相差一个常数,即

$$f(x) = g(x) + C.$$

例 3-2 验证下列函数在指定区间内满足拉格朗日中值定理,并求使拉格朗日公式成立的 ξ:

(1) $f(x) = \ln x, [1, e]$; (2) $f(x) = \arctan x, [0, 1]$.

解 (1) $f(x)$ 在 $[1, e]$ 上连续,在 $(1, e)$ 内可导,满足拉格朗日中值定理条件,又

$$f'(x) = \frac{1}{x},$$

由拉格朗日中值定理知,至少存在一点 $\xi \in (1, e)$,使得

$$f(e) - f(1) = f'(\xi)(e - 1),$$

即

$$\frac{e-1}{\xi} = 1,$$

得

$$\xi = e - 1 \in (1, e);$$

(2) $f(x)$ 在 $[0, 1]$ 上连续,在 $(0, 1)$ 内可导,满足拉格朗日中值定理条件,又

$$f'(x) = \frac{1}{1+x^2},$$

由拉格朗日中值定理知,至少存在一点 $\xi \in (0, 1)$,使得

$$f(1) - f(0) = 1 \cdot f'(\xi),$$

即

$$\frac{1}{1+\xi^2} = \frac{\pi}{4},$$

得

$$\xi = \sqrt{\frac{4}{\pi} - 1} \in (0, 1).$$

三、柯西(Cauchy)中值定理

定理 3-3 设函数 $f(x)$ 和 $g(x)$ 满足:

(1) 在闭区间 $[a, b]$ 上连续;
(2) 在开区间 (a, b) 内可导;
(3) $g'(x) \neq 0$ 在 (a, b) 内成立,

则在 (a, b) 内至少存在一点 ξ,使得

$$\frac{f(b) - f(a)}{g(b) - g(a)} = \frac{f'(\xi)}{g'(\xi)}.$$

注 若 $g(x)=x$，则柯西中值定理就是拉格朗日中值定理，故拉格朗日中值定理是柯西中值定理的特例，而柯西中值定理是拉格朗日中值定理的推广.

第2节 洛必达(L'Hospital)法则

在极限的计算中，$\lim\limits_{x\to a}\dfrac{f(x)}{g(x)}=\dfrac{\lim\limits_{x\to a}f(x)}{\lim\limits_{x\to a}g(x)}$ 成立的条件是 $\lim\limits_{x\to a}f(x)$，$\lim\limits_{x\to a}g(x)$ 必须都存在，且 $\lim\limits_{x\to a}g(x)\neq 0$. 然而，当 $\lim\limits_{x\to a}f(x)=\lim\limits_{x\to a}g(x)=0$ 或 ∞ 时，就不能用上述方法计算. 这时，$\lim\limits_{x\to a}\dfrac{f(x)}{g(x)}$ 称为 $\dfrac{0}{0}$ 型或 $\dfrac{\infty}{\infty}$ 型未定式.

例如：$\lim\limits_{x\to 0}\dfrac{\sin x}{x}$ 是 $\dfrac{0}{0}$ 型未定式，$\lim\limits_{x\to+\infty}\dfrac{\ln x}{x}$ 是 $\dfrac{\infty}{\infty}$ 型未定式.

本节将以导数为工具研究未定式极限，这个方法称为**洛必达(L'Hospital)法则**.

定理3-4 设函数 $f(x)$ 和 $g(x)$ 满足：

(1) $\lim\limits_{x\to x_0}f(x)=\lim\limits_{x\to x_0}g(x)=0(\infty)$；

(2) $f(x)$ 和 $g(x)$ 在 $\overset{\circ}{U}(x_0,\delta)$ 内可导，且 $g'(x)\neq 0$；

(3) $\lim\limits_{x\to x_0}\dfrac{f'(x)}{g'(x)}=A\,(\infty)$，

则 $\quad\lim\limits_{x\to x_0}\dfrac{f(x)}{g(x)}=\lim\limits_{x\to x_0}\dfrac{f'(x)}{g'(x)}=A\,(\infty)$.

注1 若将定理中 $x\to x_0$ 换成 $x\to x_0^+$，$x\to x_0^-$，$x\to\pm\infty$，$x\to\infty$，只要相应地修改条件(2)中的邻域，也可得到同样的结论.

注2 $\lim\limits_{x\to x_0}\dfrac{f'(x)}{g'(x)}$ 不存在，并不能说明 $\lim\limits_{x\to x_0}\dfrac{f(x)}{g(x)}$ 不存在.

例3-3 用洛必达法则求下列极限：

(1) $\lim\limits_{x\to 0}\dfrac{(1+x)^{100}-1}{x}$； (2) $\lim\limits_{x\to 0}\dfrac{\ln(1+x)-x}{\cos x-1}$.

解 (1) 此为 $\dfrac{0}{0}$ 型未定式，由洛必达法则知，

$$\lim_{x\to 0}\dfrac{(1+x)^{100}-1}{x}=\lim_{x\to 0}\dfrac{100(1+x)^{99}}{1}=100;$$

(2) 此为 $\dfrac{0}{0}$ 型未定式，由洛必达法则知，

$$\lim_{x\to 0}\dfrac{\ln(1+x)-x}{\cos x-1}=\lim_{x\to 0}\dfrac{\dfrac{1}{1+x}-1}{-\sin x}=\lim_{x\to 0}\dfrac{x}{(1+x)\sin x}=\lim_{x\to 0}\dfrac{x}{\sin x}\cdot\lim_{x\to 0}\dfrac{1}{1+x}=1.$$

例 3-4 用洛必达法则求下列极限：

(1) $\lim\limits_{x \to 0^+} \dfrac{\ln x}{\ln \sin x}$; (2) $\lim\limits_{x \to +\infty} \dfrac{\ln x}{x^n}$.

解 (1) 此为 $\dfrac{\infty}{\infty}$ 型未定式，由洛必达法则知，

$$\lim_{x \to 0^+} \frac{\ln x}{\ln \sin x} = \lim_{x \to 0^+} \frac{\frac{1}{x}}{\cot x} = \lim_{x \to 0^+} \frac{\sin x}{x \cos x} = \lim_{x \to 0^+} \frac{\sin x}{x} = 1;$$

(2) 此为 $\dfrac{\infty}{\infty}$ 型未定式，由洛必达法则知，

$$\lim_{x \to +\infty} \frac{\ln x}{x^n} = \lim_{x \to +\infty} \frac{\frac{1}{x}}{n x^{n-1}} = \frac{1}{n} \lim_{x \to +\infty} \frac{1}{x^n} = 0.$$

除 $\dfrac{0}{0}$ 型和 $\dfrac{\infty}{\infty}$ 型未定式外，还有 $0 \cdot \infty$，$\infty - \infty$，0^0，1^∞ 和 ∞^0 等类型，对于这些类型未定式的计算，一般可以通过适当变形将它们化为 $\dfrac{0}{0}$ 型或 $\dfrac{\infty}{\infty}$ 型，然后再设法求解.

例 3-5 用洛必达法则求下列极限：

(1) $\lim\limits_{x \to +\infty} (e^{\frac{1}{x}} - 1) x$; (2) $\lim\limits_{x \to 0} \left(\dfrac{1}{x} - \dfrac{1}{e^x - 1} \right)$; *(3) $\lim\limits_{x \to 0^+} (\sin x)^x$;

*(4) $\lim\limits_{x \to 0^+} (\cos x)^{\frac{1}{x}}$; *(5) $\lim\limits_{x \to 0^+} \left(\dfrac{1}{x} \right)^{\tan x}$.

解 (1) 此为 $0 \cdot \infty$ 型未定式，令 $t = \dfrac{1}{x}$，当 $x \to +\infty$ 时，$t \to 0$，则

$$\lim_{x \to +\infty} (e^{\frac{1}{x}} - 1) x = \lim_{x \to +\infty} \frac{e^{\frac{1}{x}} - 1}{\frac{1}{x}} = \lim_{t \to 0} \frac{e^t - 1}{t},$$

而 $\lim\limits_{t \to 0} \dfrac{e^t - 1}{t}$ 为 $\dfrac{0}{0}$ 型未定式，那么由洛必达法则知，

$$\lim_{x \to +\infty} (e^{\frac{1}{x}} - 1) x = \lim_{t \to 0} \frac{e^t - 1}{t} = \lim_{t \to 0} \frac{e^t}{1} = 1;$$

(2) 此为 $\infty - \infty$ 型未定式，通分得

$$\lim_{x \to 0} \left(\frac{1}{x} - \frac{1}{e^x - 1} \right) = \lim_{x \to 0} \frac{e^x - x - 1}{x(e^x - 1)},$$

显然，$\lim\limits_{x \to 0} \dfrac{e^x - x - 1}{x(e^x - 1)}$ 为 $\dfrac{0}{0}$ 型未定式，那么由洛必达法则知，

$$\lim_{x\to 0}\left(\frac{1}{x}-\frac{1}{e^x-1}\right)=\lim_{x\to 0}\frac{e^x-x-1}{x(e^x-1)}=\lim_{x\to 0}\frac{e^x-1}{e^x-1+xe^x}=\lim_{x\to 0}\frac{e^x}{2e^x+xe^x}=\lim_{x\to 0}\frac{1}{2+x}=\frac{1}{2};$$

*(3) 此为 0^0 型未定式，因为 $(\sin x)^x = e^{\ln(\sin x)^x} = e^{x\ln\sin x} = e^{\frac{\ln\sin x}{\frac{1}{x}}}$，所以

$$\lim_{x\to 0^+}(\sin x)^x = e^{\lim\limits_{x\to 0^+}\frac{\ln\sin x}{\frac{1}{x}}} = e^{-\lim\limits_{x\to 0^+}\frac{\frac{\cos x}{\sin x}}{\frac{1}{x^2}}} = e^{-\lim\limits_{x\to 0^+}\frac{x}{\sin x}\lim\limits_{x\to 0^+}x} = e^0 = 1;$$

*(4) 此为 1^∞ 型未定式，因为 $(\cos x)^{\frac{1}{x}} = e^{\ln(\cos x)^{\frac{1}{x}}} = e^{\frac{1}{x}\ln\cos x} = e^{\frac{\ln\cos x}{x}}$，所以

$$\lim_{x\to 0^+}(\cos x)^{\frac{1}{x}} = e^{\lim\limits_{x\to 0^+}\frac{\ln\cos x}{x}} = e^{\lim\limits_{x\to 0^+}\frac{-\sin x}{\cos x}} = e^{-\lim\limits_{x\to 0^+}\frac{\sin x}{\cos x}} = e^0 = 1;$$

*(5) 此为 ∞^0 型未定式，因 $\lim\limits_{x\to 0^+}\left(\frac{1}{x}\right)^{\tan x} = \lim\limits_{x\to 0^+}x^{-\tan x}$ 为 0^0 型未定式，且由于 $x^{-\tan x} = e^{\ln x^{-\tan x}} = e^{-\tan x \cdot \ln x}$，所以

$$\lim_{x\to 0^+}\left(\frac{1}{x}\right)^{\tan x} = \lim_{x\to 0^+}x^{-\tan x} = e^{-\lim\limits_{x\to 0^+}\tan x \cdot \ln x} = e^{-\lim\limits_{x\to 0^+}\frac{\ln x}{\cot x}}$$

$$= e^{\lim\limits_{x\to 0^+}\frac{\frac{1}{x}}{\csc^2 x}} = e^{\lim\limits_{x\to 0^+}\frac{\sin x}{x}\cdot\lim\limits_{x\to 0^+}\sin x} = e^0 = 1.$$

第3节 函数的单调性、极值与最值

一、单调性

从几何意义上说，函数的单调性表现在函数图像上就是曲线的升降，如下图所示．

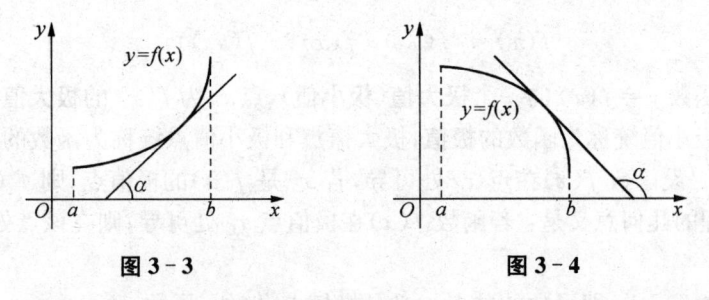

图 3-3   图 3-4

若曲线上升，则任一点处切线的倾斜角都是锐角，曲线在这一点处的斜率就为正；反之，若曲线下降，则任一点处切线的倾斜角都是钝角，曲线在这一点处的斜率就为负．这说明，函数的单调性与其导数的正负有着密切的关系．

定理 3-5 设函数 $y = f(x)$ 在区间 I 内可导，
(1) 若 $\forall x \in I$，有 $f'(x) > 0$，则函数 $f(x)$ 在 I 内单调递增；
(2) 若 $\forall x \in I$，有 $f'(x) < 0$，则函数 $f(x)$ 在 I 内单调递减．

注1 定理中的区间 I 可以是有限区间,也可以是无限区间.

注2 函数的单调性是一个区间内的性质,要用导数在这一区间内的符号来判定,而不能用导数在一点处的符号来判定函数在一个区间内的单调性,区间内个别点处导数为零甚至不存在,结论仍然成立.

使得导数 $f'(x)$ 为零的点 x_0 称为函数 $f(x)$ 的**驻点**. 一般通过函数的驻点和一阶导数不存在的点来划分函数的单调区间.

例3-6 求函数 $y=-3x^2+6x$ 的单调区间.

解 函数 $y=-3x^2+6x$ 的定义域为 $(-\infty,+\infty)$,且 $y'=-6x+6$.

令 $y'=0$,得驻点 $x=1$,列表3-1如下.

表3-1

x	$(-\infty,1)$	1	$(1,+\infty)$
y'	+	0	−
y	↗	极大值3	↘

故函数在 $(-\infty,1]$ 内单调递增,在 $[1,+\infty)$ 内单调递减.

例3-7 利用函数的单调性证明:当 $x>0$ 时,有 $e^x>1+x$.

证明 设函数 $f(x)=e^x-x-1$.

显然,$f(x)$ 在 $[0,+\infty)$ 上连续,在 $(0,+\infty)$ 内可导,且

$$f'(x)=e^x-1>0 \ (x\in(0,+\infty)),$$

故函数 $f(x)$ 在 $[0,+\infty)$ 上单调递增,当 $x\in(0,+\infty)$ 时,$f(x)>f(0)=0$,即

$$e^x>1+x \ (x\in(0,+\infty)).$$

二、极值

定义3-1 设函数 $y=f(x)$ 在 $U(x_0)$ 内有定义,若 $\forall x\in \overset{\circ}{U}(x_0)$,有

$$f(x)<f(x_0) \ (f(x)>f(x_0)),$$

则称 $f(x_0)$ 为函数 $y=f(x)$ 的一个**极大值(极小值)**,点 x_0 为 $f(x)$ 的**极大值点(极小值点)**. 极大值和极小值统称为函数的**极值**,极大值点和极小值点统称为函数的**极值点**.

定理3-6 设函数 $f(x)$ 在点 x_0 处可导,若 x_0 是 $f(x)$ 的极值点,则 $f'(x_0)=0$.

注1 定理的几何意义是:若函数 $f(x)$ 在极值点 x_0 处可导,则在该点处的切线平行于 x 轴.

注2 反之不成立,即函数的驻点未必是极值点. 例如:函数 $f(x)=x^3$,点 $x=0$ 是驻点,但却不是极值点.

定理3-7(极值的第一充分条件) 设函数 $f(x)$ 在 $U(x_0)$ 上连续,在 $\overset{\circ}{U}(x_0)$ 内可导,

(1) 若当 $x\in(x_0-\delta,x_0)$ 时,$f'(x)<0$;当 $x\in(x_0,x_0+\delta)$ 时,$f'(x)>0$,则 $f(x)$ 在点 x_0 处取极小值;

(2) 若当 $x\in(x_0-\delta,x_0)$ 时,$f'(x)>0$;当 $x\in(x_0,x_0+\delta)$ 时,$f'(x)<0$,则 $f(x)$

在点 x_0 处取极大值；

(3) 若当 $x \in (x_0 - \delta, x_0) \bigcup (x_0, x_0 + \delta)$ 时，$f'(x)$ 不变号，则 $f(x)$ 在点 x_0 处不取极值．

例 3-8　求函数 $y = 2x + 3\sqrt[3]{x^2}$ 的极值．

解　函数 $y = 2x + 3\sqrt[3]{x^2}$ 的定义域为 $(-\infty, +\infty)$，且 $y' = 2 + \dfrac{2}{\sqrt[3]{x}}$，

令 $y' = 0$，得唯一驻点 $x = -1$，且函数在 $x = 0$ 处不可导，列表 3-2 如下．

表 3-2

x	$(-\infty, -1)$	-1	$(-1, 0)$	0	$(0, +\infty)$
y'	$+$	0	$-$	不存在	$+$
y	↗	极大值 1	↘	极小值 0	↗

故函数在 $x = -1$ 处取得极大值 $f(-1) = 1$，在 $x = 0$ 处取得极小值 $f(0) = 0$．

定理 3-8（极值的第二充分条件）　设函数 $f(x)$ 在点 x_0 处具有二阶导数，$f'(x_0) = 0$，$f''(x_0) \neq 0$，则 x_0 是函数 $f(x)$ 的极值点，且

(1) 若 $f''(x_0) > 0$，则 x_0 是函数 $f(x)$ 的极小值点，$f(x_0)$ 是极小值；

(2) 若 $f''(x_0) < 0$，则 x_0 是函数 $f(x)$ 的极大值点，$f(x_0)$ 是极大值．

注　若驻点 x_0 处 $f''(x_0) = 0$ 或在 x_0 处导数不存在，则函数 $f(x)$ 在点 x_0 处不一定取极值，这时只能用第一充分条件来判断．

例 3-9　求函数 $y = x^2 - 4x + 4\ln(1+x)$ 的极值．

解　函数 $y = x^2 - 4x + 4\ln(1+x)$ 的定义域为 $(-1, +\infty)$，且

$$y' = 2x + \frac{4}{1+x} - 4 = \frac{2x(x-1)}{x+1}, \quad y'' = 2 - \frac{4}{(x+1)^2},$$

令 $y' = 0$，得驻点 $x_1 = 0$，$x_2 = 1$，且

$$y''(0) = -2, \quad y''(1) = 1,$$

故函数在点 $x = 0$ 处取得极大值 $f(0) = 0$，在点 $x = 1$ 处取得极小值 $f(1) = -3 + 4\ln 2$．

三、最值

在许多理论和实际问题中，需要求函数在某个区间内的最大值和最小值，统称为函数的**最值**．

最值是针对整个区间而言的，而极值是对某个邻域而言的．若函数的最值点在区间内部取得，则一定是函数的极值点，因此，函数的最值点只能在驻点、不可导点和区间端点处取得．

例 3-10　在由抛物线 $y = 12 - x^2$ 和 x 轴所围成的图形内，作一个底边在 x 轴上的内接矩形，使其面积最大．

解　由题意作图 3-5．

易知，曲线 $y = 12 - x^2$ 与 x 轴的交点为 $(-2\sqrt{3}, 0)$，$(2\sqrt{3}, 0)$．设 A 为曲线内接矩形

的右端点,落在曲线弧上,则点 A 的坐标为 $(x, f(x))$,于是,内接矩形的底长为 $2x$,高为 $12-x^2$,设矩形面积为 S,则目标函数为

$$S(x) = 2x(12-x^2) \quad (0 \leqslant x \leqslant 2\sqrt{3}).$$

对 $S(x)$ 求导,有

$$S'(x) = 6(4-x^2).$$

令 $S'(x) = 0$,得唯一驻点 $x_0 = 2 \in (0, 2\sqrt{3})$. 则 $2x_0 = 4$, $12-x_0^2 = 8$.

故当内接矩形的底长为 4 时,其面积最大,此时高为 8.

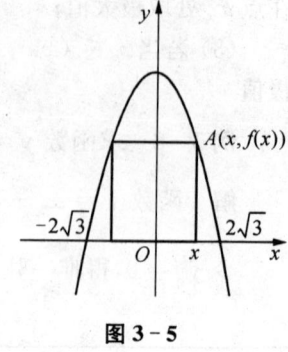

习题 3

1. 判断下列函数在指定区间上是否满足罗尔定理的条件:

(1) $f(x) = \begin{cases} \dfrac{1}{2}x+1, & 0 \leqslant x < 1, \\ 1, & x = 1 \end{cases}$ 在 $[0, 1]$ 上;

(2) $f(x) = |x|$ 在 $[-1, 1]$ 上.

2. 判断下列函数在指定区间上是否满足拉格朗日中值定理的条件,若满足,求使定理成立的 ξ.

(1) $f(x) = x^3 + 2x$ 在 $[0, 1]$ 上;

(2) $f(x) = \sqrt{x}$ 在 $[1, 4]$ 上.

3. 不用求出函数 $f(x) = (x-1)(x-2)(x-3)$ 的导数,说明方程 $f'(x) = 0$ 有几个实根,并指出这些根所在的区间.

4. 若函数 $y = f(x)$ 在 (a, b) 内至少存在一点 $\xi (a < \xi < b)$,使得 $f'(\xi) = \dfrac{f(b)-f(a)}{b-a}$ 成立,则需满足条件( ).

A. 在 (a, b) 内连续
B. 在 (a, b) 内可导
C. 在 (a, b) 内连续,在 (a, b) 内可导
D. 在 $[a, b]$ 上连续,在 (a, b) 内可导

5. 求下列极限:

(1) $\lim\limits_{x \to 1} \dfrac{x^{10}-1}{x^3-1}$;

(2) $\lim\limits_{x \to \frac{\pi}{2}} \dfrac{\tan x}{\tan 3x}$;

(3) $\lim\limits_{x \to a} \dfrac{\sin x - \sin a}{x-a}$;

(4) $\lim\limits_{x \to 0} \dfrac{\ln \cos x}{x^2}$;

(5) $\lim\limits_{x \to +\infty} \dfrac{e^x - e^{-x}}{e^x + e^{-x}}$;

(6) $\lim\limits_{x \to +\infty} \dfrac{\ln x}{\sqrt{x}}$;

(7) $\lim\limits_{x \to 0} \arcsin x \cdot \cot x$;

(8) $\lim\limits_{x \to 0} x \cot x$;

(9) $\lim\limits_{x \to 1} (1-x) \tan \dfrac{\pi}{2} x$;

(10) $\lim\limits_{x \to 0} \dfrac{\tan x - \sin x}{x^2 \sin x}$;

(11) $\lim\limits_{x \to 1} \left(\dfrac{x}{x-1} - \dfrac{1}{\ln x} \right)$;

(12) $\lim\limits_{x \to 0^+} x^{\sin x}$.

6. 讨论下列函数的单调性,并求出单调区间:

(1) $y = \dfrac{1}{5}x^5 - \dfrac{1}{3}x^3$;

(2) $y = 12 - 12x + 2x^2$;

(3) $y = x - \ln(1+x)$; (4) $y = x - e^x$;

(5) $y = x\ln x$; (6) $y = 2 - (x-1)^{\frac{2}{3}}$.

7. 利用函数的单调性证明方程 $x^3 - 3x^2 + 1 = 0$ 在区间 $[0,1]$ 上至多有一个实根.

8. 求下列函数的驻点和极值点：

(1) $y = x^3 - 3x + 2$; (2) $y = x + \dfrac{1}{x}$;

(3) $y = x^{\frac{4}{3}}$; (4) $y = \sqrt{x}$.

9. 求下列函数的极值：

(1) $y = x^4 - 2x^3$; (2) $y = \dfrac{1}{3}x^3 - \dfrac{1}{2}x^2 - 2x + \dfrac{1}{3}$;

(3) $y = x + \sqrt{1-x}$; (4) $y = x^2 e^{-x}$;

(5) $y = x - \ln(1+x^2)$; (6) $y = \dfrac{x^2 - 2x + 2}{x-1}$.

10. a 取何值时，函数 $f(x) = a\sin x + \dfrac{1}{3}\sin 3x$ 在 $x = \dfrac{\pi}{3}$ 处有极值？并判定它是极大值还是极小值.

11. 若函数 $y = f(x)$ 在点 $x = x_0$ 处取得极大值，则必有（　　）.

A. $f'(x_0) = 0$ B. $f''(x_0) < 0$

C. $f'(x_0) = 0$，且 $f''(x_0) < 0$ D. $f'(x_0) = 0$ 或 $f'(x_0)$ 不存在

12. 求下列函数在给定区间上的最大值和最小值：

(1) $y = 2x^3 - 3x^2$, $[-1, 4]$; (2) $y = \sin^2 x$, $\left[-\dfrac{\pi}{4}, 0\right]$;

(3) $y = x + \sqrt{1-x}$, $[-5, 1]$; (4) $y = \dfrac{x}{1+x^2}$, $(-\infty, +\infty)$.

13. 如图 3-6，某矿务局拟从 A 处掘进一巷道至 C 处，设 AB 长为 600 m，BC 长为 200 m，点 C 在点 B 的正下方，若沿水平 AB 方向掘进费用每米为 5 元，水平以下是岩石，掘进费用每米为 13 元，问怎样掘法使费用最省？最省要多少元？

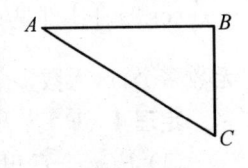

图 3-6

14. 某厂生产电视机 θ 台的成本 $C(\theta) = 5\,000 + 250\theta - 0.01\theta^2$，销售收入是 $R(\theta) = 400\theta - 0.02\theta^2$，如果生产的所有电视机都能售出，问应生产多少台，才能获得最大利润？

第 4 章 不定积分

> **学习目的**
> 1. 理解原函数的概念,理解不定积分的概念;
> 2. 牢记基本积分表,掌握不定积分的运算法则;
> 3. 熟练掌握用换元积分法和分部积分法求函数的不定积分的方法.

正如加法有逆运算减法,乘法有逆运算除法一样,微分也有它的逆运算——积分.微分是研究如何从已知函数求出它的导函数,与之相反的问题是:求一未知函数,使其导函数恰好是某一已知函数.本章将研究这个问题.

第 1 节 不定积分的概念和基本积分表

一、原函数与不定积分

定义 4-1 设函数 $y=f(x)$ 在区间 I 内有定义.若存在函数 $F(x)$,使
$$F'(x)=f(x), \quad \forall x \in I,$$
则称 $F(x)$ 为 $f(x)$ 在区间 I 内的一个**原函数**.

例如: $\frac{1}{2}x^2$ 是 x 在 $(-\infty,+\infty)$ 内的一个原函数,因为 $\left(\frac{1}{2}x^2\right)'=x$;又如 $-\frac{1}{2}\cos 2x$ 与 $-\frac{1}{2}\cos 2x+1$ 都是 $\sin 2x$ 在 $(-\infty,+\infty)$ 内的原函数,由此可见,原函数并不唯一,而是有无数多个,这无数多个都是相差一个常数.

定理 4-1 若 $F(x)$ 是 $f(x)$ 在区间 I 内的一个原函数,则
(1) $F(x)+C$ 也是 $f(x)$ 的原函数,其中 C 是任意常数;
(2) $f(x)$ 的任意两个原函数之间只相差一个常数.

定义 4-2 函数 $f(x)$ 的全体原函数称为 $f(x)$ 的**不定积分**,记作
$$\int f(x)\mathrm{d}x,$$
其中 $\int$ 称为**积分号**, $f(x)$ 称为**被积函数**, $f(x)\mathrm{d}x$ 称为**被积表达式**, x 称为**积分变量**.

注 由此可见,不定积分与原函数之间是总体与个体的关系,即若 $F(x)$ 是 $f(x)$ 的一个原函数,则 $f(x)$ 的不定积分是一个函数族 $\{F(x)+C\}$,即
$$\int f(x)\mathrm{d}x=F(x)+C,$$

此时,称 C 为**积分常数**.

从不定积分的定义容易看出,

(1) $\left(\int f(x)\mathrm{d}x\right)' = (F(x)+C)' = f(x)$;

(2) $\int f'(x)\mathrm{d}x = f(x)+C$.

二、基本积分表

(1) $\int 0\mathrm{d}x = C$;

(2) $\int 1\mathrm{d}x = \int \mathrm{d}x = x+C$;

(3) $\int x^{\alpha}\mathrm{d}x = \dfrac{x^{\alpha+1}}{\alpha+1}+C\ (\alpha \neq -1,\ x>0)$;

(4) $\int \dfrac{1}{x}\mathrm{d}x = \ln|x|+C\ (x \neq 0)$;

(5) $\int \mathrm{e}^x\mathrm{d}x = \mathrm{e}^x+C$;

(6) $\int a^x\mathrm{d}x = \dfrac{a^x}{\ln a}+C\ (a>0,\ a \neq 1)$;

(7) $\int \cos ax\,\mathrm{d}x = \dfrac{1}{a}\sin ax+C\ (a \neq 0)$;

(8) $\int \sin ax\,\mathrm{d}x = -\dfrac{1}{a}\cos ax+C\ (a \neq 0)$;

(9) $\int \sec^2 x\,\mathrm{d}x = \tan x+C$;

(10) $\int \csc^2 x\,\mathrm{d}x = -\cot x+C$;

(11) $\int \sec x\tan x\,\mathrm{d}x = \sec x+C$;

(12) $\int \csc x\cot x\,\mathrm{d}x = -\csc x+C$;

(13) $\int \dfrac{1}{\sqrt{1-x^2}}\mathrm{d}x = \arcsin x+C = -\arccos x+C_1$;

(14) $\int \dfrac{1}{1+x^2}\mathrm{d}x = \arctan x+C = -\operatorname{arccot} x+C_1$.

三、运算法则

定理 4-2(线性运算法则)

(1) $\int kf(x)\mathrm{d}x = k\int f(x)\mathrm{d}x\ (k \neq 0)$;

(2) $\int (f(x) \pm g(x))\mathrm{d}x = \int f(x)\mathrm{d}x \pm \int g(x)\mathrm{d}x$.

上两式可以推广到任意有限多个函数的情形,即

$$\int \Big(\sum_{i=1}^n k_i f_i(x)\Big) \mathrm{d}x = \sum_{i=1}^n k_i \int f_i(x) \mathrm{d}x.$$

例 4-1 求下列不定积分:

(1) $\int (x^3 - \mathrm{e}^x + 3) \mathrm{d}x;$ (2) $\int 3x \sqrt[3]{x^2} \mathrm{d}x;$

(3) $\int \sqrt{x} \left(\dfrac{4}{x} - \dfrac{1}{\sqrt{x^3}} \right) \mathrm{d}x;$ (4) $\int \dfrac{x^2}{1+x^2} \mathrm{d}x.$

解 (1) $\int (x^3 - \mathrm{e}^x + 3) \mathrm{d}x = \int x^3 \mathrm{d}x - \int \mathrm{e}^x \mathrm{d}x + 3 \int \mathrm{d}x = \dfrac{1}{4} x^4 - \mathrm{e}^x + 3x + C;$

(2) 因 $x \sqrt[3]{x^2} = x^{\frac{5}{3}}$, 所以

$$\int 3x \sqrt[3]{x^2} \mathrm{d}x = 3 \int x^{\frac{5}{3}} \mathrm{d}x = 3 \cdot \dfrac{3}{8} x^{\frac{8}{3}} + C = \dfrac{9x^2}{8} \sqrt[3]{x^2} + C;$$

(3) 因 $\sqrt{x} \left(\dfrac{4}{x} - \dfrac{1}{\sqrt{x^3}} \right) = 4 x^{-\frac{1}{2}} - x^{-1}$, 所以

$$\int \sqrt{x} \left(\dfrac{4}{x} - \dfrac{1}{\sqrt{x^3}} \right) \mathrm{d}x = 4 \int x^{-\frac{1}{2}} \mathrm{d}x - \int \dfrac{1}{x} \mathrm{d}x = 8 \sqrt{x} - \ln |x| + C;$$

(4) $\int \dfrac{x^2}{1+x^2} \mathrm{d}x = \int \dfrac{1+x^2-1}{1+x^2} \mathrm{d}x = \int \mathrm{d}x - \int \dfrac{1}{1+x^2} \mathrm{d}x = x - \arctan x + C.$

例 4-2 设 $f(x)$ 的一个原函数是 $-\cos x + \dfrac{1}{3} \cos^3 x$, 求 $f(x)$, $\int f(x) \mathrm{d}x$.

解 因 $-\cos x + \dfrac{1}{3} \cos^3 x$ 是 $f(x)$ 的一个原函数, 所以

$$\begin{aligned} f(x) &= \left(-\cos x + \dfrac{1}{3} \cos^3 x \right)' = \sin x - \sin x \cos^2 x \\ &= \sin x (1 - \cos^2 x) = \sin^3 x, \end{aligned}$$

那么

$$\int \sin^3 x \mathrm{d}x = -\cos x + \dfrac{1}{3} \cos^3 x + C.$$

第 2 节 换元积分法

直接利用基本积分公式和运算法则,我们能计算的不定积分是非常有限的,即使像 $\ln x$, $\tan x$ 这样一些初等函数的积分都无法求得,因此,有必要进一步研究求不定积分的其他方法. 而积分是微分的逆运算,本节我们把复合函数的微分法反过来用于求不定积分,得到一种重要的求积分的方法——换元积分法.

一、第一类换元法（凑微分法）

定理 4-3 设 $f(u)$ 的原函数为 $F(u)$，$u=\varphi(x)$ 可导，则 $F(\varphi(x))$ 是 $f(\varphi(x))\varphi'(x)$ 的原函数，并且有

$$\int f(\varphi(x))\varphi'(x)\mathrm{d}x = \int f(\varphi(x))\mathrm{d}\varphi(x) = F(\varphi(x)) + C.$$

注 凑微分法的关键是将被积函数 $f(u)$ 凑成 $f(\varphi(x))\varphi'(x)$ 的形式。

例 4-3 求下列不定积分：

(1) $\int (1+5x)^9 \mathrm{d}x$；   (2) $\int \dfrac{1}{3x-1}\mathrm{d}x$；

(3) $\int \cos(2x-3)\mathrm{d}x$；   (4) $\int \dfrac{1}{\sqrt{4-9x^2}}\mathrm{d}x$.

解 (1) $\int (1+5x)^9 \mathrm{d}x = \dfrac{1}{5}\int (1+5x)^9 \mathrm{d}(1+5x) = \dfrac{1}{50}(1+5x)^{10} + C$；

(2) $\int \dfrac{1}{3x-1}\mathrm{d}x = \dfrac{1}{3}\int \dfrac{1}{3x-1}\mathrm{d}(3x-1) = \dfrac{1}{3}\ln|3x-1| + C$；

(3) $\int \cos(2x-3)\mathrm{d}x = \dfrac{1}{2}\int \cos(2x-3)\mathrm{d}(2x-3) = \dfrac{1}{2}\sin(2x-3) + C$；

(4) $\int \dfrac{1}{\sqrt{4-9x^2}}\mathrm{d}x = \int \dfrac{1}{\sqrt{4\left(1-\dfrac{9}{4}x^2\right)}}\mathrm{d}x = \int \dfrac{1}{3\sqrt{1-\left(\dfrac{3}{2}x\right)^2}}\mathrm{d}\left(\dfrac{3}{2}x\right) = \dfrac{1}{3}\arcsin\dfrac{3x}{2} + C.$

二、第二类换元法（代换法）

定理 4-4 设函数 $x=\varphi(t)$，$\varphi'(t)$ 存在且连续，其反函数 $t=\varphi^{-1}(x)$ 存在且可导，若

$$\int f(\varphi(t))\varphi'(t)\mathrm{d}t = F(t) + C,$$

则

$$\int f(x)\mathrm{d}x = \int f(\varphi(t))\varphi'(t)\mathrm{d}t = F(t) + C = F(\varphi^{-1}(x)) + C.$$

例 4-4 求下列不定积分：

(1) $\int \dfrac{1}{1+\sqrt[3]{x}}\mathrm{d}x$；   (2) $\int \dfrac{1}{\sqrt{2x+1}+1}\mathrm{d}x$.

解 (1) 设 $\sqrt[3]{x} = u$，即 $x = u^3$，则 $\mathrm{d}x = 3u^2 \mathrm{d}u$，于是

$$\int \dfrac{1}{1+\sqrt[3]{x}}\mathrm{d}x = 3\int \dfrac{u^2}{1+u}\mathrm{d}u = 3\int \dfrac{u^2-1+1}{1+u}\mathrm{d}u$$

$$= 3\left[\int u\mathrm{d}u - \int \mathrm{d}u + \int \dfrac{1}{1+u}\mathrm{d}(1+u)\right]$$

$$= \frac{3}{2}u^2 - 3u + 3\ln|1+u| + C$$

$$= \frac{3}{2}\sqrt[3]{x^2} - 3\sqrt[3]{x} + 3\ln|1+\sqrt[3]{x}| + C;$$

(2) 设 $\sqrt{2x+1} = u$，即 $x = \frac{1}{2}(u^2-1)$，则 $dx = udu$，于是

$$\int \frac{1}{\sqrt{2x+1}+1}dx = \int \frac{u}{1+u}du = \int du - \int \frac{1}{1+u}du$$

$$= u - \ln|1+u| + C$$

$$= \sqrt{2x+1} - \ln|1+\sqrt{2x+1}| + C.$$

例 4-5 求下列不定积分：

(1) $\int \frac{x^2}{\sqrt{1-x^2}}dx$；　　(2) $\int \frac{1}{x^2\sqrt{1+x^2}}dx$；　　(3) $\int \frac{\sqrt{x^2-1}}{x}dx$.

解 (1) 设 $x = \sin u$，则 $dx = \cos udu$，$\sqrt{1-x^2} = \cos u$，$u \in (-\frac{\pi}{2}, \frac{\pi}{2})$，于是

$$\int \frac{x^2}{\sqrt{1-x^2}}dx = \int \frac{\sin^2 u}{\cos u} \cdot \cos udu$$

$$= \int \sin^2 udu = \frac{1}{2}\int (1-\cos 2u)du$$

$$= \frac{1}{2}\int du - \frac{1}{4}\int \cos 2ud(2u)$$

$$= \frac{1}{2}u - \frac{1}{4}\sin 2u + C.$$

又

$$\sin 2u = 2\sin u \cos u = 2x\sqrt{1-x^2},$$

于是

$$\int \frac{x^2}{\sqrt{1-x^2}}dx = \frac{1}{2}(\arcsin x - x\sqrt{1-x^2}) + C;$$

(2) 设 $x = \tan u$，则 $dx = \sec^2 udu$，$\sqrt{1+x^2} = \sec u$，$u \in (-\frac{\pi}{2}, \frac{\pi}{2})$，于是

$$\int \frac{1}{x^2\sqrt{1+x^2}}dx = \int \frac{\sec^2 u}{\tan^2 u \sec u}du = \int \frac{\sec u}{\tan^2 u}du$$

$$= \int \frac{1}{\sin u \tan u}du = \int \csc u \cot udu = -\csc u + C.$$

于是

$$\int \frac{1}{x^2\sqrt{1+x^2}}dx = -\frac{\sqrt{1+x^2}}{x} + C;$$

(3) 设 $x = \sec u$，则 $\mathrm{d}x = \sec u \tan u \mathrm{d}u$，$\sqrt{x^2-1} = \tan u, u \in \left(0, \dfrac{\pi}{2}\right)$，于是

$$\int \frac{\sqrt{x^2-1}}{x}\mathrm{d}x = \int \frac{\tan u}{\sec u} \cdot \sec u \tan u \mathrm{d}u = \int \tan^2 u \mathrm{d}u$$
$$= \int (\sec^2 u - 1)\mathrm{d}u = \tan u - u + C.$$

则

$$\int \frac{\sqrt{x^2-1}}{x}\mathrm{d}x = \sqrt{x^2-1} - \arccos \frac{1}{x} + C.$$

例 4-5 使用的是三角代换，其目的是去掉根式。一般地，当被积函数中含有：

(1) $\sqrt{a^2 - x^2}$ 时，可令 $x = a\sin t$, $t \in \left(-\dfrac{\pi}{2}, \dfrac{\pi}{2}\right)$；

(2) $\sqrt{x^2 - a^2}$ 时，可令 $x = a\sec t$, $t \in \left(0, \dfrac{\pi}{2}\right)$；

(3) $\sqrt{x^2 + a^2}$ 时，可令 $x = a\tan t$, $t \in \left(-\dfrac{\pi}{2}, \dfrac{\pi}{2}\right)$。

第 3 节　分部积分法

上一节的换元积分法是建立在复合函数求导法则的基础之上的，这一节我们利用两个函数乘积的求导法则，推导出另一种求不定积分的基本方法——分部积分法。

定理 4-5（分部积分法） 若 $u(x)$ 与 $v(x)$ 可导，不定积分 $\int u'(x)v(x)\mathrm{d}x$ 存在，则 $\int u(x)v'(x)\mathrm{d}x$ 也存在，并有

$$\int u(x)v'(x)\mathrm{d}x = u(x)v(x) - \int u'(x)v(x)\mathrm{d}x.$$

例 4-6 求下列不定积分：

(1) $\int x\mathrm{e}^{-x}\mathrm{d}x$；　　　　(2) $\int x\sin x\mathrm{d}x$；

(3) $\int \ln x\mathrm{d}x$；　　　　　(4) $\int \mathrm{e}^{-x}\cos x\mathrm{d}x$。

解 (1) $\int x\mathrm{e}^{-x}\mathrm{d}x = -\int x\mathrm{d}(\mathrm{e}^{-x}) = -x\mathrm{e}^{-x} + \int \mathrm{e}^{-x}\mathrm{d}x = -\mathrm{e}^{-x}(x+1) + C$；

(2) $\int x\sin x\mathrm{d}x = -\int x\mathrm{d}(\cos x) = -x\cos x + \int \cos x\mathrm{d}x = -x\cos x + \sin x + C$；

(3) $\int \ln x\mathrm{d}x = x\ln x - \int x\mathrm{d}(\ln x) = x\ln x - \int \mathrm{d}x = x(\ln x - 1) + C$；

(4) $\int \mathrm{e}^{-x}\cos x\mathrm{d}x = \int \mathrm{e}^{-x}\mathrm{d}(\sin x) = \mathrm{e}^{-x}\sin x + \int \mathrm{e}^{-x}\sin x\mathrm{d}x$

$$= e^{-x}\sin x - \int e^{-x} d(\cos x) = e^{-x}\sin x - e^{-x}\cos x - \int e^{-x}\cos x dx,$$

将等式右边的最后一个积分移到等式左边,等式两边同乘以 $\frac{1}{2}$,得

$$\int e^{-x}\cos x dx = \frac{1}{2}e^{-x}(\sin x - \cos x) + C.$$

习题 4

1. 已知函数 $\ln(x^2+1)$ 为 $f(x)$ 的一个原函数,下列函数是否为 $f(x)$ 的原函数?
(1) $\ln(x^2+2)$; (2) $\ln(x^2+1)+1$;
(3) $\ln(2x^2+2)$; (4) $2\ln(x^2+1)$.

2. 下列式子是否正确?为什么?
(1) $\int e^x dx = e^x + 1$; (2) $\int e^x dx = e^x + C$;
(3) $\int e^x dx = e^{x+C}$; (4) $\int e^x dx = e^x + C^2$.

3. 填空题:
(1) $\dfrac{d}{dx}\left(\int \sin x dx\right) = $ _____;
(2) $\int \left(\dfrac{d\sin x}{dx}\right)dx = $ _____;
(3) $\int \cos^2 x dx = \dfrac{1}{2}x + \dfrac{1}{4}\sin 2x + C$ 中,_____ 是 _____ 的原函数.

4. 求下列不定积分:
(1) $\int (2e^x + 3\cos x - 1)dx$; (2) $\int \dfrac{x^2 + \sqrt{x} + 3}{\sqrt{x}}dx$;
(3) $\int \dfrac{1+2x^2}{x^2(1+x^2)}dx$; (4) $\int 2^{x-3} dx$;
(5) $\int e^x\left(1 - \dfrac{e^{-x}}{\sqrt{x}}\right)dx$; (6) $\int \cos\dfrac{x}{2}\left(\sin\dfrac{x}{2} + \cos\dfrac{x}{2}\right)dx$;
(7) $\int \dfrac{\cos 2x}{\cos x - \sin x}dx$; (8) $\int \sec x(\sec x + \tan x)dx$.

5. 填空题:
(1) $dx = $ _____ $d(7x-3)$; (2) $\dfrac{1}{\sqrt{x}}dx = $ _____ $d(\sqrt{x})$;
(3) $x dx = $ _____ $d(1-x^2)$; (4) $e^{2x} dx = $ _____ $d(e^{2x})$;
(5) $e^{-\frac{x}{2}} dx = $ _____ $d(e^{-\frac{x}{2}} + 2)$; (6) $\sin\dfrac{2}{3}x dx = $ _____ $d\left(\cos\dfrac{2}{3}x\right)$;
(7) $\dfrac{1}{x}dx = $ _____ $d(3 - 5\ln x)$; (8) $x^3 dx = $ _____ $d(3x^4 - 1)$;

(9) $\dfrac{1}{1+4x^2}dx = $ _____ $d(\arctan 2x)$;   (10) $\dfrac{x}{\sqrt{1-x^2}}dx = $ _____ $d(3-5\ln x)$.

6. 求下列不定积分：

(1) $\int (x-2)^{\frac{5}{2}}dx$;

(2) $\int \dfrac{1}{(3-2x)^2}dx$;

(3) $\int e^{-x}dx$;

(4) $\int x^2 \sqrt{x^3+1}\,dx$;

(5) $\int \dfrac{1}{9+16x^2}dx$;

(6) $\int \dfrac{1}{x^2}\tan\dfrac{1}{x}dx$;

(7) $\int \dfrac{1}{x(1+2\ln x)}dx$;

(8) $\int (\tan^2 x + \tan^4 x)dx$;

(9) $\int \dfrac{e^x}{\sqrt{1-e^{2x}}}dx$;

(10) $\int \dfrac{1}{2x^2-1}dx$.

7. 求下列不定积分：

(1) $\int \dfrac{1}{\sqrt{x}+x}dx$;

(2) $\int \dfrac{1}{x\sqrt{2x+1}}dx$;

(3) $\int \dfrac{1}{(1+\sqrt[3]{x})\sqrt{x}}dx$;

(4) $\int \dfrac{\sqrt{x-1}}{x}dx$;

(5) $\int x\sqrt{4-x^2}\,dx$;

(6) $\int \dfrac{1}{\sqrt{9+4x^2}}dx$;

(7) $\int \dfrac{x^2}{\sqrt{4-x^2}}dx$;

(8) $\int \dfrac{1}{x^2\sqrt{x^2-1}}dx$.

8. 下列不定积分均可应用分部积分公式 $\int u\,dv = uv - \int v\,du$，正确选择 dv，完成填空：

(1) $\int x^2 \sin x\,dx$, $dv = $ _____ ;

(2) $\int xe^{2x}dx$, $dv = $ _____ ;

(3) $\int \ln(x^2+1)dx$, $dv = $ _____ ;

(4) $\int x^2 \arctan x\,dx$, $dv = $ _____ ;

(5) $\int e^x \cos 2x\,dx$, $dv = $ _____ .

9. 求下列不定积分：

(1) $\int \arctan x\,dx$;

(2) $\int x^2 \cos x\,dx$;

(3) $\int x^2 \ln x\,dx$;

(4) $\int e^x \cos 2x\,dx$;

(5) $\int x\arctan x\,dx$;

(6) $\int e^{2x}\sin x\,dx \int \dfrac{1+\cos x}{x+\sin x}dx$.

10. 求下列不定积分：

(1) $\int \dfrac{\sin\sqrt{x}}{\sqrt{x}}dx$;

(2) $\int \arctan\sqrt{x}\,dx$.

第 5 章　定积分

> **学习目的**
> 1. 理解定积分的概念和几何意义,掌握定积分的基本性质和积分中值定理;
> 2. 牢记牛顿-莱布尼茨公式,熟练掌握用换元法和分部积分法求函数定积分的方法.

第 1 节　定积分的概念

定积分起源于求图形的面积和体积等实际问题,古希腊的阿基米德用"穷竭法",我国的刘徽用"割圆术",都曾计算过一些几何体的面积和体积. 17 世纪中叶,牛顿和莱布尼茨先后提出了定积分的概念,并发现了积分和微分之间的联系,给出了计算定积分的一般方法,从而使定积分理论完整地建立起来.

一、定积分的定义

定义 5-1　设函数 $f(x)$ 在 $[a,b]$ 上有界.

(1) 分割:在 (a,b) 内任意插入 $n-1$ 个分点

$$a = x_0 < x_1 < x_2 < \cdots < x_{n-1} < x_n = b,$$

将闭区间 $[a,b]$ 分成 n 个小区间

$$[x_0, x_1], [x_1, x_2], \cdots, [x_{n-1}, x_n],$$

各小区间的长度依次为

$$\Delta x_1 = x_1 - x_0, \Delta x_2 = x_2 - x_1, \cdots, \Delta x_n = x_n - x_{n-1}.$$

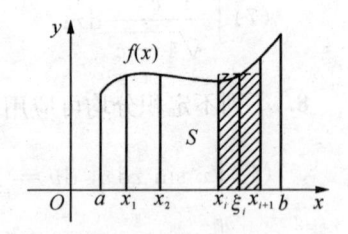

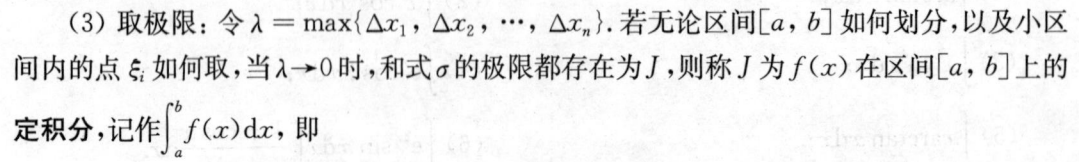

图 5-1

(2) 求和:在每一个小区间 $[x_{i-1}, x_i]$ 上任取一点 ξ_i,求和 $\sigma = \sum_{i=1}^{n} f(\xi_i) \Delta x_i$.

(3) 取极限:令 $\lambda = \max\{\Delta x_1, \Delta x_2, \cdots, \Delta x_n\}$. 若无论区间 $[a,b]$ 如何划分,以及小区间内的点 ξ_i 如何取,当 $\lambda \to 0$ 时,和式 σ 的极限都存在为 J,则称 J 为 $f(x)$ 在区间 $[a,b]$ 上的**定积分**,记作 $\int_a^b f(x) \mathrm{d}x$,即

$$\int_a^b f(x) \mathrm{d}x = \lim_{\lambda \to 0} \sum_{i=1}^{n} f(\xi_i) \Delta x_i.$$

其中 $f(x)$ 称为**被积函数**,$f(x) \mathrm{d}x$ 称为**被积表达式**,x 称为积分变量,a 称为积分下限,b 称为积分上限,$[a,b]$ 称为积分区间,σ 称为积分和.

注 1 所谓极限 $\lim_{\lambda \to 0}\sum_{i=1}^{n}f(\xi_i)\Delta x_i$ 存在,是指不管对区间 $[a,b]$ 如何划分,以及点 ξ_i 如何取,只要 $\lambda \to 0$,极限都存在且相等,这时称 $f(x)$ 在 $[a,b]$ 上可积.

注 2 作为积分和的极限,它的值只与被积函数和积分区间有关,而与积分变量的符号无关,即

$$\int_a^b f(x)\mathrm{d}x = \int_a^b f(t)\mathrm{d}t = \int_a^b f(u)\mathrm{d}u = \cdots$$

注 3 定积分的几何意义是:当 $f(x) \geqslant 0$ 时,表示曲线与 x 轴及 $x=a$ 和 $x=b$ 所围成的曲边梯形的面积;当 $f(x) \leqslant 0$ 时,表示曲边梯形的面积的相反数;当 $f(x)$ 既有正又有负时,表示曲线与 x 轴围成面积的代数和.

注 4 当 $a > b$ 时,定义 $\int_a^b f(x)\mathrm{d}x = -\int_b^a f(x)\mathrm{d}x$;

当 $a = b$ 时,$\int_a^b f(x)\mathrm{d}x = 0$.

例 5-1 如图 5-2,利用定积分表示阴影部分面积.

解 在 $[-1,0]$ 内,$f(x) = 2$;在 $[0,2]$ 内,$f(x) = 2-x$. 于是,阴影部分面积为

$$A = \int_{-1}^{2} f(x)\mathrm{d}x = \int_{-1}^{0} 2\mathrm{d}x + \int_0^2 (2-x)\mathrm{d}x.$$

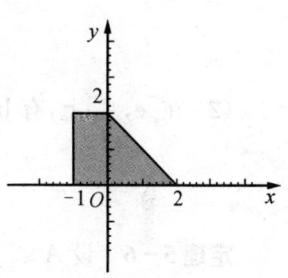

图 5-2

二、定积分的性质

定理 5-1 设函数 $f(x)$ 在 $[a,b]$ 上可积,则 $f(x)$ 在 $[a,b]$ 上有界.

定理 5-2 设函数 $f(x)$ 在 $[a,b]$ 上连续,则 $f(x)$ 在 $[a,b]$ 上可积.

定理 5-3 (1) $\int_a^b (f(x) \pm g(x))\mathrm{d}x = \int_a^b f(x)\mathrm{d}x \pm \int_a^b g(x)\mathrm{d}x$;

(2) $\int_a^b kf(x)\mathrm{d}x = k\int_a^b f(x)\mathrm{d}x$.

例 5-2 已知 $\int_a^b f(x)\mathrm{d}x = p$,$\int_a^b (f(x))^2 \mathrm{d}x = q$,求 $\int_a^b (4f(x)+3)^2 \mathrm{d}x$.

解
$$\int_a^b (4f(x)+3)^2 \mathrm{d}x = \int_a^b [16(f(x))^2 + 24f(x) + 9]\mathrm{d}x$$
$$= 16\int_a^b (f(x))^2 \mathrm{d}x + 24\int_a^b f(x)\mathrm{d}x + 9\int_a^b \mathrm{d}x$$
$$= 16q + 24p + 9(b-a).$$

定理 5-4(积分区间可加性)

$$\int_a^b f(x)\mathrm{d}x = \int_a^c f(x)\mathrm{d}x + \int_c^b f(x)\mathrm{d}x.$$

定理 5-5 设函数 $f(x)$ 在 $[a,b]$ 上可积,若 $f(x) \geqslant 0$,则 $\int_a^b f(x)\mathrm{d}x \geqslant 0$.

推论 5-1 设函数 $f(x)$ 与 $g(x)$ 在 $[a,b]$ 上可积,若 $f(x) \leqslant g(x)$,则

$$\int_a^b f(x)\mathrm{d}x \leqslant \int_a^b g(x)\mathrm{d}x.$$

推论 5-2 设函数 $f(x)$ 在 $[a,b]$ 上可积,则 $|f(x)|$ 在 $[a,b]$ 上可积,且

$$\left|\int_a^b f(x)\mathrm{d}x\right| \leqslant \int_a^b |f(x)|\,\mathrm{d}x.$$

例 5-3 不计算定积分,比较下列各组积分的大小:

(1) $\int_0^1 x^2 \mathrm{d}x, \int_0^1 x^3 \mathrm{d}x;$ (2) $\int_e^4 \ln x \mathrm{d}x, \int_e^4 \ln^2 x \mathrm{d}x.$

解 (1) 在 $[0,1]$ 上,有 $x^2 \geqslant x^3$,故

$$\int_0^1 x^2 \mathrm{d}x \geqslant \int_0^1 x^3 \mathrm{d}x;$$

(2) 在 $[e,4]$ 上,有 $\ln x \leqslant \ln^2 x$,故

$$\int_e^4 \ln x \mathrm{d}x \leqslant \int_e^4 \ln^2 x \mathrm{d}x.$$

定理 5-6 设 $A \leqslant f(x) \leqslant B, x \in [a,b]$,则

$$A(b-a) \leqslant \int_a^b f(x)\mathrm{d}x \leqslant B(b-a).$$

例 5-4 利用定理 5-6 估计 $\int_1^3 (x^2+1)\mathrm{d}x$ 的数值.

解 因 $\Delta x = 3-1 = 2, f(x) = x^2+1$ 在 $[1,3]$ 上,最大值 $M=10$,最小值 $m=2$,所以

$$4 \leqslant \int_1^3 (x^2+1)\mathrm{d}x \leqslant 20.$$

定理 5-7(积分中值定理) 设函数 $f(x)$ 在 $[a,b]$ 上连续,则至少存在一点 $\xi \in [a,b]$,使得

$$\int_a^b f(x)\mathrm{d}x = f(\xi)(b-a).$$

第 2 节　定积分的计算

一、微积分基本定理

定理 5-8 设函数 $f(x)$ 在 $[a,b]$ 上连续,$F(x)$ 是 $f(x)$ 的一个原函数,则

$$\int_a^b f(x)\mathrm{d}x = F(b) - F(a).$$

注 1 上式又称为**牛顿-莱布尼茨公式**,也可记为

$$\int_a^b f(x)\mathrm{d}x = F(x)\Big|_a^b = F(b) - F(a).$$

注 2 该定理重要之处在于,给出了一个计算定积分的有效而简便的方法,即把求定积分的问题转化为求原函数的问题.

例 5-5 计算下列定积分:

(1) $\int_0^1 x^2 \mathrm{d}x$;   (2) $\int_{-1}^1 (4x + \ln 2)\mathrm{d}x$;   (3) $\int_{-3}^3 |x-1|\mathrm{d}x$.

解 (1) $\int_0^1 x^2 \mathrm{d}x = \frac{1}{3}x^3 \Big|_0^1 = \frac{1}{3}$;

(2) $\int_{-1}^1 (4x + \ln 2)\mathrm{d}x = 4\int_{-1}^1 x \mathrm{d}x + \int_{-1}^1 \ln 2 \mathrm{d}x = (2x^2)\Big|_{-1}^1 + (\ln 2 \cdot x)\Big|_{-1}^1 = 2\ln 2$;

(3) $\int_{-3}^3 |x-1|\mathrm{d}x = \int_{-3}^1 (1-x)\mathrm{d}x + \int_1^3 (x-1)\mathrm{d}x$

$$= \left(x - \frac{1}{2}x^2\right)\Big|_{-3}^1 + \left(\frac{1}{2}x^2 - x\right)\Big|_1^3 = 10.$$

例 5-6 设函数 $f(x) = \begin{cases} x+1, & x \leqslant 1, \\ \frac{1}{2}x^2, & x > 1, \end{cases}$ 计算 $\int_0^2 f(x)\mathrm{d}x$.

解 $\int_0^2 f(x)\mathrm{d}x = \int_0^1 (x+1)\mathrm{d}x + \frac{1}{2}\int_1^2 x^2 \mathrm{d}x$

$$= \left(\frac{1}{2}x^2 + x\right)\Big|_0^1 + \frac{1}{6}x^3 \Big|_1^2$$

$$= \frac{3}{2} + \frac{7}{6} = \frac{8}{3}.$$

二、换元法

定理 5-9 设函数 $f(x)$ 在 $[a,b]$ 上连续,函数 $x = \varphi(t)$ 是区间 $[\alpha, \beta]$ 上的函数且满足:

(1) $\varphi(t)$ 有单调且又连续的导数;

(2) 当 t 在区间 $[\alpha, \beta]$ 上变化时,$x = \varphi(t)$ 的值也随之在区间 $[a, b]$ 上变化,且 $\varphi(\alpha) = a$,$\varphi(\beta) = b$,则有

$$\int_a^b f(x)\mathrm{d}x = \int_\alpha^\beta f(\varphi(t))\varphi'(t)\mathrm{d}t.$$

注 1 当 $\alpha > \beta$ 时,上式仍成立.

注 2 作变量代换时,积分上、下限也要相应换成新变量 t 的积分上、下限,且求出原函数后,不必像不定积分那样作变量还原,只要用新的积分限代入并求其差值就可以了.

例 5-7 用换元法计算下列积分:

(1) $\int_{-2}^0 \frac{1}{x^2 + 2x + 2}\mathrm{d}x$;   (2) $\int_{-1}^1 \frac{1}{\sqrt{5-4x}}\mathrm{d}x$;

(3) $\int_1^e \dfrac{1+\ln x}{x}\mathrm{d}x$；　　　　　　(4) $\int_1^4 \dfrac{\sin\sqrt{x}}{\sqrt{x}}\mathrm{d}x$.

解 (1) $\int_{-2}^0 \dfrac{1}{x^2+2x+2}\mathrm{d}x = \int_{-2}^0 \dfrac{1}{(x+1)^2+1}\mathrm{d}(x+1) = \arctan(x+1)\Big|_{-2}^0 = \dfrac{\pi}{2}$;

(2) $\int_{-1}^1 \dfrac{1}{\sqrt{5-4x}}\mathrm{d}x = -\dfrac{1}{4}\int_{-1}^1 \dfrac{1}{\sqrt{5-4x}}\mathrm{d}(5-4x) = -\dfrac{1}{2}\sqrt{5-4x}\Big|_{-1}^1 = 1$;

(3) $\int_1^e \dfrac{1+\ln x}{x}\mathrm{d}x = \int_1^e (1+\ln x)\mathrm{d}(1+\ln x) = \dfrac{1}{2}(1+\ln x)^2\Big|_1^e = \dfrac{3}{2}$;

(4) 令 $\sqrt{x}=t$，则 $x=t^2$. 当 $x=1$ 时，$t=1$；当 $x=4$ 时，$t=2$.

$$\int_1^4 \dfrac{\sin\sqrt{x}}{\sqrt{x}}\mathrm{d}x = \int_1^2 \dfrac{\sin t}{t}\mathrm{d}t^2 = \int_1^2 \dfrac{\sin t}{t}\cdot 2t\mathrm{d}t$$
$$= 2\int_1^2 \sin t\mathrm{d}t = -2\cos t\Big|_1^2 = 2(\cos 1 - \cos 2).$$

三、分部积分法

定理 5-10 设函数 $u(x)$，$v(x)$ 在区间 $[a,b]$ 上可导，$u'(x)$，$v'(x)$ 在 $[a,b]$ 上连续，则

$$\int_a^b u(x)v'(x)\mathrm{d}x = (u(x)v(x))\Big|_a^b - \int_a^b v(x)u'(x)\mathrm{d}x.$$

例 5-8 用分部积分法计算下列定积分：

(1) $\int_0^{\frac{\pi}{2}} x\cos x\mathrm{d}x$；　　　　　　(2) $\int_0^{\frac{1}{2}} \arcsin x\mathrm{d}x$.

解 (1) $\int_0^{\frac{\pi}{2}} x\cos x\mathrm{d}x = \int_0^{\frac{\pi}{2}} x\mathrm{d}(\sin x)$

$$= x\sin x\Big|_0^{\frac{\pi}{2}} - \int_0^{\frac{\pi}{2}} \sin x\mathrm{d}x$$
$$= x\sin x\Big|_0^{\frac{\pi}{2}} + \cos x\Big|_0^{\frac{\pi}{2}} = \dfrac{\pi}{2} - 1;$$

(2) $\int_0^{\frac{1}{2}} \arcsin x\mathrm{d}x = x\arcsin x\Big|_0^{\frac{1}{2}} - \int_0^{\frac{1}{2}} \dfrac{x}{\sqrt{1-x^2}}\mathrm{d}x$

$$= \dfrac{\pi}{12} + \dfrac{1}{2}\int_0^{\frac{1}{2}} \dfrac{1}{\sqrt{1-x^2}}\mathrm{d}(1-x^2)$$
$$= \dfrac{\pi}{12} + \sqrt{1-x^2}\Big|_0^{\frac{1}{2}} = \dfrac{\pi}{12} + \dfrac{\sqrt{3}}{2} - 1.$$

例 5-9 设函数 $f(x)$ 在 $[-a,a]$ 上连续，试证：

(1) 当 $f(x)$ 是偶函数时，$\int_{-a}^a f(x)\mathrm{d}x = 2\int_0^a f(x)\mathrm{d}x$；

(2) 当 $f(x)$ 是奇函数时,$\int_{-a}^{a} f(x)\mathrm{d}x = 0$.

证明 (1) 当 $f(x)$ 是偶函数时,有 $f(x) = f(-x)$.

$\int_{-a}^{a} f(x)\mathrm{d}x = \int_{-a}^{0} f(x)\mathrm{d}x + \int_{0}^{a} f(x)\mathrm{d}x$,对于 $\int_{-a}^{0} f(x)\mathrm{d}x$,令 $x = -t$,则 $t = -x$. 当 $x = -a$ 时,$t = a$;当 $x = 0$ 时,$t = 0$. 故

$$\int_{-a}^{0} f(x)\mathrm{d}x = \int_{a}^{0} f(-t)\mathrm{d}(-t) = -\int_{a}^{0} f(-t)\mathrm{d}t$$
$$= \int_{0}^{a} f(-t)\mathrm{d}t = \int_{0}^{a} f(-x)\mathrm{d}x$$
$$= \int_{0}^{a} f(x)\mathrm{d}x.$$

因此,$\int_{-a}^{a} f(x)\mathrm{d}x = \int_{0}^{a} f(x)\mathrm{d}x + \int_{0}^{a} f(x)\mathrm{d}x = 2\int_{0}^{a} f(x)\mathrm{d}x$;

(2) 当 $f(x)$ 是奇函数时,有 $f(x) = -f(-x)$.

$\int_{-a}^{a} f(x)\mathrm{d}x = \int_{-a}^{0} f(x)\mathrm{d}x + \int_{0}^{a} f(x)\mathrm{d}x$,对于 $\int_{-a}^{0} f(x)\mathrm{d}x$,令 $x = -t$,则 $t = -x$. 当 $x = -a$ 时,$t = a$;当 $x = 0$ 时,$t = 0$. 故

$$\int_{-a}^{0} f(x)\mathrm{d}x = \int_{a}^{0} f(-t)\mathrm{d}(-t) = -\int_{a}^{0} f(-t)\mathrm{d}t$$
$$= \int_{0}^{a} f(-t)\mathrm{d}t = \int_{0}^{a} f(-x)\mathrm{d}x$$
$$= -\int_{0}^{a} f(x)\mathrm{d}x.$$

因此,$\int_{-a}^{a} f(x)\mathrm{d}x = -\int_{0}^{a} f(x)\mathrm{d}x + \int_{0}^{a} f(x)\mathrm{d}x = 0$.

例 5-10 利用函数的奇偶性计算下列定积分:

(1) $\int_{-\pi}^{\pi} x^4 \sin x \mathrm{d}x$;

(2) $\int_{-1}^{1} (x^5 - 3x^3 + \cos 2x)\mathrm{d}x$.

解 (1) 设 $f(x) = x^4 \sin x$. 因

$$f(-x) = (-x)^4 \sin(-x) = -x^4 \sin x = -f(x),$$

即 $x^4 \sin x$ 是奇函数,所以

$$\int_{-\pi}^{\pi} x^4 \sin x \mathrm{d}x = 0;$$

(2) $\int_{-1}^{1} (x^5 - 3x^3 + \cos 2x)\mathrm{d}x = \int_{-1}^{1} x^5 \mathrm{d}x - 3\int_{-1}^{1} x^3 \mathrm{d}x + \int_{-1}^{1} \cos 2x \mathrm{d}x$.

因 x^5, x^3 是奇函数,$\cos 2x$ 是偶函数,所以

$$\int_{-1}^{1} (x^5 - 3x^3 + \cos 2x)\mathrm{d}x = 2\int_{0}^{1} \cos 2x \mathrm{d}x = \int_{0}^{1} \cos 2x \mathrm{d}(2x) = \sin 2x \Big|_{0}^{1} = \sin 2.$$

习题 5

1. 试用定积分表示由曲线 $y=x^2+1$，直线 $x=-1$，$x=2$ 和 x 轴所围成的曲边梯形的面积 A.

2. 不计算定积分，比较下列各组积分的大小：

   (1) $\int_{-\frac{\pi}{2}}^{0} \sin x \, dx$，$\int_{0}^{\frac{\pi}{2}} \sin x \, dx$；

   (2) $\int_{0}^{2} 3x \, dx$，$\int_{0}^{3} 3x \, dx$.

3. 函数 $f(x)$ 在闭区间 $[a, b]$ 上连续是定积分 $\int_{a}^{b} f(x) \, dx$ 存在的（　　）.

   A. 必要不充分条件 　　　　　　　　B. 充分不必要条件

   C. 充要条件 　　　　　　　　　　　 D. 既不充分也不必要条件

4. 计算下列定积分：

   (1) $\int_{0}^{1} (3x^2 - x + 1) \, dx$；

   (2) $\int_{0}^{1} 3^x e^x \, dx$；

   (3) $\int_{-\frac{1}{2}}^{\frac{1}{2}} \frac{1}{\sqrt{1-x^2}} \, dx$；

   (4) $\int_{2}^{4} \left(\frac{1}{x^3} - \frac{1}{x} \right) dx$；

   (5) $\int_{0}^{\sqrt{3}} \frac{1}{1+x^2} \, dx$；

   (6) $\int_{0}^{\pi} \sin^2 \frac{x}{2} \, dx$；

   (7) $\int_{0}^{\frac{\pi}{4}} \tan^2 x \, dx$；

   (8) $\int_{0}^{1} \frac{x^2-1}{x^2+1} \, dx$；

   (9) $\int_{0}^{\frac{\pi}{6}} \frac{\cos 2x}{\cos x + \sin x} \, dx$；

   (10) $\int_{0}^{\pi} \sqrt{\cos^2 x} \, dx$.

5. 一曲边梯形由曲线 $y = e^x$，x 轴和直线 $x = -1$，$x = \frac{1}{2}$ 所围成，求此曲边梯形面积 A.

6. 计算下列各定积分：

   (1) $\int_{0}^{\frac{\pi}{2}} \sin \left(2x + \frac{\pi}{4} \right) dx$；

   (2) $\int_{0}^{1} \frac{\arctan x}{1+x^2} \, dx$；

   (3) $\int_{0}^{3} \frac{x}{\sqrt{1+x}} \, dx$；

   (4) $\int_{0}^{4} \frac{1}{1+\sqrt{x}} \, dx$；

   (5) $\int_{0}^{\pi} x \sin x \, dx$；

   (6) $\int_{1}^{e} x \ln x \, dx$；

   (7) $\int_{-2}^{1} x \sqrt{|x|} \, dx$；

   (8) $\int_{1}^{2} \frac{\sqrt{x^2-1}}{x} \, dx$.

7. 用分部积分法计算下列定积分：

   (1) $\int_{1}^{e} \ln x \, dx$；

   (2) $\int_{0}^{\ln 2} x e^{-x} \, dx$；

   (3) $\int_{1}^{4} \frac{\ln x}{\sqrt{x}} \, dx$；

   (4) $\int_{0}^{\frac{1}{2}} \arcsin x \, dx$；

   (5) $\int_{3}^{8} e^{\sqrt{x+1}} \, dx$；

   (6) $\int_{0}^{\frac{\pi}{2}} e^{2x} \cos x \, dx$.

8. 填空题：

(1) 设函数 $f(x)$ 在 $[a, b]$ 上连续，则 $\int_a^b f(x)\mathrm{d}x - \int_a^b f(t)\mathrm{d}t =$ _____ ．

(2) 设函数 $f(x)$ 在 $[a, b]$ 上可导，且 $f(b) = B$, $f(a) = A$，则 $\int_a^b f(x)f'(x)\mathrm{d}x =$ _____ ．

(3) 已知 $F'(x) = f(x)$，则 $\int_a^x f(t+a)\mathrm{d}t =$ _____ ．

9. 利用函数的奇偶性计算下列定积分：

(1) $\int_{-\frac{1}{2}}^{\frac{1}{2}} \dfrac{\arcsin^2 x}{\sqrt{1-x^2}} \mathrm{d}x$;

(2) $\int_{-\frac{\pi}{2}}^{\frac{\pi}{2}} 4\cos^4 x \,\mathrm{d}x$.

10. *计算下列定积分：

(1) $\int_{\frac{1}{\pi}}^{\frac{2}{\pi}} \dfrac{1}{x^2} \sin \dfrac{1}{x} \mathrm{d}x$;

(2) $\int_0^{\frac{\pi}{6}} (2\cos 2\theta - 1)\mathrm{d}\theta$;

(3) $\int_0^{\frac{\pi}{2}} (x - x\sin x)\mathrm{d}x$;

(4) $\int_{-\frac{\pi}{2}}^{\frac{\pi}{2}} \sin^3 x \cos 2x \,\mathrm{d}x$;

(5) $\int_0^{\frac{\pi}{2}} (1-\cos\theta)\sin^2\theta \,\mathrm{d}\theta$;

(6) $\int_0^{16} \dfrac{1}{\sqrt{x+9} - \sqrt{x}} \mathrm{d}x$;

(7) $\int_{-1}^1 \dfrac{1}{x^2 + 2x + 5} \mathrm{d}x$;

(8) $\int_1^4 \ln\sqrt{x}\,\mathrm{d}x$;

(9) $\int_0^{\pi} f(x)\mathrm{d}x$, 其中函数 $f(x) = \begin{cases} x, & 0 \leqslant x < \dfrac{\pi}{2}, \\ \sin x, & \dfrac{\pi}{2} \leqslant x \leqslant \pi. \end{cases}$

第6章 多元函数微积分

> **学习目的**
> 1. 会求多元函数一阶、二阶偏导数;
> 2. 掌握二元函数极值存在的充分和必要条件,会求二元函数的极值,会用拉格朗日乘数法求条件极值,会求简单函数的最值;
> 3. 掌握直角坐标系中计算二重积分的方法.

前面我们讨论的函数只有一个变量,称为一元函数.但实际问题中所遇到的更多的是涉及多个元素、多个变量的函数,统称为多元函数.多元函数是一元函数的推广,因此它保留了一元函数的许多性质,但也产生了某些新的内容.对于多元函数,我们着重讨论二元函数.

第1节 二元函数的极限

一、二元函数的概念

一元函数的定义域是实数轴上的点集,二元函数的定义域是坐标平面内的点集.

定义 6-1 坐标平面内满足某种条件 P 的点的集合称为**平面点集**,记作

$$E = \{(x, y) \mid (x, y) \text{ 满足 } P\}.$$

定义 6-2 设 $P_0(x_0, y_0)$ 是平面内一点,则平面内以 P_0 为中心、δ 为半径的圆的内部所有点的集合称为**点 P_0 的 δ 邻域**,记为 $U(P_0, \delta)$,即

$$U(P_0, \delta) = \{P \mid |P - P_0| < \delta\} = \{(x, y) \mid (x - x_0)^2 + (y - y_0)^2 < \delta^2\}.$$

$$\mathring{U}(P_0, \delta) = \{P \mid 0 < |P - P_0| < \delta\} = \{(x, y) \mid 0 < (x - x_0)^2 + (y - y_0)^2 < \delta^2\}$$

称为**点 P_0 的 δ 空心邻域**.

定义 6-3 设 D 是一个平面点集,若按照某种法则 f,对于 D 内每一点 $P(x, y)$,都有唯一确定的实数 z 与之对应,则称 f 为定义在 D 内的**二元函数**,记为

$$z = f(x, y), (x, y) \in D.$$

其中 D 称为 f 的**定义域**,z 称为 f 在点 P 处的**函数值**,全体函数值的集合称为 f 的**值域**.点集 $S = \{(x, y, z) \mid z = f(x, y), (x, y) \in D\}$ 是二元函数 f 的**图像**,通常 $z = f(x, y)$ 的图像是一空间曲面,定义域 D 是该曲面在 xOy 平面内的投影.

例 6-1 求下列函数的定义域:

(1) $z = \ln(xy)$; (2) $z = \sqrt{1 - \dfrac{x^2}{a^2} - \dfrac{y^2}{b^2}}$.

解 (1) 要使 $z = \ln(xy)$ 有意义,需 $xy > 0$,即
$$D = \{(x, y) \mid xy > 0\};$$

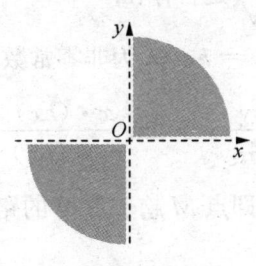

图 6-1

(2) 要使 $z = \sqrt{1 - \dfrac{x^2}{a^2} - \dfrac{y^2}{b^2}}$ 有意义,需 $1 - \dfrac{x^2}{a^2} - \dfrac{y^2}{b^2} \geqslant 0$,即
$$D = \left\{(x, y) \,\middle|\, \dfrac{x^2}{a^2} + \dfrac{y^2}{b^2} \leqslant 1\right\}.$$

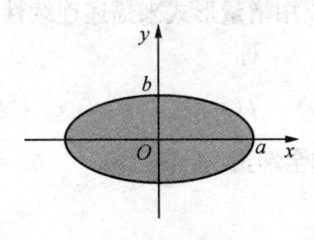

图 6-2

例 6-2 设函数 $f(x, y) = x^2 + y^2 - xy\tan\dfrac{y}{x}$,求 $f(tx, ty)$.

解 $f(tx, ty) = (tx)^2 + (ty)^2 - (tx) \cdot (ty) \cdot \tan\dfrac{ty}{tx}$

$\qquad\qquad = t^2\left(x^2 + y^2 - xy\tan\dfrac{y}{x}\right).$

二、二元函数的极限与连续

定义 6-4 设二元函数 $f(x, y)$ 定义在 $\overset{\circ}{U}(M_0, \delta)$ 内,当点 $M(x, y)$ 趋于 $M_0(x_0, y_0)$ 时,相应的函数值 $f(x, y)$ 趋于 A,则称 A 为函数 $f(x, y)$ 当动点 $M(x, y)$ 趋于 $M_0(x_0, y_0)$ 时的**极限**,记作
$$\lim_{(x, y) \to (x_0, y_0)} f(x, y) = A \quad 或 \quad \lim_{M \to M_0} f(M) = A.$$

注 1 上述极限也可记作 $\lim\limits_{\substack{x \to x_0 \\ y \to y_0}} f(x, y) = A$ 或 $\lim\limits_{\substack{\Delta x \to 0 \\ \Delta y \to 0}} f(x, y) = A$,其中 $\Delta x = x - x_0$,$\Delta y = y - y_0$. 二元函数的极限称为**二重极限**.

注 2 定义中 $M \to M_0$ 是指点 M 沿着任意方式趋向于 M_0，二元函数极限的存在要求变量以任意路径趋于 M_0 时，极限都存在且相等，这与一元函数自变量的变化是有区别的.

例 6-3 判断 $\lim\limits_{(x,y) \to (0,0)} \dfrac{xy}{x^2+y^2}$ 是否存在.

解 令点 $M(x, y)$ 沿着直线 $y = kx$ （k 为非零常数）趋近点 $O(0, 0)$，则有

$$\lim_{(x,y) \to (0,0)} \frac{xy}{x^2+y^2} = \lim_{x \to 0} \frac{x \cdot (kx)}{x^2 + (kx)^2} = \frac{k}{1+k^2}.$$

由此可见，随着 k 的取值不同，即点 M 趋于点 O 的路线不同，极限值也不同，因此极限 $\lim\limits_{(x,y) \to (0,0)} \dfrac{xy}{x^2+y^2}$ 不存在.

定义 6-5 设二元函数 $f(x, y)$ 定义在 $U(M_0, \delta)$ 内，若

$$\lim_{(x,y) \to (x_0, y_0)} f(x, y) = f(x_0, y_0),$$

则称 $f(x, y)$ 在点 $M_0(x_0, y_0)$ 处**连续**，M_0 为 $f(x, y)$ 的**连续点**，否则称 M_0 为**不连续点**或**间断点**.

注 和一元函数一样，也可以用增量形式来描述连续性：

令 $\Delta x = x - x_0$，$\Delta y = y - y_0$，称

$$\Delta z = \Delta f(x_0, y_0) = f(x, y) - f(x_0, y_0) = f(x_0 + \Delta x, y_0 + \Delta y) - f(x_0, y_0)$$

为 $f(x, y)$ 在点 $M_0(x_0, y_0)$ 处的**全增量**，若 $\lim\limits_{(\Delta x, \Delta y) \to (0,0)} \Delta z = 0$，则称 $f(x, y)$ 在 M_0 处**连续**.

定义 6-6 若二元函数 $f(x, y)$ 在定义域 D 内每一点处都连续，则称 $f(x, y)$ 为区域 D 内的**连续函数**.

例 6-4 求函数 $z = \dfrac{y^2 + 2x}{y^2 - 2x}$ 的间断点.

解 当 $y^2 - 2x = 0$，即 $y^2 = 2x$ 时，$z = \dfrac{y^2 + 2x}{y^2 - 2x}$ 无意义，故曲线 $y^2 = 2x$ 上的点即为函数 $z = \dfrac{y^2 + 2x}{y^2 - 2x}$ 的间断点.

第 2 节 偏导数

一、偏导数的概念

多元函数的自变量不止一个，但是我们可以将其余都看作常数，只考虑函数对于某一个自变量的变化率，这就是偏导数的概念.

定义 6-7 设二元函数 $z = f(x, y)$ 在点 $M_0(x_0, y_0)$ 的某邻域内有定义，若极限

$$\lim_{\Delta x \to 0} \frac{\Delta_x z}{\Delta x} = \lim_{\Delta x \to 0} \frac{f(x_0 + \Delta x, y_0) - f(x_0, y_0)}{\Delta x}$$

存在，则称此极限为 $f(x, y)$ 在点 M_0 处关于 x 的偏导数，记作

$$z'_x(x_0, y_0), \frac{\partial z}{\partial x}(x_0, y_0) \text{ 或 } f'_x(x_0, y_0), \frac{\partial f}{\partial x}(x_0, y_0);$$

类似地，可以定义 $f(x, y)$ 在点 M_0 处关于 y 的偏导数，即若极限

$$\lim_{\Delta y \to 0} \frac{\Delta_y z}{\Delta y} = \lim_{\Delta y \to 0} \frac{f(x_0, y_0 + \Delta y) - f(x_0, y_0)}{\Delta y}$$

存在，记作

$$z'_y(x_0, y_0), \frac{\partial z}{\partial y}(x_0, y_0) \text{ 或 } f'_y(x_0, y_0), \frac{\partial f}{\partial y}(x_0, y_0).$$

若函数 $z = f(x, y)$ 在区域 D 内的每一点 (x, y) 处偏导数 $\frac{\partial z}{\partial x}$ 和 $\frac{\partial z}{\partial y}$ 都存在，则 $\frac{\partial z}{\partial x}$ 和 $\frac{\partial z}{\partial y}$ 仍然是 x, y 的二元函数，称之为函数 $z = f(x, y)$ 的**偏导函数**，简称为**偏导数**. 若它们的偏导数仍存在，则称之为二元函数 $z = f(x, y)$ 的**二阶偏导数**，记作

$$\frac{\partial^2 z}{\partial x^2} = \frac{\partial}{\partial x}\left(\frac{\partial z}{\partial x}\right), \frac{\partial^2 z}{\partial x \partial y} = \frac{\partial}{\partial y}\left(\frac{\partial z}{\partial x}\right),$$

$$\frac{\partial^2 z}{\partial y \partial x} = \frac{\partial}{\partial x}\left(\frac{\partial z}{\partial y}\right), \frac{\partial^2 z}{\partial y^2} = \frac{\partial}{\partial y}\left(\frac{\partial z}{\partial y}\right),$$

或

$$f''_{xx}, f''_{xy}, f''_{yx}, f''_{yy}.$$

类似地，可以定义更高阶的偏导数.

例 6-5 求 $z = x^2 + 3xy$ 在点 $(1, 2)$ 处的偏导数.

解法一 先求出 z 关于 x 和 y 的偏导函数，

$$z'_x(x, y) = 2x + 3y, z'_y(x, y) = 3x,$$

然后将点 $(1, 2)$ 代入，$z'_x(1, 2) = (2x + 3y)\big|_{(1,2)} = 8, z'_y(1, 2) = (3x)\big|_{(1,2)} = 3.$

解法二 要求 z 在点 $(1, 2)$ 处关于 x 的偏导数，可以将 y 看作常数，即 $y = 2$ 代入得，$z = x^2 + 6x$，从而 $z'_x = 2x + 6$，于是 $z'_x\big|_{x=1} = 8,$

同样，将 $x = 1$ 代入 z，得 $z = 1 + 3y, z'_y = 3$，从而 $z'_y\big|_{y=2} = 3.$

例 6-6 求下列函数的偏导数 $\frac{\partial z}{\partial x}, \frac{\partial z}{\partial y}$：

(1) $z = \dfrac{xe^y}{y^2}$；   (2) $z = \ln(x^2 + y^2 + 4).$

解 (1) $\dfrac{\partial z}{\partial x} = \dfrac{e^y}{y^2}, \dfrac{\partial z}{\partial y} = \dfrac{xe^y \cdot y^2 - xe^y \cdot 2y}{y^4} = \dfrac{xe^y(y-2)}{y^3};$

(2) $\dfrac{\partial z}{\partial x} = \dfrac{2x}{x^2 + y^2 + 4}, \dfrac{\partial z}{\partial y} = \dfrac{2y}{x^2 + y^2 + 4}.$

例 6-7 求下列函数的二阶偏导数：

(1) $z = 3x^2 + 3xy - 2y^2$；　　　　(2) $z = x^{2y}$.

解 (1) $\dfrac{\partial z}{\partial x} = 6x + 3y$，$\dfrac{\partial z}{\partial y} = 3x - 4y$，于是

$$\dfrac{\partial^2 z}{\partial x^2} = 6, \dfrac{\partial^2 z}{\partial x \partial y} = \dfrac{\partial^2 z}{\partial y \partial x} = 3, \dfrac{\partial^2 z}{\partial y^2} = -4;$$

(2) $\dfrac{\partial z}{\partial x} = 2yx^{2y-1}$，$\dfrac{\partial z}{\partial y} = 2x^{2y}\ln x$，于是

$$\dfrac{\partial^2 z}{\partial x^2} = 2y(2y-1)x^{2y-2}, \dfrac{\partial^2 z}{\partial x \partial y} = \dfrac{\partial^2 z}{\partial y \partial x} = 2x^{2y-1}(2y\ln x + 1), \dfrac{\partial^2 z}{\partial y^2} = 4x^{2y}\ln^2 x.$$

例 6-8 求 $u = e^{(x+y^2+z^2)}$ 的偏导数.

解 $\dfrac{\partial u}{\partial x} = e^{(x+y^2+z^2)}$，$\dfrac{\partial u}{\partial y} = 2ye^{(x+y^2+z^2)}$，$\dfrac{\partial u}{\partial z} = 2ze^{(x+y^2+z^2)}$.

二、极值与最值

定义 6-8 设二元函数 $z = f(x,y)$ 在点 $M_0(x_0, y_0)$ 的某邻域内有定义，若对该邻域内任一点 $M(x,y)$，有

$$f(M) \leqslant f(M_0)(f(M) \geqslant f(M_0)),$$

则称 $f(M_0)$ 为函数 $f(x,y)$ 的一个**极大值**（**极小值**），点 M_0 为 $f(x,y)$ 的**极大值点**（**极小值点**）．

极大值和极小值统称为函数的**极值**，极大值点和极小值点统称为函数的**极值点**．

例 6-9 (1) 函数 $z = x^2 + y^2$ 在点 $(0,0)$ 处取得极小值，因为在点 $(0,0)$ 附近任何点 $(x,y) \neq (0,0)$ 处，$x^2 + y^2 > 0$；

(2) 函数 $z = -\sqrt{x^2+y^2}$ 在点 $(0,0)$ 处取得极大值，因为在点 $(0,0)$ 附近任何点 $(x,y) \neq (0,0)$ 处，$-\sqrt{x^2+y^2} < 0$；

(3) 函数 $z = xy$，$(0,0)$ 不是极值点，因在 $(0,0)$ 附近任何小的邻域内，既含有使 $z > 0$ 的点，也含有使 $z < 0$ 的点．

定理 6-1（极值的必要条件） 设二元函数 $z = f(x,y)$ 在点 $M_0(x_0, y_0)$ 处取极值，并且 $f(x,y)$ 在点 M_0 处存在偏导数，则有

$$f'_x(x_0, y_0) = 0, f'_y(x_0, y_0) = 0.$$

若函数 $f(x,y)$ 在点 M_0 处的两个偏导数都是零，则称点 M_0 为 $f(x,y)$ 的**驻点**（**稳定点**）．

对于可导函数来说，极值点一定是驻点，但不可导函数或函数在不可导点处也可能有极值，例如：例 6-9(2) 中函数 $z = -\sqrt{x^2+y^2}$ 在点 $(0,0)$ 处有极大值，但是易证明其在点 $(0,0)$ 处函数的偏导数不存在.

函数的驻点也未必是极值点,例如:例 6-9(3)中函数 $z = xy$,$(0, 0)$ 是驻点但并不是极值点. 那么驻点在什么条件下一定是极值点呢?

定理 6-2(极值的充分条件) 设二元函数 $z = f(x, y)$ 在点 $M_0(x_0, y_0)$ 的某邻域内具有二阶连续的偏导数,且 M_0 是函数的驻点,令

$$A = f''_{xx}(x_0, y_0), B = f''_{xy}(x_0, y_0), C = f''_{yy}(x_0, y_0), \Delta = B^2 - AC,$$

则有:

(1) 当 $\Delta < 0$ 时,点 M_0 是极值点. 且 $A > 0$ 时,M_0 是极小值点;$A < 0$ 时,M_0 是极大值点;

(2) 当 $\Delta > 0$ 时,点 M_0 不是极值点;

(3) 当 $\Delta = 0$ 时,不能确定 M_0 是否是极值点.

注 $\Delta = B^2 - AC$ 称为**判别式**. 当 $\Delta < 0$ 时,$AC > 0$,即 A 与 C 同号,故(1)中用 A 和用 C 来判断极大值点、极小值点,结论是一样的.

例 6-10 求下列函数的极值:

(1) $f(x, y) = x^3 - 4x^2 + 2xy - y^2 + 3$;

(2) $f(x, y) = e^{2x}(x + y^2 + 2y)$.

解 (1) $f'_x(x, y) = 3x^2 - 8x + 2y$,$f'_y(x, y) = 2x - 2y$.

令 $f'_x(x, y) = 0$,$f'_y(x, y) = 0$,解得驻点 $(0, 0)$,$(2, 2)$,因

$$f''_{xx}(x, y) = 6x - 8, f''_{xy}(x, y) = 2, f''_{yy}(x, y) = -2,$$

所以在驻点 $(0, 0)$ 处,有

$$A = f''_{xx}(0, 0) = -8, B = f''_{xy}(0, 0) = 2, C = f''_{yy}(0, 0) = -2,$$

因 $B^2 - AC = -12 < 0$,且 $A = -8 < 0$,所以函数在点 $(0, 0)$ 处取得极大值 $f(0, 0) = 3$.

在驻点 $(2, 2)$ 处,有

$$A = f''_{xx}(2, 2) = 4, B = f''_{xy}(2, 2) = 2, C = f''_{yy}(2, 2) = -2,$$

可见,$B^2 - AC = 12 > 0$,所以 $f(2, 2)$ 不是函数的极值.

(2) $f'_x(x, y) = e^{2x}(2x + 2y^2 + 4y + 1)$,$f'_y(x, y) = 2e^{2x}(y + 1)$.

令 $f'_x(x, y) = 0$,$f'_y(x, y) = 0$,解得驻点 $\left(\dfrac{1}{2}, -1\right)$. 因

$$f''_{xx}(x, y) = 4e^{2x}(x + y^2 + 2y + 1), f''_{xy}(x, y) = 4e^{2x}(y + 1), f''_{yy}(x, y) = 2e^{2x},$$

所以在驻点 $\left(\dfrac{1}{2}, -1\right)$ 处,有

$$A = f''_{xx}\left(\dfrac{1}{2}, -1\right) = 2e, B = f''_{xy}\left(\dfrac{1}{2}, -1\right) = 0, C = f''_{yy}\left(\dfrac{1}{2}, -1\right) = 2e,$$

因 $B^2 - AC = -4e^2 < 0$,且 $A = 2e > 0$,所以函数在点 $\left(\dfrac{1}{2}, -1\right)$ 处取得极小值 $f\left(\dfrac{1}{2}, -1\right) = -\dfrac{e}{2}$.

定义 6-9 设二元函数 $z=f(x,y)$ 在区域 D 内连续,点 $M_0(x_0,y_0)\in D$. 如果 $\forall (x,y)\in D$,有

$$f(x,y)\leqslant f(x_0,y_0)\ (f(x,y)\geqslant f(x_0,y_0)),$$

那么称 $f(x_0,y_0)$ 为函数 $f(x,y)$ 在区域 D 内的**最大值**(**最小值**),$M_0(x_0,y_0)$ 称为 $f(x,y)$ 在区域 D 内的**最大值点**(**最小值点**).

同一元函数类似,二元函数的最值应当比较驻点、偏导数不存在的点和边界点.

前面讨论的极值问题,极值点的搜索范围是目标函数的全体定义域,称为**无条件极值**问题. 此外还有很多极值问题,自变量的变化要受到某种限制,称为**条件极值**问题.

例如:要设计一个面积为 S 的长方形物体,试问其长、宽各为多少时,其周长最小?

解 设长、宽各为 x,y,则周长为 $L(x,y)=2(x+y)$,依题意,周长函数的自变量不仅要满足定义域的要求即 $x>0, y>0$,而且还要满足条件 $S=xy$.

以往这类问题,只能用消元法化为无条件极值问题,由 $y=\dfrac{S}{x}$ 代入 $L(x,y)=2(x+y)$ 中,得到 $L(x,y)=2\left(x+\dfrac{S}{x}\right)$,求偏导得驻点 $x=y=\sqrt{S}$,最后判定在此驻点上取最小周长 $L=4\sqrt{S}$.

但对一般的 n 元函数,要想解出每个变量并不总是可能的. 下面我们介绍**拉格朗日乘数法**来解决条件极值问题.

设要求函数 $z=f(x,y)$ 的极值,其中 x,y 受条件 $\varphi(x,y)=0$ 的约束. 那么,$z=f(x,y)$ 称为**目标函数**,$\varphi(x,y)=0$ 称为**约束条件**. 方法如下:

(1) 构造拉格朗日辅助函数 $F(x,y,\lambda)=f(x,y)+\lambda\varphi(x,y)$,其中 λ 是待定的拉格朗日乘数.

(2) 对函数 F 关于每个变量 x,y,λ 求偏导数,令其为零:

$$\begin{cases} F'_x = f'_x + \lambda\varphi'_x = 0, \\ F'_y = f'_y + \lambda\varphi'_y = 0, \\ F'_\lambda = \varphi(x,y) = 0. \end{cases}$$

解此方程组,得 $x=x_0, y=y_0, \lambda=\lambda_0$;

(3) 根据实际问题判断驻点 (x_0,y_0) 是否为极值点.

下面,用拉格朗日乘数法求前例中长方形问题:

(1) 令 $F(x,y,\lambda)=2(x+y)+\lambda(xy-S)$;

(2) 求偏导数

$$\begin{cases} F'_x = 2+\lambda y = 0, \\ F'_y = 2+\lambda x = 0, \\ F'_\lambda = xy - S = 0, \end{cases}$$

得 $x=y=\sqrt{S}, \lambda=-\dfrac{2}{\sqrt{S}}$.

(3) 依题意,所求问题确实存在最小值,而函数有唯一驻点,因而当长、宽为 $\sqrt{S}$ 时,周长最小,最小值为 $4\sqrt{S}$.

例 6-11 建造容积为定值 a 的矩形水池,问怎样设计,才能使建筑材料最省?

解 设水池的长、宽、高分别为 x, y, z,则水池的表面积为

$$S = xy + 2xz + 2yz \ (D = \{(x, y, z) \mid x > 0, y > 0, z > 0\}).$$

约束条件为 $\varphi(x, y, z) = xyz - a$. 构造拉格朗日函数

$$L(x, y, z, \lambda) = xy + 2(xz + yz) + \lambda(xyz - a).$$

于是,得方程组

$$\begin{cases} L'_x(x, y, z, \lambda) = y + 2z + \lambda yz = 0, \\ L'_y(x, y, z, \lambda) = x + 2z + \lambda xz = 0, \\ L'_z(x, y, z, \lambda) = 2x + 2y + \lambda xy = 0, \\ L'_\lambda(x, y, z, \lambda) = xyz = a. \end{cases}$$

化简,得

$$\begin{cases} 2xz - 2yz = 0, \\ 2xz - xy = 0, \\ xyz = a. \end{cases}$$

可得 $x = y = 2z$,代入 $xyz = a$,解得区域 D 内唯一驻点

$$\left(\sqrt[3]{2a}, \sqrt[3]{2a}, \frac{\sqrt[3]{2a}}{2} \right).$$

故当水池的长、宽均为 $\sqrt[3]{2a}$,高为 $\dfrac{\sqrt[3]{2a}}{2}$ 时,用料最省.

第3节 二重积分

一、二重积分的概念

定义 6-10 设 $z = f(x, y)$ 是有界闭区域 D 内的有界函数.

(1) 将闭区域 D 划分成 n 个小区域 $\Delta D_1, \Delta D_2, \cdots, \Delta D_n$,各小区域的面积为 $\Delta\sigma_1, \Delta\sigma_2, \cdots, \Delta\sigma_n$;

(2) 在每一个小区域 ΔD_i 内任取一点 (ξ_i, η_i),求和 $\sigma = \sum_{i=1}^{n} f(\xi_i, \eta_i)\Delta\sigma_i$;

(3) 令 $\lambda = \max\limits_{1 \leqslant i \leqslant n} d_i$ (d_i 为 ΔD_i 的直径),如果无论 D 如何划分,以及小区域内的点 (ξ_i, η_i) 如何取,当 $\lambda \to 0$ 时,和式 σ 的极限都存在为 J,那么称 J 为 $f(x, y)$ 在闭区域 D 上的**二重积分**,记作 $\iint\limits_{D} f(x, y)\mathrm{d}\sigma$,即

$$\iint_D f(x, y)\mathrm{d}\sigma = \lim_{\lambda \to 0} \sum_{i=1}^{n} f(\xi_i, \eta_i)\Delta\sigma_i.$$

其中 $f(x, y)$ 称为**被积函数**，$f(x, y)\mathrm{d}\sigma$ 称为**被积表达式**，x, y 称为**积分变量**，D 称为**积分区域**，σ 称为**积分和**，$\mathrm{d}\sigma$ 称为**面积元素**.

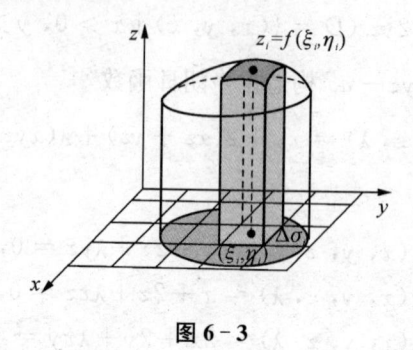

图 6-3

注 1 二重积分的几何意义是：当 $f(x, y) \geqslant 0$ 时，$\iint_D f(x, y)\mathrm{d}\sigma$ 表示以 D 为底，以 $f(x, y)$ 为曲顶的曲顶柱体的体积.

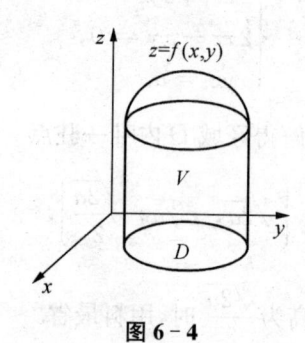

图 6-4

特别地，当 $f(x, y) = 1$ 时，$\iint_D \mathrm{d}\sigma$ 表示积分区域 D 的面积.

注 2 既然极限是否存在即函数是否可积与区域 D 的分割无关，因此为方便计算，常选取一些特殊的分割方法，如选用平行于坐标轴的直线网来分割 D，如图 6-5 所示.

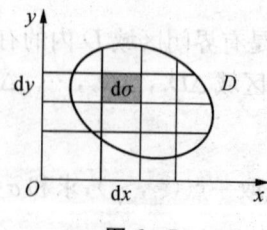

图 6-5

这时 $\Delta\sigma_i = \Delta x_i \Delta y_i$，$\mathrm{d}\sigma = \mathrm{d}x\mathrm{d}y$，则 $\iint_D f(x, y)\mathrm{d}\sigma = \iint_D f(x, y)\mathrm{d}x\mathrm{d}y$.

注 3 在有界闭区域内，$f(x, y)$ 连续则可积，可积则有界.

由于二重积分的定义与定积分的定义没有实质上的差别,因此定积分的性质、可积条件等基本上都可以直接对二重积分建立起来.

例 6-12 用二重积分表示以曲面 $z=x+y+1$ 为顶,区域 $D:0\leqslant x\leqslant 1,1\leqslant y\leqslant 2$ 为底的曲顶柱体的体积.

解 由二重积分的定义知 $V=\iint\limits_{D}f(x,y)\mathrm{d}x\mathrm{d}y=\iint\limits_{D}(x+y+1)\mathrm{d}x\mathrm{d}y$,其中,区域 D 如图 6-6 所示.

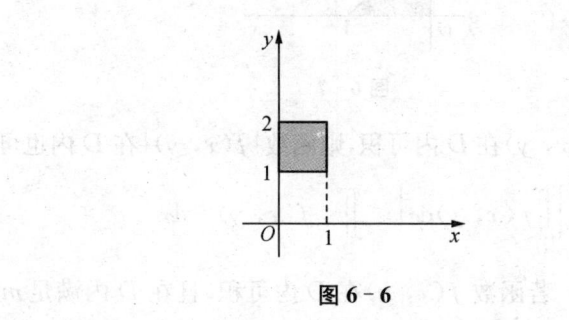

图 6-6

二、二重积分的性质

性质 6-1(线性性质) 若 $f(x,y)$, $g(x,y)$ 在 D 内可积,则 $k_1f(x,y)+k_2g(x,y)$ 在 D 内也可积,且有

$$\iint\limits_{D}(k_1f(x,y)+k_2g(x,y))\mathrm{d}\sigma=k_1\iint\limits_{D}f(x,y)\mathrm{d}\sigma+k_2\iint\limits_{D}g(x,y)\mathrm{d}\sigma \text{ (其中 } k_1,k_2 \text{ 是常数)}.$$

性质 6-2(区域可加性) 若 $D=D_1\cup D_2$,且 D_1 与 D_2 除分界线外无公共点,则

$$\iint\limits_{D}f(x,y)\mathrm{d}\sigma=\iint\limits_{D_1}f(x,y)\mathrm{d}\sigma+\iint\limits_{D_2}f(x,y)\mathrm{d}\sigma.$$

性质 6-3 若函数 $f(x,y)$, $g(x,y)$ 在 D 内可积,且 $f(x,y)\leqslant g(x,y)$, $(x,y)\in D$,则

$$\iint\limits_{D}f(x,y)\mathrm{d}\sigma\leqslant\iint\limits_{D}g(x,y)\mathrm{d}\sigma.$$

推论 若在 D 内,$f(x,y)\geqslant 0$,则有 $\iint\limits_{D}f(x,y)\mathrm{d}\sigma\geqslant 0$.

例 6-13 利用二重积分的性质,比较 $\iint\limits_{D}(x+y)^2\mathrm{d}\sigma$ 与 $\iint\limits_{D}(x+y)^3\mathrm{d}\sigma$ 的大小,其中积分区域 D 是由 x 轴、y 轴与直线 $x+y=1$ 所围成.

解 区域 D 如图 6-7 所示,可见,在区域 D 内,恒有

$$(x+y)^2\leqslant(x+y)^3$$

成立,于是,由二重积分性质可得

$$\iint\limits_D (x+y)^2 \mathrm{d}\sigma \leqslant \iint\limits_D (x+y)^3 \mathrm{d}\sigma.$$

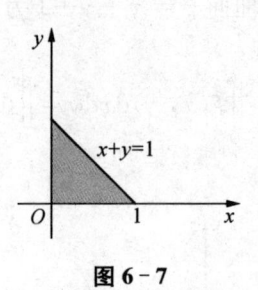

图 6-7

性质 6-4 若函数 $f(x,y)$ 在 D 内可积,则函数 $|f(x,y)|$ 在 D 内也可积,且

$$\left|\iint\limits_D f(x,y)\mathrm{d}\sigma\right| \leqslant \iint\limits_D |f(x,y)|\mathrm{d}\sigma.$$

性质 6-5(估值定理) 若函数 $f(x,y)$ 在 D 内可积,且在 D 内满足 $m \leqslant f(x,y) \leqslant M$,则

$$m \cdot \mu(D) \leqslant \iint\limits_D f(x,y)\mathrm{d}\sigma \leqslant M \cdot \mu(D),$$

其中 $\mu(D)$ 表示区域 D 的面积.

例 6-14 利用二重积分的性质估计 $\iint\limits_D (x+y)\mathrm{d}\sigma$ 的值,其中 D 是矩形闭区域:$0 \leqslant x \leqslant 1, 0 \leqslant y \leqslant 2$.

解 区域 D 如图 6-8 所示,可见,区域 D 的面积 $\mu(D) = 2$,被积函数 $f(x,y) = x+y$ 在 D 内存在最大值与最小值,且

$$M = f(1,2) = 3, \quad m = f(0,0) = 0,$$

于是

$$0 \leqslant \iint\limits_D (x+y)\mathrm{d}\sigma \leqslant 6.$$

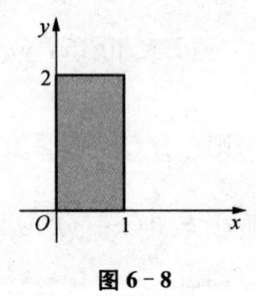

图 6-8

性质 6-6(积分中值定理) 若函数 $f(x,y)$ 在有界闭区域 D 内连续,则 $\exists (\xi, \eta) \in D$,使得

$$\iint_D f(x, y)\mathrm{d}\sigma = f(\xi, \eta)\mu(D),$$

其中 $\mu(D)$ 表示积分区域 D 的面积.

三、二重积分的计算

对于二重积分的计算我们采用的方法是,先将其化为**累次积分(二次积分)**,然后连续计算两次定积分.

(1) 矩形区域

设函数 $f(x, y)$ 在矩形区域 $D = [a, b] \times [c, d]$ 上连续,则

$$\iint_D f(x, y)\mathrm{d}\sigma = \int_a^b \mathrm{d}x \int_c^d f(x, y)\mathrm{d}y = \int_c^d \mathrm{d}y \int_a^b f(x, y)\mathrm{d}x.$$

(2) x 型区域

若积分区域 $D = \{(x, y) \mid \varphi_1(x) \leqslant y \leqslant \varphi_2(x), a \leqslant x \leqslant b\}$,其中 $\varphi_1(x), \varphi_2(x)$ 在 $[a, b]$ 上连续,如图 6-9 所示,则

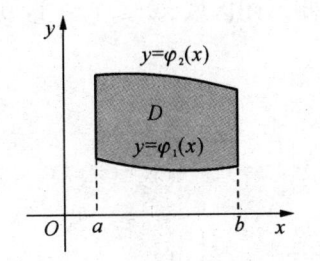

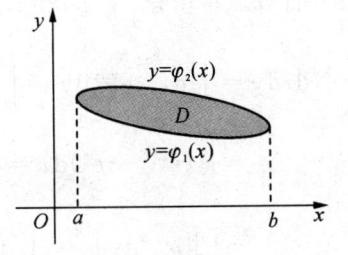

图 6-9

$$\iint_D f(x, y)\mathrm{d}\sigma = \int_a^b \mathrm{d}x \int_{\varphi_1(x)}^{\varphi_2(x)} f(x, y)\mathrm{d}y.$$

x 型区域的特点是:垂直于 x 轴的直线 $x = x_0 (a < x_0 < b)$ 与区域 D 的边界至多相交于两点.

(3) y 型区域

若积分区域 $D = \{(x, y) \mid \varphi_1(y) \leqslant x \leqslant \varphi_2(y), c \leqslant y \leqslant d\}$,其中 $\varphi_1(y), \varphi_2(y)$ 在 $[c, d]$ 上连续,如图 6-10 所示,则

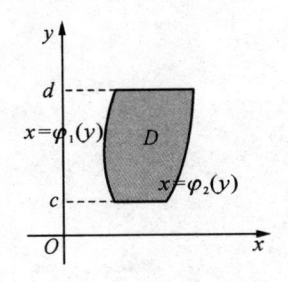

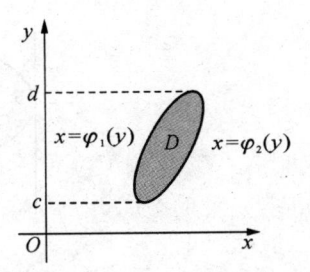

图 6-10

$$\iint\limits_{D} f(x, y) \mathrm{d}\sigma = \int_{c}^{d} \mathrm{d}y \int_{\varphi_{1}(y)}^{\varphi_{2}(y)} f(x, y) \mathrm{d}x.$$

y 型区域的特点是：垂直于 y 轴的直线 $y = y_{0}(c < y_{0} < d)$ 与区域 D 的边界至多相交于两点.

对于一般的有界闭区域,可以将其分割成有限个除边界外无公共点的 x 型区域或 y 型区域,然后利用积分区间的可加性进行计算,如图 6-11 所示.

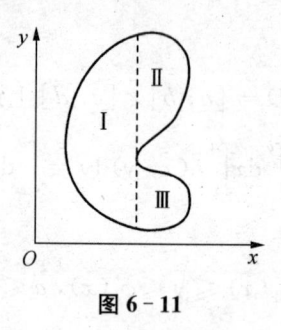

图 6-11

例 6-15 计算二重积分 $\iint\limits_{D} \mathrm{e}^{x+y} \mathrm{d}x \mathrm{d}y$,其中 D 为矩形闭区域：$0 \leqslant x \leqslant 1, 0 \leqslant y \leqslant 2$.

解
$$\iint\limits_{D} \mathrm{e}^{x+y} \mathrm{d}x \mathrm{d}y = \int_{0}^{1} \mathrm{d}x \int_{0}^{2} \mathrm{e}^{x+y} \mathrm{d}y = \int_{0}^{1} \mathrm{e}^{x+y} \Big|_{0}^{2} \mathrm{d}x$$
$$= \int_{0}^{1} (\mathrm{e}^{x+2} - \mathrm{e}^{x}) \mathrm{d}x = (\mathrm{e}^{x+2} - \mathrm{e}^{x}) \Big|_{0}^{1} = \mathrm{e}^{3} - \mathrm{e}^{2} - \mathrm{e} + 1;$$

或
$$\iint\limits_{D} \mathrm{e}^{x+y} \mathrm{d}x \mathrm{d}y = \int_{0}^{2} \mathrm{d}y \int_{0}^{1} \mathrm{e}^{x+y} \mathrm{d}x = \int_{0}^{2} \mathrm{e}^{x+y} \Big|_{0}^{1} \mathrm{d}y$$
$$= \int_{0}^{2} (\mathrm{e}^{y+1} - \mathrm{e}^{y}) \mathrm{d}y = (\mathrm{e}^{y+1} - \mathrm{e}^{y}) \Big|_{0}^{2} = \mathrm{e}^{3} - \mathrm{e}^{2} - \mathrm{e} + 1.$$

例 6-16 计算二重积分 $\iint\limits_{D} (1-y) \mathrm{d}x \mathrm{d}y$,其中 D 是由 $x = y^{2}$ 和 $x + y = 2$ 所围成的闭区域.

解 区域 D 如图 6-12 所示.

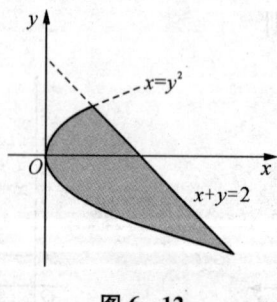

图 6-12

联立方程组

$$\begin{cases} x = y^2, \\ x + y = 2, \end{cases}$$

解得曲线边界交于点 $(1, 1)$, $(4, -2)$.

D 为 y 型区域,且

$$y^2 \leqslant x \leqslant 2-y, -2 \leqslant y \leqslant 1,$$

于是

$$\iint\limits_{D}(1-y)\mathrm{d}x\mathrm{d}y = \int_{-2}^{1}\mathrm{d}y\int_{y^2}^{2-y}(1-y)\mathrm{d}x = \int_{-2}^{1}(1-y)x\Big|_{y^2}^{2-y}\mathrm{d}y$$

$$= \int_{-2}^{1}(y^3 - 3y + 2)\mathrm{d}y = \frac{1}{4}y^4\Big|_{-2}^{1} - \frac{3}{2}y^2\Big|_{-2}^{1} + 2y\Big|_{-2}^{1} = \frac{27}{4}.$$

例 6-17 计算二重积分 $\iint\limits_{D}\mathrm{d}x\mathrm{d}y$,其中 D 是由 $y=\sin x$, $y=\cos x$ 与 x 轴于 $0 \leqslant x \leqslant \frac{\pi}{2}$ 内所围成的图形.

解 区域 D 如图 6-13 所示,联立方程组

$$\begin{cases} y = \sin x, \\ y = \cos x, \end{cases}$$

在 $\left[0, \frac{\pi}{2}\right]$ 内解得边界曲线交于点 $\left(\frac{\pi}{4}, \frac{\sqrt{2}}{2}\right)$.

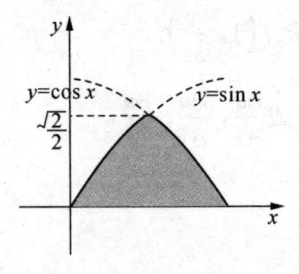

图 6-13

解法一 将 D 看成 x 型区域,即直线 $x = \frac{\pi}{4}$ 将 D 分为两个 x 型区域,且

$$D_1: 0 \leqslant x \leqslant \frac{\pi}{4}, 0 \leqslant y \leqslant \sin x,$$

$$D_2: \frac{\pi}{4} \leqslant x \leqslant \frac{\pi}{2}, 0 \leqslant y \leqslant \cos x.$$

于是,由积分区间可加性,得

$$\sigma = \iint\limits_{D_1}\mathrm{d}x\mathrm{d}y + \iint\limits_{D_2}\mathrm{d}x\mathrm{d}y = \int_0^{\frac{\pi}{4}}\mathrm{d}x\int_0^{\sin x}\mathrm{d}y + \int_{\frac{\pi}{4}}^{\frac{\pi}{2}}\mathrm{d}x\int_0^{\cos x}\mathrm{d}y$$

$$= \int_0^{\frac{\pi}{4}} \sin x \mathrm{d}x + \int_{\frac{\pi}{4}}^{\frac{\pi}{2}} \cos x \mathrm{d}x = -\cos x \Big|_0^{\frac{\pi}{4}} + \sin x \Big|_{\frac{\pi}{4}}^{\frac{\pi}{2}} = 2 - \sqrt{2}.$$

解法二 将 D 看成 y 型区域.

$$\sigma = \iint_D \mathrm{d}x\mathrm{d}y = \int_0^{\frac{\sqrt{2}}{2}} \mathrm{d}y \int_{\arcsin y}^{\arccos y} \mathrm{d}x = \int_0^{\frac{\sqrt{2}}{2}} (\arccos y - \arcsin y)\mathrm{d}y$$

$$= y\arccos y \Big|_0^{\frac{\sqrt{2}}{2}} - \int_0^{\frac{\sqrt{2}}{2}} y \mathrm{d}\arccos y - y\arcsin y \Big|_0^{\frac{\sqrt{2}}{2}} + \int_0^{\frac{\sqrt{2}}{2}} y \mathrm{d}\arcsin y$$

$$= \frac{\sqrt{2}}{2} \cdot \frac{\pi}{4} + \int_0^{\frac{\sqrt{2}}{2}} \frac{y}{\sqrt{1-y^2}} \mathrm{d}y - \frac{\sqrt{2}}{2} \cdot \frac{\pi}{4} + \int_0^{\frac{\sqrt{2}}{2}} \frac{y}{\sqrt{1-y^2}} \mathrm{d}y$$

$$= 2\int_0^{\frac{\sqrt{2}}{2}} \frac{y}{\sqrt{1-y^2}} \mathrm{d}y = -\int_0^{\frac{\sqrt{2}}{2}} \frac{1}{\sqrt{1-y^2}} \mathrm{d}(1-y^2)$$

$$= -2\sqrt{1-y^2} \Big|_0^{\frac{\sqrt{2}}{2}} = -2\left[\frac{\sqrt{2}}{2} - 1\right] = 2 - \sqrt{2}.$$

习题 6

1. 求下列函数的定义域：

(1) $f(x, y) = \dfrac{x^2 + y^2}{x^2 - y^2}$;

(2) $z = \dfrac{1}{\sqrt{x+y}} - \dfrac{1}{\sqrt{x-y}}$;

(3) $z = \ln(y^2 - 4x + 8)$;

(4) $z = \arcsin x + \arcsin y$.

2. 设函数 $f(x, y) = \dfrac{2xy}{x^2 + y^2}$, 求 $f\left(1, \dfrac{y}{x}\right)$.

3. 求下列函数的偏导数 $\dfrac{\partial z}{\partial x}, \dfrac{\partial z}{\partial y}$ 或 $\dfrac{\partial u}{\partial x}, \dfrac{\partial u}{\partial y}, \dfrac{\partial u}{\partial z}$：

(1) $z = xy + \dfrac{x}{y}$;

(2) $z = \dfrac{x+y}{\sqrt{x^2+y^2}}$;

(3) $z = \arctan x^y$;

(4) $z = e^{x+y}\cos(x-y)$;

(5) $u = \sin(x^2 + y^2 + z^2)$;

(6) $u = x^{\frac{y}{z}}$.

4. 设函数 $f(x, y) = \ln(x + 2y)$, 求 $f'_x(1, 1), f'_y(1, 1)$.

5. 设 $z = e^{\frac{x}{y^2}}$, 求证: $2x\dfrac{\partial z}{\partial x} + y\dfrac{\partial z}{\partial y} = 0$.

6. 设函数 $f(x, y)$ 在点 (a, b) 处偏导数存在, 则 $\lim\limits_{x \to 0} \dfrac{f(a+2x, b) - f(a, b)}{x} = (\quad)$.

A. $f'_x(a, b)$ B. $f'_x(2a, b)$ C. $2f'_x(a, b)$ D. $\dfrac{1}{2}f'_x(a, b)$

7. 设函数 $f(x, y, z) = xy^2 + yz^2 + zx^2$, 求 $f''_{xx}(0, 0, 2), f''_{xx}(1, 0, -2), f''_{yz}(0, -1, 1), f''_{zx}(2, 1, 0)$.

8. 求下列函数的二阶偏导数：

   (1) $z = e^{xy}$；   (2) $z = \arcsin(xy)$.

9. 求下列函数的极值：

   (1) $z = 1 - x^2 - y^2$；   (2) $f(x, y) = 2xy - 3x^2 - 2y^2$.

10. 求函数 $f(x, y) = x^2 + y^2$ 在条件 $x + y = 1$ 下的极值.

11. 在周长等于 $2a$ 的条件下,求出面积最大的矩形.

12. 用二重积分表示由圆柱面 $x^2 + y^2 = 1$,平面 $z = 0, z = 3$ 所围成的曲顶柱体的体积.

13. 利用二重积分的性质,比较 $\iint\limits_{D} \ln(x+y) d\sigma$ 与 $\iint\limits_{D} [\ln(x+y)]^2 d\sigma$ 的大小,其中 D 是三角形区域,三顶点坐标分别为 $(1, 0), (1, 1), (2, 0)$. （提示：在 D 内 $1 \leqslant x+y \leqslant 2$）

14. 利用二重积分的性质估计积分 $\iint\limits_{D} \sin^2 x \sin^2 y d\sigma$ 的值,其中 D 是矩形闭区域：$0 \leqslant x \leqslant \pi, 0 \leqslant y \leqslant \pi$.

15. 计算下列二重积分：

    (1) $\iint\limits_{D} (3x + 2y) dx dy$,其中 D 是由两坐标轴及直线 $x + y = 1$ 所围成的闭区域；

    (2) $\iint\limits_{D} \dfrac{x^2}{1+y^2} dx dy$,其中 D 为矩形闭区域：$1 \leqslant x \leqslant 2, 0 \leqslant y \leqslant 1$；

    (3) $\iint\limits_{D} xy dx dy$,其中 D 是由 $y = \sqrt{x}, y = x^2$ 所围成的闭区域；

    (4) $\iint\limits_{D} \dfrac{x}{y} dx dy$,其中 D 是由 $y = \dfrac{x}{2}, y = 2x, y = 2$ 所围成的闭区域；

    (5) $\iint\limits_{D} 10y dx dy$,其中 D 是由抛物线 $y = x^2 - 1$ 及直线 $y = x + 1$ 所围成的闭区域；

    (6) $\iint\limits_{D} \dfrac{x^2}{y} dx dy$,其中 D 是由直线 $y = x, y = 2$ 和双曲线 $xy = 1$ 所围成的闭区域；

    (7) $\iint\limits_{D} \dfrac{1}{y^2} dx dy$,其中 D 是由直线 $y = x, y = 2$ 及 $y^2 = x$ 所围成的闭区域；

    (8) $\iint\limits_{D} y e^{xy} dx dy$,其中 D 是由 $xy = 1, x = 2, y = 1$ 所围成的闭区域.

第7章 无穷级数

> **学习目的**
> 1. 理解级数收敛、发散和收敛级数的和的概念，掌握级数的基本性质和收敛的必要条件；
> 2. 掌握几何级数和 p-级数的收敛和发散的条件；
> 3. 掌握正项级数收敛性的比较判别法、比值判别法和根式判别法；
> 4. 掌握交错级数的莱布尼茨判别法.

定义 7-1 给定一个数列 $\{u_n\}$，对它的各项依次用"+"连接起来的表达式

$$u_1 + u_2 + \cdots + u_n + \cdots \tag{7-1}$$

称为**数项级数**或**无穷级数**，简称**级数**. 其中 u_n 称为数项级数(7-1)的**通项**或**一般项**.

数项级数(7-1)也常写作 $\sum\limits_{n=1}^{\infty} u_n$，或简单记为 $\sum u_n$.

数项级数(7-1)的前 n 项和，记为

$$S_n = \sum_{k=1}^{n} u_k = u_1 + u_2 + \cdots + u_n,$$

称为数项级数(7-1)的**前 n 项部分和**，简称**部分和**.

定义 7-2 对于级数 $\sum u_n$，若部分和数列 $\{S_n\}$ 收敛于 S，即

$$\lim_{n \to \infty} S_n = S,$$

则称级数 $\sum u_n$ **收敛**，并称 S 为级数的和，记作

$$S = \sum u_n = u_1 + u_2 + \cdots + u_n + \cdots$$

若 $\{S_n\}$ 是发散数列，则称级数 $\sum u_n$ **发散**.

例 7-1 根据级数收敛的定义，判定下列级数 $\sum\limits_{n=1}^{\infty} u_n$ 的敛散性：

(1) $\sum\limits_{n=1}^{\infty} \dfrac{1}{n(n+2)}$； (2) $\sum\limits_{n=1}^{\infty} \ln\left(1 + \dfrac{1}{n}\right)$.

解 (1) 因

$$u_n = \frac{1}{n(n+2)} = \frac{1}{2}\left(\frac{1}{n} - \frac{1}{n+2}\right),$$

则级数 $\sum\limits_{n=1}^{\infty} \dfrac{1}{n(n+2)}$ 的部分和

$$S_n = \frac{1}{2} \cdot \left(1 - \frac{1}{3} + \frac{1}{2} - \frac{1}{4} + \frac{1}{3} - \frac{1}{5} + \cdots + \frac{1}{n} - \frac{1}{n+2}\right) = \frac{1}{2} \cdot \left(\frac{3}{2} - \frac{1}{n+1} - \frac{1}{n+2}\right),$$

所以
$$\lim_{n \to \infty} S_n = \lim_{n \to \infty} \frac{1}{2} \cdot \left(\frac{3}{2} - \frac{1}{n+1} - \frac{1}{n+2}\right) = \frac{3}{4},$$

故级数 $\sum_{n=1}^{\infty} \frac{1}{n(n+2)}$ 收敛，和为 $\frac{3}{4}$；

(2) 因
$$S_n = \ln 2 + \ln \frac{3}{2} + \ln \frac{4}{3} + \cdots + \ln\left(1 + \frac{1}{n}\right)$$
$$= \ln\left(2 \cdot \frac{3}{2} \cdot \frac{4}{3} \cdot \cdots \cdot \frac{n+1}{n}\right) = \ln(n+1),$$

所以
$$\lim_{n \to \infty} S_n = \lim_{n \to \infty} \ln(n+1) = \infty,$$

故级数 $\sum_{n=1}^{\infty} \ln\left(1 + \frac{1}{n}\right)$ 发散.

记 $R_n = u_{n+1} + u_{n+2} + u_{n+3} + \cdots$ 为级数 $\sum u_n$ 的**余项**，显然，级数收敛时，余项 $\lim_{n \to \infty} R_n = \lim_{n \to \infty} (S - S_n) = 0$；反之，若余项不趋于 0，则级数发散.

例 7-2 讨论等比级数（几何级数）
$$a + aq + aq^2 + \cdots + aq^n + \cdots$$
的敛散性 $(a \neq 0)$.

解 当 $q \neq 1$ 时，级数部分和
$$S_n = a + aq + \cdots + aq^{n-1} = a \frac{1-q^n}{1-q}.$$

因此，

(1) 当 $|q| < 1$ 时，$\lim_{n \to \infty} S_n = \lim_{n \to \infty} a \frac{1-q^n}{1-q} = \frac{a}{1-q}$，级数收敛，其和为 $\frac{a}{1-q}$.

(2) 当 $|q| > 1$ 时，$\lim_{n \to \infty} S_n = \infty$，级数发散.

(3) 当 $q = 1$ 时，$S_n = na$，级数发散；

当 $q = -1$ 时，$S_{2k} = 0, S_{2k+1} = a, k = 0, 1, 2, \cdots$ 级数发散.

综上所述，几何级数 $\sum_{n=1}^{\infty} aq^{n-1}$，当 $|q| < 1$ 时收敛于 $\frac{a}{1-q}$；当 $|q| \geq 1$ 时发散.

例 7-3 判断调和级数 $\sum_{n=1}^{\infty} \frac{1}{n}$ 的敛散性.

解 级数若收敛，则余项趋于 0，反之则发散. 调和级数的余项

$$R_n = \frac{1}{n+1} + \frac{1}{n+2} + \cdots + \frac{1}{n+n} + \frac{1}{2n+1} + \cdots$$

$$> \frac{1}{n+1} + \frac{1}{n+2} + \cdots + \frac{1}{n+n}$$

$$> \frac{1}{2n} + \frac{1}{2n} + \cdots + \frac{1}{2n} = \frac{n}{2n} = \frac{1}{2}.$$

从而,级数的余项不趋于 0. 因此发散.

定理 7-1 设级数 $\sum u_n$ 与 $\sum v_n$ 分别收敛于 u,v,则对任意常数 a,b,级数 $\sum(au_n + bv_n)$ 也收敛,且其和为 $au + bv$.

定理 7-2 去掉、增加或改变级数的有限项并不改变级数的敛散性.

例如:$\sum_{n=3}^{\infty} \frac{1}{n}$ 为调和级数去掉了前两项,故仍发散.

例 7-4 判定级数 $\sum_{n=1}^{\infty} \left(\frac{1}{2^n} + \frac{1}{3^n}\right)$ 的敛散性,若收敛,求其和.

解 设 $u_n = \frac{1}{2^n}$,$v_n = \frac{1}{3^n}$.

对于级数 $\sum_{n=1}^{\infty} u_n = \sum_{n=1}^{\infty} \frac{1}{2^n} = \sum_{n=1}^{\infty} \frac{1}{2} \cdot \frac{1}{2^{n-1}}$,此为等比数列,且公比 $q = \frac{1}{2} \in (-1, 1)$,故级数 $\sum_{n=1}^{\infty} \frac{1}{2^n}$ 收敛,和为 $S_1 = \frac{1}{2} \cdot \frac{1}{1 - \frac{1}{2}} = 1$.

同理,级数 $\sum_{n=1}^{\infty} v_n = \sum_{n=1}^{\infty} \frac{1}{3^n}$ 收敛,和为 $S_2 = \frac{1}{3} \cdot \frac{1}{1 - \frac{1}{3}} = \frac{1}{2}$.

故级数 $\sum_{n=1}^{\infty} \left(\frac{1}{2^n} + \frac{1}{3^n}\right)$ 收敛,和为 $\frac{3}{2}$.

定理 7-3(级数收敛的必要条件) 若级数 $\sum u_n$ 收敛,则 $\lim_{n \to \infty} u_n = 0$.

推论 若 $\lim_{n \to \infty} u_n \neq 0$,则 $\sum u_n$ 发散.

例如:$\sum_{n=0}^{\infty} (-1)^n = 1 - 1 + 1 - 1 + \cdots$ 发散.

定理的逆命题不成立,即 $\lim_{n \to \infty} u_n = 0$,推不出级数 $\sum u_n$ 收敛. 例如:调和级数 $\sum \frac{1}{n}$.

定义 7-3 若数项级数各项的符号都非负,则称它为**正项级数**.

显然正项级数的部分和数列 $\{S_n\}$ 单调递增,根据数列极限的单调有界定理,只要部分和数列有界(有上界),级数一定收敛.

定理 7-4 正项级数 $\sum u_n$ 收敛的充要条件是其部分和数列 $\{S_n\}$ 有上界.

例 7-5 判断级数 $\sum_{n=1}^{\infty} \frac{1}{n^2}$ 的敛散性.

解 因为对一切 $n \neq 1$,有

$$\frac{1}{n^2} < \frac{1}{n(n-1)} = \frac{1}{n-1} - \frac{1}{n},$$

所以

$$S_n = 1 + \frac{1}{2^2} + \frac{1}{3^2} + \cdots + \frac{1}{n^2} < 1 + \frac{1}{1 \cdot 2} + \frac{1}{2 \cdot 3} + \cdots + \frac{1}{n(n-1)}$$

$$= 1 + \left(1 - \frac{1}{2}\right) + \left(\frac{1}{2} - \frac{1}{3}\right) + \cdots + \left(\frac{1}{n-1} - \frac{1}{n}\right) = 2 - \frac{1}{n}.$$

所以 $S_n < 2$,又因级数 $\sum_{n=1}^{\infty} \frac{1}{n^2}$ 是正项级数,所以收敛.

定理 7-5(比较判别法) 设级数 $\sum u_n$ 与 $\sum v_n$ 都是正项级数,若存在自然数 N,使得对一切 $n > N$,都有 $u_n \leqslant v_n$,那么

(1) 若级数 $\sum v_n$ 收敛,则级数 $\sum u_n$ 也收敛;

(2) 若级数 $\sum u_n$ 发散,则级数 $\sum v_n$ 也发散.

例 7-6 用比较判别法判定下列级数的敛散性:

(1) $\sum_{n=1}^{\infty} \frac{1}{5n-1}$;   (2) $\sum_{n=1}^{\infty} \frac{1}{2^n+3}$.

解 (1) 因 $u_n = \frac{1}{5n-1} > \frac{1}{5n}$,而调和级数 $\sum_{n=1}^{\infty} \frac{1}{n}$ 发散,所以级数 $\sum_{n=1}^{\infty} \frac{1}{5n-1}$ 发散;

(2) 因 $u_n = \frac{1}{2^n+3} < \frac{1}{2^n}$,而等比级数 $\sum_{n=1}^{\infty} \frac{1}{2^n}$ 收敛,所以级数 $\sum_{n=1}^{\infty} \frac{1}{2^n+3}$ 收敛.

例 7-7 讨论 p-级数 $\sum_{n=1}^{\infty} \frac{1}{n^p} = 1 + \frac{1}{2^p} + \frac{1}{3^p} + \cdots + \frac{1}{n^p} + \cdots$ 的敛散性,其中 p 是任意实数.

解 (1) 当 $p = 1$ 时,p-级数就是调和级数 $\sum_{n=1}^{\infty} \frac{1}{n}$,故 p-级数发散;

(2) 当 $0 < p < 1$ 时,有 $\frac{1}{n^p} \geqslant \frac{1}{n}$. 已知调和级数 $\sum_{n=1}^{\infty} \frac{1}{n}$ 发散,根据比较判别法可知,此时 p-级数发散;

(3) 当 $p > 1$ 时,$\forall n \geqslant 2$,有 $\frac{1}{n^p} < \frac{1}{p-1}\left[\frac{1}{(n-1)^{p-1}} - \frac{1}{n^{p-1}}\right]$. 于是,$\forall n \in \mathbf{N}$,有

$$S_n = 1 + \frac{1}{2^p} + \frac{1}{3^p} + \cdots + \frac{1}{n^p} \leqslant 1 + \frac{1}{p-1}\left(\frac{1}{1^{p-1}} - \frac{1}{2^{p-1}}\right)$$

$$+ \frac{1}{p-1}\left(\frac{1}{2^{p-1}} - \frac{1}{3^{p-1}}\right) + \cdots + \frac{1}{p-1}\left[\frac{1}{(n-1)^{p-1}} - \frac{1}{n^{p-1}}\right]$$

$$= 1 + \frac{1}{p-1}\left[\frac{1}{1^{p-1}} - \frac{1}{2^{p-1}} + \frac{1}{2^{p-1}} - \frac{1}{3^{p-1}} + \cdots + \frac{1}{(n-1)^{p-1}} - \frac{1}{n^{p-1}}\right]$$

$$= 1 + \frac{1}{p-1}\left(1 - \frac{1}{n^{p-1}}\right) < 1 + \frac{1}{p-1} = \frac{p}{p-1}.$$

即 p-级数的部分和数列 $\{S_n\}$ 有上界,从而 p-级数收敛;

(4) 当 $p \leq 0$ 时, $\dfrac{1}{n^p} \to 0 (n \to \infty)$,故 p-级数发散.

综上所述,当 $p \leq 1$ 时,p-级数发散;当 $p > 1$ 时,p-级数收敛.

定理 7-6(比值判别法) 设级数 $\sum u_n$ 为正项级数,若 $\lim\limits_{n\to\infty}\dfrac{u_{n+1}}{u_n}=\rho$,则

(1) 当 $\rho < 1$ 时,级数 $\sum u_n$ 收敛;

(2) 当 $\rho > 1$ 或 $\rho = +\infty$ 时,级数 $\sum u_n$ 发散.

注 当 $\rho = 1$ 时,$\sum u_n$ 可能收敛也可能发散,例如:$\sum\limits_{n=1}^{\infty}\dfrac{1}{n}$ 和 $\sum\limits_{n=1}^{\infty}\dfrac{1}{n^2}$.

例 7-8 用比值判别法判定下列级数的敛散性:
(1) $\sum\limits_{n=1}^{\infty}\dfrac{n^2}{3^n}$;　　(2) $\sum\limits_{n=1}^{\infty}\dfrac{(n+1)^2}{n!}$.

解 (1) $\lim\limits_{n\to\infty}\dfrac{u_{n+1}}{u_n}=\lim\limits_{n\to\infty}\dfrac{(n+1)^2 3^n}{3^{n+1} n^2}=\dfrac{1}{3}\lim\limits_{n\to\infty}\left(1+\dfrac{1}{n}\right)^2=\dfrac{1}{3}<1$,

故级数 $\sum\limits_{n=1}^{\infty}\dfrac{n^2}{3^n}$ 收敛;

(2) $\lim\limits_{n\to\infty}\dfrac{u_{n+1}}{u_n}=\lim\limits_{n\to\infty}\dfrac{(n+2)^2 n!}{(n+1)!(n+1)^2}=\lim\limits_{n\to\infty}\dfrac{1}{n+1}\cdot\left(1+\dfrac{1}{n+1}\right)^2=0<1$,

故级数 $\sum\limits_{n=1}^{\infty}\dfrac{(n+1)^2}{n!}$ 收敛.

定理 7-7(根式判别法) 设级数 $\sum u_n$ 为正项级数,若 $\lim\limits_{n\to\infty}\sqrt[n]{u_n}=r$,则

(1) 当 $r < 1$ 时,级数 $\sum u_n$ 收敛;

(2) 当 $r > 1$ 或 $r = +\infty$ 时,级数 $\sum u_n$ 发散.

注 同样,当 $r = 1$ 时,$\sum u_n$ 可能收敛也可能发散,例如:$\sum\limits_{n=1}^{\infty}\dfrac{1}{n}$ 和 $\sum\limits_{n=1}^{\infty}\dfrac{1}{n^2}$.

例 7-9 用根式判别法判定下列级数的敛散性:
(1) $\sum\limits_{n=1}^{\infty}\left(\dfrac{n}{2n+1}\right)^n$;　　(2) $\sum\limits_{n=1}^{\infty}\dfrac{2^n}{3^{\ln n}}$.

解 (1) 由于 $\lim\limits_{n\to\infty}\sqrt[n]{u_n}=\lim\limits_{n\to\infty}\sqrt[n]{\left(\dfrac{n}{2n+1}\right)^n}=\lim\limits_{n\to\infty}\dfrac{n}{2n+1}=\dfrac{1}{2}<1$,因此根据根式判别法知,级数 $\sum\limits_{n=1}^{\infty}\left(\dfrac{n}{2n+1}\right)^n$ 收敛;

(2) 由于 $\lim\limits_{n\to\infty}\sqrt[n]{u_n}=\lim\limits_{n\to\infty}\sqrt[n]{\dfrac{2^n}{3^{\ln n}}}=\lim\limits_{n\to\infty}\dfrac{2}{3^{\frac{\ln n}{n}}}=\dfrac{2}{3^0}=2>1$,因此根据根式判别法知,级数 $\sum\limits_{n=1}^{\infty}\dfrac{2^n}{3^{\ln n}}$ 发散.

定义 7-4 形如 $u_1 - u_2 + u_3 - u_4 + \cdots + (-1)^{n-1} u_n + \cdots$ 正、负相间的级数(其中 $u_n > 0$),称为**交错级数**.

定理 7-8(莱布尼茨判别法) 设交错级数 $\sum (-1)^{n-1} u_n$ 满足:

(1) $u_n \geqslant u_{n+1}$, $n = 1, 2, \cdots$ 即 $\{u_n\}$ 单调递减;

(2) $\lim\limits_{n \to \infty} u_n = 0$,

则交错级数 $\sum (-1)^{n-1} u_n$ 收敛.

例 7-10 判定下列级数是否收敛:

(1) $\sum\limits_{n=1}^{\infty} \dfrac{(-1)^{n-1}}{2^n}$;   (2) $\sum\limits_{n=1}^{\infty} (-1)^n \dfrac{1}{\ln(n+1)}$.

解 (1) 因级数 $\sum\limits_{n=1}^{\infty} \dfrac{(-1)^{n-1}}{2^n} = \sum\limits_{n=1}^{\infty} (-1)^{n-1} \dfrac{1}{2^n}$ 为交错级数,且 $u_n = \dfrac{1}{2^n}$,又

$$u_n = \frac{1}{2^n} > \frac{1}{2^{n+1}} = u_{n+1}, \quad \lim_{n \to \infty} u_n = \lim_{n \to \infty} \frac{1}{2^n} = 0,$$

所以根据莱布尼茨判别法,级数 $\sum\limits_{n=1}^{\infty} \dfrac{(-1)^{n-1}}{2^n}$ 收敛;

(2) 显然 $\sum\limits_{n=1}^{\infty} (-1)^n \dfrac{1}{\ln(n+1)}$ 为交错级数,且

$$\frac{1}{\ln(n+1)} > \frac{1}{\ln(n+2)}, \quad \lim_{n \to \infty} \frac{1}{\ln(n+1)} = 0,$$

由莱布尼茨判别法知,交错级数 $\sum\limits_{n=1}^{\infty} (-1)^n \dfrac{1}{\ln(n+1)}$ 收敛.

习题 7

1. 根据级数收敛的定义,判定下列级数的敛散性:

(1) $\sum\limits_{n=1}^{\infty} \dfrac{1}{(2n-1)(2n+1)}$;   (2) $\sum\limits_{n=1}^{\infty} \dfrac{1}{\sqrt{n} + \sqrt{n-1}}$;

(3) $\sum\limits_{n=1}^{\infty} \dfrac{(-1)^n}{2^n}$;   (4) $\sum\limits_{n=1}^{\infty} \dfrac{3^n}{n}$.

2. $\lim\limits_{n \to \infty} u_n = 0$ 是数项级数 $\sum\limits_{n=1}^{\infty} u_n$ 收敛的( ).

A. 必要不充分条件   B. 充分不必要条件

C. 充要条件   D. 既不充分也不必要条件

3. 当_____时,级数 $\sum\limits_{n=1}^{\infty} \dfrac{a}{q^n}$ ($a \neq 0$) 收敛.

4. 判定下列级数的敛散性:

(1) $\sum\limits_{n=1}^{\infty} \dfrac{1}{n^2 + 1}$;   (2) $\sum\limits_{n=1}^{\infty} \dfrac{1}{3n+1}$;

(3) $\sum_{n=1}^{\infty} \dfrac{1}{\sqrt{n+4}}$;

(4) $\sum_{n=1}^{\infty} \dfrac{1}{(3n+1)^2}$.

5. 判定下列级数的敛散性：

(1) $\sum_{n=1}^{\infty} \dfrac{n+1}{2^n}$;

(2) $\sum_{n=1}^{\infty} \dfrac{n^3}{3^n}$;

(3) $\sum_{n=1}^{\infty} \dfrac{2^n}{n!}$;

(4) $\sum_{n=1}^{\infty} n^2 \sin \dfrac{\pi}{2^n}$.

6. 判定下列级数是否收敛：

(1) $\sum_{n=1}^{\infty} (-1)^{n-1} \dfrac{1}{\sqrt{n}}$;

(2) $\sum_{n=1}^{\infty} (-1)^{n-1} \dfrac{1}{3^n}$.

金融应用篇

第 8 章 利息理论

学习目的
1. 掌握度量利息的工具：利率、贴现率、利息力及它们之间的区别；
2. 熟练掌握实际利率、名义利率与贴现率之间的关系；
3. 灵活运用各种度量工具计算现值和累积值.

引 言

生活中哪里需要用到利息？为什么有利息？古典学派认为"利率是资本的价格"，凯恩斯认为"利率是货币的使用价格". 而银行里的利率种类很多，如下表.

人民币存款利率表 2012-07-06

项目	年利率(%)
一、城乡居民及单位存款	
（一）活期存款	0.35
（二）定期存款	
1. 整存整取	
三个月	2.85
六个月	3.05
一年	3.25
二年	3.75
三年	4.25
五年	4.75
2. 零存整取、整存零取、存本取息	
一年	2.85
三年	2.90
五年	3.00

这些利率分别代表什么意思？彼此之间又是什么关系？利率与利息是相同概念吗？这都是我们这章要解决的.

第1节 利息的基本函数

通过利息(Interest)的存在本质,我们可以得到如下定义:利息是借用他人资金所需支付的成本,或出让资金所获得的报酬.而之所以存在利息是因为资金的稀缺性和货币的时间价值性.

在这节里我们将重点介绍几个跟利息这个概念有关的基本函数,为下一节利息的相关计算做个铺垫.

一、累积函数(Accumulation Function)

累积函数是指期初的1元本金在时刻 t 的累积值,通常被记为 $a(t)$. 它是度量利息的最基本工具,其他度量工具都是由此函数推导出来的. 它具有如下性质:

(1) $a(0) = 1.$ (8-1)

(2) $a(t)$ 通常是时间的递增函数.

(3) 当利息是连续产生时,$a(t)$ 是时间的连续函数;当利息是跳跃产生时,$a(t)$ 是离散型函数.

注 一般假设利息是连续产生的.

例 8-1 考察下面常见的函数是否满足累积函数的性质.

(1) 常数:$a(t) = 1$;
(2) 线性:$a(t) = 1 + 0.1t$;
(3) 指数:$a(t) = (1 + 0.1)^t$.

这些函数对应哪些生活中的实例?

若把这几个函数通过图形表示出来,则可看到它们的显著区别,指数函数的增长幅度远远大于线性和常数函数.

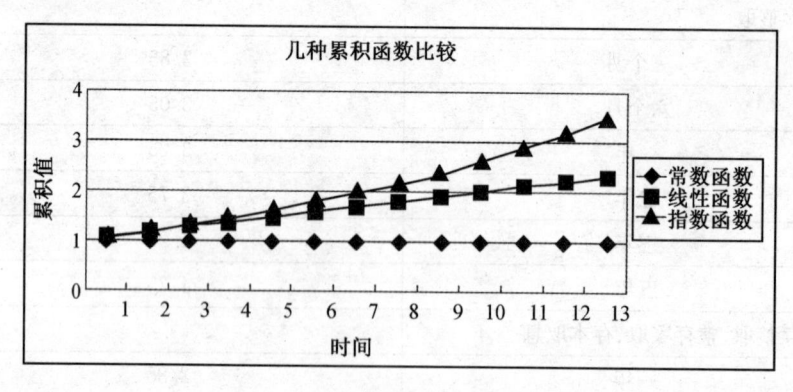

图 8-1

由累积函数我们可以派生出另一种函数——金额函数(Amount Function). 当原始投资不是1个单位的本金,而是 k 个单位时,则把 k 个单位本金的原始投资在时刻 t 的积累值记为 $A(t)$,称为金额函数.其性质与累积函数很相似:

(1) $A(0) = k$;
(2) $A(t) = k \cdot a(t), k > 0, t \geqslant 0.$ (8-2)

二、利息(Interest)的数学定义

从投资之日算起,在第 n 个时期所获得的利息金额记为 $I(n)$,则

$$I(n) = A(n) - A(n-1), n \geqslant 1. \tag{8-3}$$

利息金额 $I(n)$ 在整个时期内产生,但在最后时刻实现.则金额函数 $A(t)$ 在任意时间段 $[t_1, t_2]$ 内所获得的利息金额按照定义可得为

$$I[t_1, t_2] = A(t_1, t_2) = A(t_2) - A(t_1). \tag{8-4}$$

假设两个储户,分别在银行存入了1万元、1千元的一年期定期储蓄,如果到期后银行都付给他们同样的利息金额20元,你认为合理吗?

假如期初投资的每1单位的本金都具有同样的产生利息的能力,则上述现象很明显不合理.

为了表示单位货币价值的相对变化幅度,我们需要在利息函数的基础上引入一种更精确的度量方法:"利率".

三、利率

利率等于一定的货币量在一段时间内的变化量(利息)与期初货币量的比值,用数学表示如下:

利率＝利息/期初本金;
利息＝利率×期初本金.

利率通常以百分数来表示.

由此可得任意 $[t_1, t_2]$ 期间产生的实际利率为: $[t_1, t_2]$ 内总量函数 $A(t)$ 的变化量与期初货币量的比值,记为

$$i_{t_1, t_2} = \frac{A(t_2) - A(t_1)}{A(t_1)} = \frac{I(t_1, t_2)}{A(t_1)}. \tag{8-5}$$

特别地,若 $t_2 = n, t_1 = n-1$,则

$$i_n = \frac{A(n) - A(n-1)}{A(n-1)} = \frac{I(n)}{A(n-1)}. \tag{8-6}$$

这里定义的利率被称为实际利率,注意与后面定义的名义利率相区别.

结论 8-1 由利率的定义有

$$i_n = \frac{a(n) - a(n-1)}{a(n-1)} = \frac{I(n)}{a(n-1)}. \tag{8-7}$$

证明略.

掌握了利息的基本函数,我们要来讨论下与利息有关的两个计算过程:一个是求期初的

本金累积到时刻 t 的价值,我们使用累积函数;另一个是求期末的资金相当于在期初时的多少价值,我们使用的是贴现函数.

第 2 节　利息的计算

一、从现值求累积值

这种计算在现实生活中经常被使用到,例如:银行的存款到期价值、股票收益累积等. 这些具体应用我们在后面的章节还会进一步介绍. 前面已经提到现值求累积值我们要用到累积函数. 接下来我们会更加具体讨论如何来计算一个累积函数,它需用到哪些度量工具,及常用到的计息方法.

1. 度量工具:利率

度量累积值的工具就是上节介绍的利率,这里我们会更加详细地阐述不同的利率分类及彼此之间的关系.

根据在一定时期内度量利息的频率不同我们将利率分为:实际利率、名义利率、利息力. 我们首先介绍如何利用实际利率来计算累积值,其他的利率计算方法原理是一样的,放在后面讨论.

(1) 实际利率

实际利率常简称为利率,用百分比来表示. 此种利率具有如下特点:

① 只要使用利率这种计息工具我们都是在期末支付利息,这是利率与贴现率的重要区别;

② 本金在整个时期视为常数,一般是作为已知条件给出来的;

③ 通常的计息期为标准时间单位,如年、月、日,在这期间利息只支付一次,若无特别说明,实际利率是指计息期为一年;

④ 实际利率可对任何时期来计算. 第 n 个时期的实际利率根据前面利率的定义可得以下公式:

$$i_n = \frac{A(n) - A(n-1)}{A(n-1)} = \frac{I(n)}{A(n-1)}.$$

例 8-2　把 1 000 元存入银行,第 1 年末存款余额为 1 020 元,第 2 年末存款余额为 1 050元,求第一年和第二年的实际利率分别是多少.

解　因为 $A(0) = 1\,000, A(1) = 1\,020, A(2) = 1\,050$,所以

$$I(1) = A(1) - A(0) = 20,$$

$$I(2) = A(2) - A(1) = 30.$$

$$i_1 = \frac{I(1)}{A(0)} = \frac{20}{1\,000} = 2\%;$$

$$i_2 = \frac{I(2)}{A(1)} = \frac{30}{1\,020} = 2.94\%.$$

(2) 名义利率、利息力见第 8 章第 3 节.

2. 计息方式

(1) 单利

假设在期初投资 1 单位,在每个时期末得到完全相同的利息金 I,即只有本金产生利息,而利息不会产生新的利息,这种计息方式称为单利,i 称为单利率.

单利的累积函数满足下述性质:

① $a(0) = 1$;

② $a(1) = 1+i$;

③ $a(t) = 1+it$. (8-8)

上述单利的累积函数对 $t \geqslant 0$ 的整数值才有定义.

结论 8-2 单利具有一个直观性质:

$$a(t+s) - a(t) = a(s) - 1, \ t \geqslant 0, s \geqslant 0. \quad (8-9)$$

从时间 t 开始到时间 $t+s$ 所产生的利息等于从时间 0 开始到时间 s 所产生的利息,即相同的时期产生相同的利息.

证明:只要套用单利的性质即可得到结论.

每个时期中所获得利息金额相等,每个时期的实际利率是否也相等?

结论 8-3 相应于单利的第 n 个时期的实际利率 i_n 是一个关于 n 的单调递减的函数. n 的值越大,实际利率越小.

证明:只要把单利的性质代入到实际利率的公式中即可求出结论.

$$i_n = \frac{1+i \times n - [1+i \times (n-1)]}{1+i \times (n-1)} = \frac{i}{1+i \times (n-1)}.$$

例 8-3 若每年单利为 8%,求投资 2 000 元在 4 年后的累积值和利息.

解 累积值为

$$A(4) = 2\,000(1+4 \times 8\%) = 2\,640.$$

所得利息的金额为

$$2\,640 - 2\,000 = 640 = 2\,000 \times 8\% \times 4.$$

我们根据单利的性质很容易推导出:

利息金额 = 本金 × 单利率 × 时期.

在前面的例子里我们讨论的都是时期为一整年的情况,如果计息时期不是整年,我们又该如何用单利计算它的利息呢? 下面我们将介绍几种特殊的确定投资时期的方法:

① "实际/365"规则:即投资天数按两个日期之间的实际天数计算,每年按 365 天计算.

② 银行家规则(Banker's Rule):"实际/360",投资天数按两个日期之间的实际天数计算,而每年按 360 天计算.

③ "30/360"规则:在计算投资天数时,每月按 30 天计算,每年按 360 天计算. 在此规则下,两个给定日期之间的天数可按下述公式计算:

$$360(Y_2 - Y_1) + 30(M_2 - M_1) + (D_2 - D_1), \quad (8-10)$$

其中支取日为 Y_2 年 M_2 月 D_2 日,存入日为 Y_1 年 M_1 月 D_1 日.

例 8-4 若在 1999 年 6 月 17 日存入 1 000 元,到 2000 年 3 月 10 日取款,年单利利率为 8%,试分别按下列规则计算利息金额:

(1) "实际/365"规则;

(2) "实际/360"规则;

(3) "30/360"规则.

解 (1) 从 1999 年 6 月 17 日到 2000 年 3 月 10 日的精确天数为 267,因此在"实际/365"规则下,$t = 267/365$,利息金额为:

$$1\,000 \times 0.08 \times 267/365 = 58.52.$$

(2) 在"实际/360"规则下,实际天数为 267,$t = 267/360$,利息金额为:

$$1\,000 \times 0.08 \times 267/360 = 59.33.$$

(3) 在"30/360"规则下,两个日期之间的天数为:

$$360 \times 1 + 30 \times (3-6) + (10-17) = 263.$$

因此 $t = 263/360$,利息金额为:

$$1\,000 \times 0.08 \times 263/360 = 58.44.$$

(2) 复利

复利指利息收入被再次计入下一期的本金,即所谓的"利滚利".

复利的累积函数满足以下性质:

① 考虑期初投资 1,它在第一年末的积累值为 $1+i$;

余额 $1+i$ 可以在第二期初再投资,在第二期末积累值将达到

$$(1+i) + (1+i)i = (1+i)^2;$$

在第三期末将达到 $(1+i)^2 + (1+i)^2 i = (1+i)^3$;

一直持续下去……对于整数时期 t,累积函数为

$$a(t) = (1+i)^t. \tag{8-11}$$

以上公式对于非整数 t,同样有效.

② 复利率为常数时则实际利率也为常数.

证明略.

③ 单利与复利之间的关系(如下图所示):

(A) 单利的实际利率逐期递减,复利的实际利率保持恒定(见图 8-2);

(B) 当 $0 < t < 1$ 时,单利比复利产生更大的累积值(见图 8-3);

(C) 当 $t > 1$ 时,复利比单利产生更大的累积值(见图 8-3);

(D) 当 $t = 1$ 或 0 时,单利和复利产生相同的累积值(见图 8-3).

单利VS复利的实际利率图

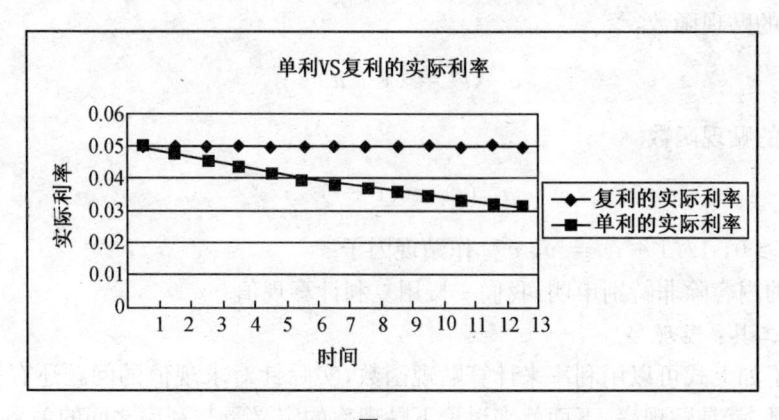

图 8-2

单利VS复利的累积函数图

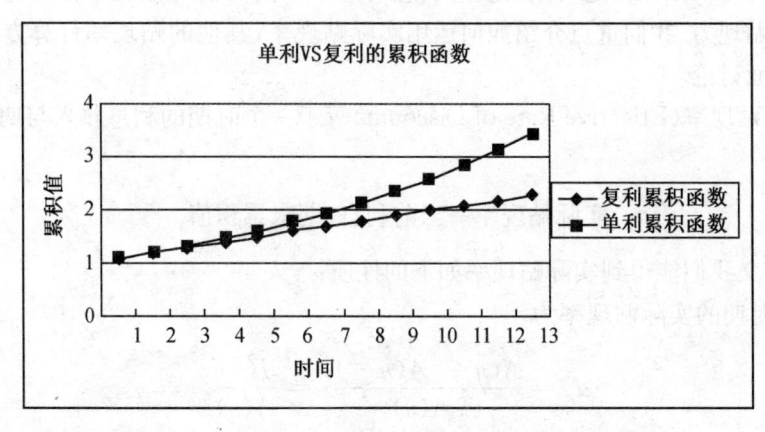

图 8-3

例 8-5 按复利或单利分别计算,当年利率为 11% 时,开始应投资多少元钱才能使第 5 年的本金和利息总和积累到 1 000 元?

解

单利计息时,$A(0) \times (1 + 5 \times 11\%) = 1\,000 \Rightarrow A(0) = 645.16$;

复利计息时,$A(0) \times (1 + 11\%)^5 = 1\,000 \Rightarrow A(0) = 593.47$.

在期初开始时应投资多少,才能使得年末的本金和利息总额恰好为 1?

这是一个求现值的过程,即贴现过程与累积过程互逆. 时刻 t 的 1 个货币单位在时刻 0 的价值称为贴现值.

二、从累积值求现值

从累积值求现值这种计算在现实生活里也不少见,最典型的就是发放债券时,承诺了将来的债券面值,但现在要花多少钱购买此种债券比较合理呢? 计算这个现值就要用到贴现函数了. 首先我们来介绍下贴现函数.

贴现函数是一个求现值的过程,即贴现过程,与累积过程互逆,是累积函数的倒数函数,用 $a^{-1}(t)$ 表示. 因为我们知道单利和复利的累积函数不同,所以采取单利和复利计息的贴现函数也因此不同.

① 单利的贴现函数
$$a^{-1}(t) = (1+it)^{-1};\quad(8-12)$$

② 复利的贴现函数
$$a^{-1}(t) = (1+i)^{-t}.\quad(8-13)$$

式中,$t \geqslant 0$,$1/(1+i) = v$,v 称作贴现因子.

在后面的内容除非特别申明,我们一概用复利计算现值.

1. 度量工具:贴现率

我们除了如上式可以用利率来计算贴现函数,实际针对求现值的问题还有一个专门度量利息的工具,就是贴现率.下面就来讨论下贴现率的定义及与利率之间的关系.

和利率一样,根据在一定时期内度量利息的频率不同我们将贴现率分为:实际贴现率、名义贴现率、贴现力.我们重点介绍如何运用实际贴现率,其他的贴现率计算方法原理是一样的,放在后面讨论.

(1) 实际贴现率(Effective Rate of Discount)等于一个时期的利息收入与期末累积值之比:

实际贴现率＝当前利息/期末累积值.

(2) 由定义我们能得到实际贴现率如下的性质:

① 第 n 时期的实际贴现率为
$$d_n = \frac{A(n)-A(n-1)}{A(n)} = \frac{I(n)}{A(n)}.\quad(8-14)$$

② 当单利率为 i 时,单贴现率为
$$d_n = \frac{a(n)-a(n-1)}{a(n)} = \frac{(1+i\cdot n)-[1+i(n-1)]}{1+i\cdot n} = \frac{i}{1+i\cdot n},\quad(8-15)$$

是 n 的单调递减函数.

③ 当复利率为 i 时,复贴现率为
$$d_n = \frac{a(n)-a(n-1)}{a(n)} = \frac{(1+i)^n - (1+i)^{n-1}}{(1+i)^n} = \frac{i}{1+i},\quad(8-16)$$

是常数.

假设某人有一张在一年以后到期的 100 元的票据,由于急需现金,他到银行去贴现.如果银行只支付给他 90 元,即预先扣除 10 元的贴现值,那么贴现率就是 $10 \div 100 = 10\%$. 银行在期初支出的 90 元,在期末可以累积到 100 元,故这 90 元产生的利息是 10 元,利率为 $10 \div 90 = 11\%$.

(3) 利率与贴现率的关系

从上例可以看出,对于同样一笔业务,利息与贴现值在量上是相等的,只不过利息是在期末收取的,而贴现值是在期初收取的;利率说明了资本在期末获得利息的强度,而贴现率说明了资本在期初获得利息的强度.

对于等价的利率 i 和贴现率 d 有如下关系式：

① 由利率的定义得

$$i = \frac{d}{1-d} > d. \tag{8-17}$$

此式表明，如果某人用他未到期的 1 元，从银行换得 $1-d$ 的现值，就意味着银行用 $1-d$ 的投资，在期末可以累积到 1 元，即在期末赚取 d 元的利息，因此该交易的实际利率是 $d/(1-d)$.

② 由贴现率的定义得

$$d = \frac{i}{1+i} < i. \tag{8-18}$$

由于贴现值是在期初预收的，而利息是在期末赚取的，因此此式表明，如果将 1 元投资 1 个时期，并在期初预收利息，那么可以获得 d 元的利息；如果在期末收取利息，那么可以获得 i 元的利息. 将期末获得的利息 i 按贴现因子 v 向期初贴现，即得期初预收的利息为 d.

③
$$d = \frac{i}{1+i} = 1 - \frac{1}{1+i} = 1 - v. \tag{8-19}$$

因此有 $v = 1 - d$. 此式表明，期末的 1 元在期初的现值既可以表示为 v，也可以表示为 $1-d$. 故贴现函数也可表示为：

$$a^{-1}(t) = v^t = (1-d)^t, \tag{8-20}$$

累积函数可表示为：

$$a(t) = v^{-t} = (1-d)^{-t}. \tag{8-21}$$

不作特别说明贴现率是指的实际贴现率，通常用来衡量和表示短期债券的利息.

例 8-6 若现有面额为 100 元的零息债券在到期前一年的时刻价格为 95 元，同时，一年期储蓄的利率为 5.25%，如何进行投资选择？存款还是购买债券？

解 （1）从贴现角度看：

零息债券的贴现率　$d = 5\%$；

而储蓄的贴现率　$d = i/(1+i) = 4.988\% < 5\%$，

因此投资债券合算.

（2）从利息的角度看：

零息债券的利率　$d = 5\% = 1/20$，

$$i = 1/19 = 5.26\%;$$

而储蓄的利率为 $5.25\% < 5.26\%$，

因此投资债券合算.

在本节的最后，我们将累积函数和贴现函数的有关结论简单归纳如下：累积函数和贴现函数既可以用利率表示，也可以用贴现率表示. 换言之，计算累积值时，既可以用利率，也可以用贴现率;计算现值时也一样,既可以用利率,也可以用贴现率.

① 用复利的利率计算:

累积函数:$a(t) = (1+i)^t$;

贴现函数:$a^{-1}(t) = (1+i)^{-t}$;

② 用贴现率计算:

累积函数:$a(t) = (1-d)^{-t}$;

贴现函数:$a^{-1}(t) = (1-d)^t$.

第3节 小区间的利息度量工具

思考:储蓄、保险、债券投资等金融业务通常会涉及许多不同的期限,比如,目前银行开设的人民币整存整取定期储蓄业务包括3个月、6个月、1年、2年、3年和5年六个档期,它们各自的利率相互之间如何比较?

如何解读以下金融信息:"一年定期存款利率7.9%/收益率8.15%"或"资金拆借市场利率8.00%/收益率8.30%"?

考虑下述两笔贷款:

① 贷款100万,年利率为12%,每年末支付一次利息,每次支付12万.

② 贷款100万,年利率为12%,每月末支付一次利息,每次支付1万.

这两个利率有何不同?你愿意选择哪笔贷款?为什么?

要回答上面的问题我们需要引入一个新的概念——名义利率.

一、名义利率

在之前的学习中我们知道从现值求累积值我们常用的度量工具是实际利率,即在每个度量时期末结转利息一次的利率.而现实生活中,我们常会遇到上面例题里的情况,在一个度量时期内要求多次结转利息,如上题每个月结转一次,一年就12次,这时我们就要用到一种叫名义利率的度量方法,来简化我们的计算.

假设银行的贷款利率是12%,如果借款人从银行借得期限为1年、金额为100元的贷款,那么他一年的利息金额为12元.如果银行要求借款人在年末支付12元利息,那么上述的贷款利率12%为实际利率.如果银行要求借款人在每个季度末支付全年利息的1/4,即3元,那么上述利率就是名义利率.在名义利率条件下,尽管借款人全年支付的利息总额仍然是12元,但由于平均支付时间提前,所以借款人的实际利息成本增加.换言之,在名义利率条件下,借款人每季度末支付3元利息,本金为100元,所以每季度的实际利率为3/100=3%,由此可见,上述名义利率实际上度量的是每个季度的实际利率.

定义名义利率的目的是给出不足一年的一个时期的实际利率,它度量了资本在小区间内获得利息的能力.假设月实际利率为1%,那么与这个月实际利率相对应的年名义利率被定义为1%×12=12%.我们所说的名义利率又叫年名义利率,用$i^{(m)}$表示($m \geqslant 1$,m为整数),它表示每年结转m次利息,即每$1/m$年支付一次利息.通过这个年名义利率,我们可以得到相对的每$1/m$年的实际利率为$i^{(m)}/m$.

例 三个月定期存款的年利率为 3.1%,含义是什么?

答案:表明 $i^{(4)} = 3.1\%$,三个月的实际利率为 $3.1\% \div 4$,存 1 000 元满 3 个月可得利息 $1\,000 \times 3.1\%/4 = 7.75$(元).

例 8 - 7 假设储蓄业务的年利率如下,如何比较这些利率?

表 8 - 1 存款利率(%)

	活期	定期					
		3 个月	6 个月	1 年	2 年	3 年	5 年
年名义利率	0.72	1.80	2.25	2.25	3.06	3.69	4.14

问题:1 万元可以投资一年,请比较投资 3 个月的定期存款和投资一年期的定期存款,哪个合算? 当 3 个月期的利率为多少时,两种投资没有差异?

解 3 个月的实际利率为 $1.80\% \div 4 = 0.45\%$,1 年下来的累积值为 $(1+0.45\%)^4 = 1.018\,12$. 1 年期存款的实际利率为 2.52%,1 年下来的累积值为 $1.025\,2$.

结论:直接投资 1 年合算.

$$\left(1+\frac{i^{(4)}}{4}\right)^4 = 1+2.52\%,$$

$$i^{(4)} = 2.496\,5\%.$$

所以 3 个月期的名义利率为 $2.496\,5\%$ 与一年期的定期存款一样.

和上面方法类似我们可以得出一年中不同计息次数所对应的年实际利率如下:

	活期	定期					
		3 个月	6 个月	1 年	2 年	3 年	5 年
年名义利率	0.72	1.80	2.25	2.25	3.06	3.69	4.14
实际年利率	0.723	1.812	2.263	2.52	3.015	3.562	3.834

小于一年时,实际利率大于名义利率;超过一年时,实际利率小于名义利率.

接下来我们讨论下名义利率与等价的实际利率有怎样的关系. 通过上面的例子可见如果用 $i^{(m)}$ 表示一年复利 m 次的年名义利率,那么每次复利的实际利率就是 $i^{(m)}/m$,年末的累积值为 $\left(1+\dfrac{i^{(m)}}{m}\right)^m$,它应该等于以年实际利率 i 计算的年末累积值 $1+i$,即

$$\left(1+\frac{i^{(m)}}{m}\right)^m = 1+i \quad \text{或} \quad i = \left(1+\frac{i^{(m)}}{m}\right)^m - 1. \qquad (8-22)$$

由实际利率表示的名义利率为

$$i^{(m)} = m[(1+i)^{\frac{1}{m}} - 1]. \qquad (8-23)$$

回到开始的例题:贷款 100 万,年利率为 12%,每月末支付一次利息,每次支付 1 万,求等价的年实际利率是多少.

解 在没有特别说明的情况下,年利率表示名义利率.

$$i^{(12)} = 12\%,$$

$$i = \left(1 + \frac{i^{(12)}}{12}\right)^{12} - 1 = (1 + 1\%)^{12} - 1 = 12.68\%.$$

在实务中,可以使用 Excel 的"EFFECT"计算实际利率,用"NOMINAL"计算名义利率.譬如:本例中,名义利率为 $i^{(12)} = 12\%$,因此只要在 Excel 的一个单元格中输入"=EFFECT(0.12,12)"并回车,即可得到实际利率为 0.126 8.反之,如果给出年实际利率为 0.126 8,在 Excel 的一个单元格中输入"=NOMINAL(0.126 8,12)"并回车,即可得到每年复利 12 次的名义利率为 0.12.

在年名义利率一定的条件下,每年的结转次数(复利次数)越多,年实际利率将越大.

二、名义贴现率

与名义利率一样,我们也可以定义名义贴现率(Nominal Rate of Discount),$d^{(m)}$($m>1$),它度量的是一个小区间内的实际贴现率,是每 $1/m$ 时期之始支付一次贴现值,即每 $1/m$ 时期的实际贴现率是 $d^{(m)}/m$.譬如:如果年名义贴现率为 6%,每个月贴现 1 次,那么每月的实际贴现率为 $6\%/12 = 0.5\%$.

如果用 $d^{(m)}$ 表示年名义贴现率,每 $1/m$ 年贴现一次,那么每 $1/m$ 年的实际贴现率为 $d^{(m)}/m$,因此年末的 1 元在年初的现值为 $(1-d^{(m)}/m)^m$,它应该等于按年实际贴现率 d 计算的现值 $(1-d)$,即 $(1-d^{(m)}/m)^m = 1-d$.

故由年名义贴现率表示的年实际贴现率为:

$$d = 1 - (1 - d^{(m)}/m)^m. \tag{8-24}$$

由年实际贴现率表示的年名义贴现率为:

$$d^{(m)} = m[1 - (1-d)^{1/m}]. \tag{8-25}$$

名义利率与名义贴现率之间存在密切的关系,通过这些关系,可以进行名义利率与名义贴现率之间的相互转换.通过前面的名义利率与实际利率之间的关系得用名义利率计算的年末累积值,它应该等于用实际贴现率表示的累积值,再套用实贴现与名义贴现的关系,得如下关系式:

$$(1+i^{(m)}/m)^m = 1+i = (1-d)^{-1} = (1-d^{(n)}/n)^{-n}, \tag{8-26}$$

其中一年复利 m 次,一年贴现 n 次.

例 8-8 确定每季度复利一次的名义利率,使它等价于每月贴现一次的 6% 的名义贴现率.

解 $\left(1 + \frac{i^{(4)}}{4}\right)^4 = \left(1 - \frac{d^{(12)}}{12}\right)^{-12} = \left(1 - \frac{6\%}{12}\right)^{-12} \Rightarrow i^{(4)} = 0.06.$

三、利息力

在前面的学习中我们了解到,年实际利率度量了一年内平均获取利息的能力;而名义利率给出了当计息期不足一年时,在小区间内的资本获取利息的能力;进而我们想到,当这个计息期无限小时,即任意瞬间,如何来度量资本获取利息的能力?这要用到一个新的工具,利息力.

利息力的应用也很广,在金融衍生市场我们通常用利息力来度量利息.

利息力度量了资金在每一时点(也就是在无穷小的时间区间内)增长的强度.

接下来我们根据利息力的定义,推导其计算公式:

首先我们观察任意时间区间 $[t, t+h]$ 的实际利率为

$$\frac{a(t+h)-a(t)}{a(t)}. \tag{8-27}$$

我们可以把一年分为 $1/h$ 个这样的区间,则根据年名义利率的公式:在 $[t, t+h]$ 的实际利率 = 该区间的年名义利率 / $1/h$,即得

该区间的年名义利率 = 在 $[t, t+h]$ 的实际利率 $\times 1/h$.

得到:

$$\frac{a(t+h)-a(t)}{a(t)} \times \frac{1}{h} = \frac{a(t+h)-a(t)}{h \times a(t)} \tag{8-28}$$

我们通过求极限得出在时刻 t 的瞬间利息增长强度(即利息力):

$$\lim_{h \to 0} \frac{a(t+h)-a(t)}{h \cdot a(t)} = \frac{a'(t)}{a(t)}. \tag{8-29}$$

设累积函数连续可导,则时刻 t 的利息力为

$$\delta_t = \frac{a'(t)}{a(t)}. \tag{8-30}$$

当 $h \to 0$ 时意味着连续结转利息,利息力就是在连续结转利息时的名义利率.

在复利情况下在 t 时刻的利息力通过基本函数的导数公式很容易得出如下形式:

$$\delta_t = \frac{a'(t)}{a(t)} = (\ln a'(t)). \tag{8-31}$$

复利的利息力是常数与时间无关.

等式两边从 0 到 t 求积分得

$$\int_0^t \delta_s \times \mathrm{d}s = \int_0^t (\ln a'(s)) \times \mathrm{d}s = \ln a(t) - \ln a(0) = \ln a(t). \tag{8-32}$$

因此累积函数可以表示为

$$a(t) = (1+i)^t = \mathrm{e}^{\delta_t}. \tag{8-33}$$

与利息力的定义相对应,贴现力(Force of Discount)被定义为贴现函数的单位变化率.贴现力与利息力是等价的.因为利率与贴现率的区别在于,利息是期末赚取的,而贴现值是在期初预收的.由此产生了利率与贴现率的不同.而当我们观察的时区变为一个瞬间时,期

初和期末就成了同一个点,所以利息力和贴现力相等.

习题 8

1. 某人 2006 年 1 月 1 日在银行存入 10 000 元,期限为 1 年,年利率为 3%. 1 月末,银行的 1 年期存款利率上调了 100 个基点. 请分析此人是否有必要对该笔存款转存. 假设活期存款利率不变,为 1%. 1 年按 360 天计算,每月按 30 天计算. 假设情景：2007 年 1 月末需要使用这笔存款.

   注：定期存款若提前支取,按活期计息. 一个基点为 0.01%. 利率调整幅度通常能被 9 整除. 因为一年按 360 天计息.

2. 在以下两种情况下计算 100 元在两年底的终值：季度结算名利率 6%,每四年结算一次的名利率 6%.

3. 某投资者今天在基金中存入 10,在 15 年后又存入 30. 如果基金前 10 年按每季度贴现一次的名义贴现率 d 计息,10 年后按每半年复利一次的年名义利率 6% 计息. 在 30 年后,投资者在基金中的累积值为 120. 请计算 d 的值.

4. 某人需要 5 万元的一年期贷款,市场中现有两种可能的融资机会：
   (A) 一年期贷款年利率 5%；
   (B) 利率小于 5%,但最低贷款额度为 10 万元.
   如果一年期可能的投资利率为 3%. 问：要使两种方式等价,方式 B 的最大可接受利率为多少？

5. 一张尚需 6 个月才到期的票据,其面值 2 000 元. 按 6% 的名义贴现率贴现,每个季度贴现一次,计算该票据的现值.

6. 如果现在投资 1 000 元,3 年后投资 2 000 元,在 10 年后的全部收入为 5 000 元,计算半年结转的年名义利率. 请说明年名义利率与年实际利率关系.（提示：价值方程的利息计算）

第 9 章 年 金

> **学习目的**
> 1. 掌握期初年金、期末年金及延期年金的计算原理;
> 2. 灵活运用年金的方法解决金融保险领域的问题.

引 言

在我们现实生活中常会遇到分期付款的现象.比如:贷款100万购买房子,分20年还清,每个月还多少?

再如:30岁的李先生,现在是企业的中层管理人员,有社保.他想打造高品质、高保障的福禄晚年,让自己的晚年高枕无忧,为自己投保了中国人寿的"国寿福禄满堂养老年金保险(分红型)",选择十年交保费,每年交保费12 000元,累积交保费12万元.他选择平准领取年金,从60岁开始领取至年满85周岁为止,每年领取9 792元,25次共计领取养老金244 800元.假如领取期间身故,将按约定领取期限内尚未领取的各期养老年金之和一次性给付身故保险金,合同终止.这样的保障是否合理?

解决这些问题我们都要引入下面的一个概念:年金.

年金(Annuity)是指以相等的时间间隔进行的一系列收付款行为,也指固定的时间周期以相对固定的方式发生的现金流.例如:养老金、按揭贷款的分期付款、固定收益产品的定期固定收入现金流等.有时将年金的收付款金额简称为年金.年金有如下两大类:

① 确定年金(Annuity-Certain):即无条件、确定发生的年金.
② 未定年金(Contingent-Annuity):年金的发生是有条件的、不确定的.

付款期(Payment Period)指两次年金收取之间的时间间隔.本章只考虑确定年金.

年金现金流是许多复杂现金流的基础,是利率计算的最直接的一种应用.年金的计算问题主要包括年金的现值和终值计算两大类.

在这里我们只考虑最简单的一种年金方式:支付款周期与利息结算周期相同,我们称之为基本年金.基本年金主要可分为期末年金和期初年金两种典型情形及在此基础上延伸的延期年金、永续年金.

下面我们将分别讨论这些基本年金的现值和终值如何计算.

第 1 节 期末付年金

期末付年金(Annuity-Immediate)指年金支付期为 n,每个时期末付款1个货币单位.时间流程图如图9-1所示.

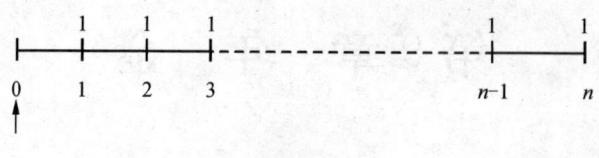

接下来我们分别讨论下这种年金的现值和终值.

一、期末付年金的现值

年金现值(Present Value)是一系列付款在期初的价值之和. 记号 $a_{\overline{n}|i}$ 表示比较日选为 0 时刻的 n 期期末年金的所有年金金额的现值之和. a 是年金的英文单词的第一个字母,n 表示年金现金流的次数,i 表示年金的计算利率. 在只有一个利率时,也可简记为 $a_{\overline{n}|}$. 根据第 8 章利息理论中求现值的计算方法可知,在第 1 个时期末付款 1 的现值为 v,在第二个时期末付款 1 的现值为 v^2,这样继续下去直到第 n 个时期末付款 1 的现值为 v^n,故计算公式为

$$a_{\overline{n}|} = v + v^2 + \cdots + v^n = \frac{v(1-v^n)}{1-v} = \frac{1-v^n}{i}, \qquad (9-1)$$

其中 v 为贴现因子. 用时间轴表示如图 9-2 所示.

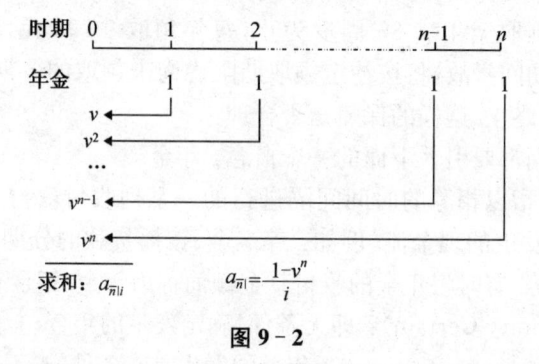

图 9-2

计算期末年金现值的 Excel 命令为"PV(i, n, −1)". 譬如:若计算年利率 5%、每年末支付 1 的 10 年期年金的现值,则在 Excel 的一个单元格中输入"=PV(5%, 10, −1)"并回车,即得年金的现值为 7.72. 若上述年金每次支付为 200 元,则 Excel 命令"=PV(5%, 10, −200)",结果为 1 544.35.

二、期末付年金的终值

期末付年金的终值也被称作累积值:n 期期末付年金在 n 时的累积值之和记为 $s_{\overline{n}|}$,i 表示每期的实际利率(可省略).

在第 1 个时期末付款 1 的累积值为 $(1+i)^{n-1}$,在第二个时期末付款 1 的累积值为 $(1+i)^{n-2}$,这样继续下去,直到第 n 个时期末付款 1 的累积值为 1,故

$$s_{\overline{n}|} = 1 + (1+i) + \cdots + (1+i)^{n-1} = \frac{1-(1+i)^n}{1-(1+i)} = \frac{(1+i)^n - 1}{i}, \qquad (9-2)$$

其中 $1+i$ 是累积因子,时间轴表示如图 9-3 所示.

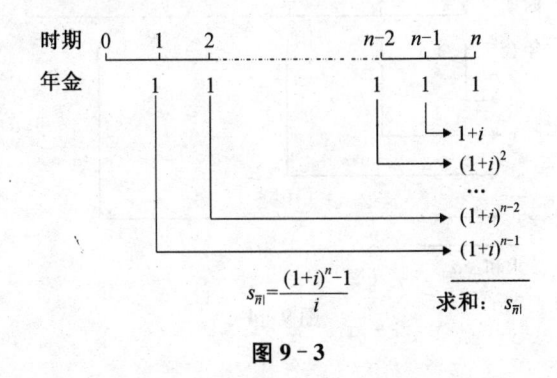

图 9-3

计算期末年金终值的 Excel 命令为"FV(i, n, −1)".

结论 9-1 期末付年金现值与期末付年金终值具有如下关系:

(1) $$1 = ia_{\overline{n}|} + v^n. \tag{9-3}$$

含义:在无风险的市场中,资金的投入和回报应该在同一时间点的价值相等.基于此,可知在投资开始的 0 时期,初始投资 1,历时 n 个时期;在每个时期,此投资 1 将产生在期末支付的利息 i,这些利息在 0 时期的现值为 $ia_{\overline{n}|}$,在第 n 个时期末,收回本金 1,其现值为 v^n. 而投资和回报在 0 时期的价值应该相等.

(2) $$s_{\overline{n}|} = a_{\overline{n}|}(1+i)^n. \tag{9-4}$$

含义:累积值等于现值乘以积累因子.

(3) $$\frac{1}{a_{\overline{n}|}} = \frac{1}{s_{\overline{n}|}} + i. \tag{9-5}$$

证明如下:

$$\frac{1}{s_{\overline{n}|}} + i = \frac{i}{(1+i)^n - 1} + i = \frac{i + i \cdot [(1+i)^n - 1]}{(1+i)^n - 1} = \frac{i \cdot (1+i)^n}{(1+i)^n - 1} = \frac{i}{1 - v^n} = \frac{1}{a_{\overline{n}|}}.$$

第 2 节 期初付年金

期初付年金(Annuity-Immediate)指年金支付期为 n,每个时期初付款 1 个货币单位. 同样我们来分别讨论下其现值和终值的计算.

一、期初付年金的现值

此年金现值用记号 $\ddot{a}_{\overline{n}|i}$ 表示.计算方法与期末年金类似,其时间轴表示如图 9-4 所示.

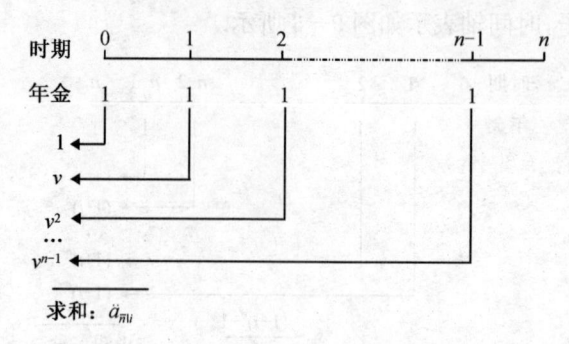

图 9-4

故计算公式为

$$\ddot{a}_{\overline{n}|} = 1 + v + \cdots + v^{n-1} = \frac{1-v^n}{1-v} = \frac{1-v^n}{d}. \tag{9-6}$$

计算期初年金现值的 Excel 命令为"PV(i, n, −1, , 1)",其中最后一个"1"表示期初支付,前面有两个逗号.

二、期初付年金的终值

n 期期初付年金在 n 时的累积值之和记为 $\ddot{s}_{\overline{n}|}$. 用时间轴表示如图 9-5 所示.

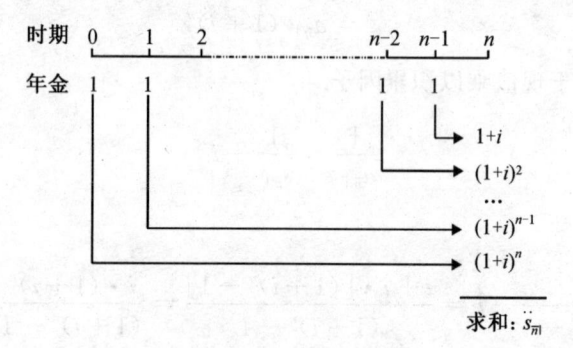

图 9-5

故计算公式为:

$$\ddot{s}_{\overline{n}|} = (1+i) + \cdots + (1+i)^n = (1+i)[1 + \cdots + (1+i)^{n-1}]$$
$$= (1+i)\frac{(1+i)^n - 1}{(1+i) - 1} = \frac{(1+i)^n - 1}{d}. \tag{9-7}$$

计算期初年金终值的 Excel 命令为"FV(i, n, −1, , 1)",其中最后一个"1"表示期初支付,前面有两个逗号.

结论 9-2 期初付年金现值与期初付年金终值具有如下关系:

(1) $$\ddot{s}_{\overline{n}|} = \ddot{a}_{\overline{n}|}(1+i)^n; \tag{9-8}$$

(2) $$\frac{1}{\ddot{a}_{\overline{n}|}} = \frac{1}{\ddot{s}_{\overline{n}|}} + d. \tag{9-9}$$

证明与期末付年金的现值与终值的关系证明雷同,这里不再赘述.

结论 9-3 期末付年金与期初付年金具有如下关系:

(1) $$\ddot{a}_{\overline{n}|} = (1+i)a_{\overline{n}|};\tag{9-10}$$

(2) $$\ddot{s}_{\overline{n}|} = (1+i)s_{\overline{n}|};\tag{9-11}$$

(3) $$\ddot{a}_{\overline{n}|} = 1 + a_{\overline{n-1}|};\tag{9-12}$$

(4) $$\ddot{s}_{\overline{n}|} = s_{\overline{n+1}|} - 1.\tag{9-13}$$

证明 如果将期初付年金看作是金额为 $(1+i)$ 的期末付年金,然后对其求现值和终值,就能得到上述的关系.

第3节 延期年金

延期年金(Deferred Annuity)是指年金的首次发生是递延了一段时间后进行的. 递延 m 期的延期年金时间流程图如图 9-6 所示.

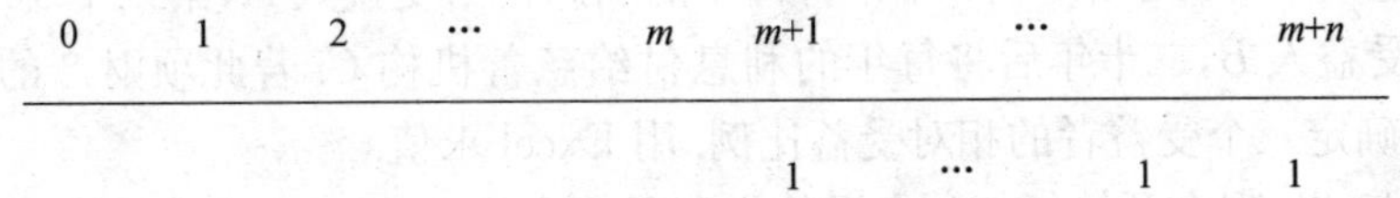

```
 0   1   2  ···   m   m+1  ···  m+n
─────────────────────────────────────
                     1   ···   1   1
```

图 9-6

从现金流看该年金为期末付延期年金相当于一个 $m+n$ 期期末年金扣除一个 m 期期末年金. 因此期末付延期年金现值可记为 ${}_{m|}a_{\overline{n}|}$,其公式为:

$${}_{m|}a_{\overline{n}|} = v^m a_{\overline{n}|} = a_{\overline{m+n}|} - a_{\overline{m}|}.\tag{9-14}$$

延期年金的现值为两个定期年金的现值之差,其数值等于 $v^m a_{\overline{n}|}$.

第4节 永续年金

若年金的支付现金流永远进行下去没有结束的日期,我们称这样的年金为永续年金(Perpetuity). 记号 $a_{\overline{\infty}|}$ 表示永续期末年金的现值之和,即

$$a_{\overline{\infty}|} = v + v^2 + \cdots = \frac{1}{i}.\tag{9-15}$$

证明 $a_{\overline{\infty}|} = \lim_{n\to\infty} a_{\overline{n}|} = \lim_{n\to\infty} \frac{1-v^n}{i} = \frac{1}{i}.$

类似地,记号 $\ddot{a}_{\overline{\infty}|}$ 表示永续期初付年金的现值之和,即

$$\ddot{a}_{\overline{\infty}|} = 1 + v + v^2 + \cdots = \frac{1}{d}.\tag{9-16}$$

从现金流看,n 年的期末付年金可看作一个永续年金和延期 n 年的永续年金之差,其现

值和可表示为：

$$a_{\overline{n}|} = a_{\overline{\infty}|} - {}_{n|}a_{\overline{\infty}|} = \frac{1}{i} - v^n \cdot \frac{1}{i} = \frac{1-v^n}{i}. \qquad (9-17)$$

习题 9

1. 有一笔 1 000 万元的贷款，为期 10 年，若年实际利率为 9%，试对下列三种还款方式比较其利息总量：
   (A) 本金和利息在第 10 年末一次还清；
   (B) 每年产生利息在当年末支付，而本金在第 10 年末归还.
   (C) 在 10 年期内，每年末偿还相同的金额.

2. 某人现在开始每年定期地投入同一笔钱，希望在第 12 年底(下一年度定期投入的前一瞬间)得到 100 万元的回报，如果利率为 7%，计算每年的投入金额.

3. 某年金共有 7 次付款 1，分别在第 3 期末到第 9 期末依次支付，求此年金的现值和在第 12 期末的积累值.

4. 某人留下遗产 10 万元. 第一个 10 年将每年的利息付给受益人 A，第二个 10 年将每年的利息付给受益人 B，二十年后将每年的利息付给慈善机构 C. 若此项财产的年实际收益率为 7%，确定三个受益者的相对受益比例. 用 Excel 求值.

5. 某人现年 40 岁，现在开始每年初在退休金账号上存入 1 000 元，共 25 年. 然后，从 65 岁开始每年初领取一定的退休金，共计 15 年，设前 25 年的利率为 8%，后 15 年利率为 7%. 计算每年的退休金.

6. 一份保险合同规定，年金受益人可在每年末从保险公司领取 2 000 元，一共领取 10 年. 如果年金受益人希望将此年金暂存在保险公司，并在第 15 年末一次领取，又假设保险公司同意按 5% 的年利率支付利息，那保险公司 15 年末一次性支付的金额应该多少？

7. 某投资者向一基金存入 10 000 元，基金的年实际利率为 5%，如果该投资者希望在今后的 5 年内每个季度末领取一笔等额收入，试计算该投资者每次可以领取多大金额. (提示：每年 m 次支付年金)

第10章 投资收益分析

学习目的
1. 了解投资收益分析的两种方法：贴现现金流分析法和收益率法；
2. 了解投资收益分配的两种方法：投资组合法和投资年方法.

引 言

例 某股民的股票买卖和资金收益情况如下表所示.

时间/年	交易情况	费用	红利分配
0	买入1 000股，每股5.00元	2%	
0.5	用红利收入买入股票每股4.00元	无	0.2元/股
1	另购入500股，每股4.50元	2%	
1.5	以每股5.00元出售所有股票	2%	0.25元/股

如何分析这些数据，评价这个投资的收益水平. 这是我们在这一章里要解决的问题.

投资都是以收益为目的的. 所谓收益(Yield)是指投资者在一定的时间内将一定的资本经过投资活动取得的收入. 衡量收益效果的简单方法是考虑投资价值的变化量. 为了计算投资收益我们就要观察分析投资现金流，这一章实际是第9章年金方式现金流的实际应用. 本章将以投资活动为背景介绍基本的价值分析方法.

虽然现实中的投资活动千差万别，但是如果将各类投资活动的价值分析方法抽象出来，还是有一些基本的原理和方法. 这里我们只讨论两个基本的价值分析工具：贴现现金流分析法和收益率法.

第1节 贴现现金流分析

在介绍贴现现金流分析技术(Discounted Cash Flows，简称DCF分析)之前我们有必要先对投资过程进行现金流刻画. 同样的一次现金流发生对交易双方来说流量相同，但流向却完全相反. 例如：存款(Deposit)或缴费(Contribution)对投资者来说是资金流出，而对投资资金(Fund)本身来说是资金流入，一般从投资资金的角度看，用字母C(Contribution)表示某个时刻的资金净流入量，用字母R表示某个时刻的资金净流出量，例如：$C>0$表示投资者有一笔净流出，投资资金有一笔净流入；而取款(Withdrawal)或收入(Return)对投资者来说都表示资金流向为净流入，对投资资金本身表示净流出.

一、净现值法

净现值法 NPV(Net Present Value)就是对任意一组从时刻 0 到时刻 n 发生的"收益"现金流 $R_0, R_1, R_2, \cdots, R_n$ 以年利率 i 计算该投资收益的现值和,在投资之初的净现值表示为 $P(i)$. 数学表达式为:

$$P(i) = \text{NPV}(i) = \sum_{t=0}^{n} v^t R_t = \text{资金流入的现值} - \text{资金流出的现值}. \quad (10-1)$$

净现值大于零,表示项目有利可图. 净现值越大,表示项目的收益越好.

例 10-1 一个 10 年的投资项目:第一年初投资者投入 10 000 元,第二年初投入 5 000元,然后,每年初只需维护费用 1 000 元. 该项目期望从第六年底开始有收益:最初为 8 000 元,然后每年增加 1 000 元. 用 DCF 方法(即 NPV)讨论该项目的投资价值.

解 用 DCF 方法的语言表述从投资一方看该项目的现金流如表 10-1 所示.

表 10-1 投资项目的贴现现金流分析

时刻 t	投入	收益	C_t	R_t
开始 $t=0$	10 000	0	10 000	−10 000
第 1 年底 $t=1$	5 000	0	5 000	−5 000
第 2 年底 $t=2$	1 000	0	1 000	−1 000
第 3 年底 $t=3$	1 000	0	1 000	−1 000
第 4 年底 $t=4$	1 000	0	1 000	−1 000
第 5 年底 $t=5$	1 000	0	1 000	−1 000
第 6 年底 $t=6$	1 000	8 000	−7 000	7 000
第 7 年底 $t=7$	1 000	9 000	−8 000	8 000
第 8 年底 $t=8$	1 000	10 000	−9 000	9 000
第 9 年底 $t=9$	1 000	11 000	−10 000	10 000
第 10 年底 $t=10$	0	12 000	−12 000	12 000
总计	23 000	50 000	−27 000	27 000

该项目前 10 年的 NPV 函数为

$$P(i) = 1\,000(-10 - 5v - v^2 - v^3 - v^4 - v^5 + 7v^6 + 8v^7 + 9v^8 + 10v^9 + 12v^{10}),$$
$$v = (1+i)^{-1}.$$

二、收益率法

投资收益率表示当收入资金的现值与投入资金的现值相等时,所对应的利率. 它实际上是一种临界利率,为了使项目在开始时刻的价值收支平衡. 现实生活中常用内部回报率 IRR (Internal Rate of Return)表示这个量.

投资收益率(Yield Rate)的具体的计算方法是求得一个收益率使投资项目现金流量按此收益率贴现后,得出的净现值为零,即:

$$\mathrm{NPV}(i) = \sum_{t=0}^{n} v^t R_t = 0. \qquad (10-2)$$

从而提供了投资收益率的盈亏临界点. 在有资本限额的情况下多使用这种投资评价方法. 收益率越大,表示项目的收益越高.

例 10-2 如果期初投资 20 万元,可以在今后的 5 年内每年末获得 5 万元的收入. 假设投资者 A 所要求的年收益率为 7%,投资者 B 所要求的年收益率为 8%,试通过净现值法和收益率法分别分析投资者 A 和投资者 B 的投资决策.

解 (1) 该项目的净现值 $\mathrm{NPV}(i) = -20 + 5 \times a_{\overline{5}|}$.

按 A 所要求的收益率 7% 计算,净现值为 0.5 万元,大于零,可投资;

按 B 所要求的收益率 8% 计算,净现值为 -0.036 万元,小于零,不可投资.

(2) 如果令净现值等于零,即 $-20 + 5 \times a_{\overline{5}|} = 0$,

可以计算出该项目的收益率为 7.93%.

大于 A 所要求的收益率(7%),可行;

小于 B 所要求的收益率(8%),不可行.

关于收益率有以下几点说明:

(1) 收益率是直观地评价在投资期限内的可能年平均收益水平.

讨论例 10-1 的收益率. 项目前 10 年的收益率满足以下方程:

$$1\,000(-10 - 5v - v^2 - v^3 - v^4 - v^5 + 7v^6 + 8v^7 + 9v^8 + 10v^9 + 12v^{10}) = 0,$$

解得 $i = 12.96\%$,而且是唯一解. 如果只考虑前 9 年的投资情况,通过求解类似的方程可以得到该项目在前 9 年的收益率近似为 9%;如果考虑前 8 年的情况,收益率近似为 4%. 因此,投资期限对收益率的影响是非常重要的.

(2) 收益率的存在性和唯一性.

对于确定的一组现金流,它的收益率应该是唯一的,但是因为它的求解方程是高次方程,所以它的解可能不是唯一的. 例如:已知 $R_0 = -100, R_1 = 230, R_2 = -132$,则 NPV 为:

$$P(i) = -100 + 230v - 132v^2 \quad \text{或} \quad (1+i)^2 - 2.3(1+i) + 1.32 = 0.$$

此方程的解为 10% 或 20%,有两种收益率.

当收益率不唯一时,无法用收益率比较投资项目的优劣. 那么,是否可以用净现值比较呢? 答案也是不行的. 因为当收益率不唯一时,净现值不再是利率的单调递减函数.

那面对一组现金流我们如何能尽快判断出其收益率是否唯一? 是否可以使用净现值法和收益率法来评价一个投资项目? 这里我们介绍最常见的两方法判断收益率的唯一性:

准则一 在项目中所有的现金流动只改变一次方向,即前期业务的所有净资金都是相同的流向,后期业务都是相反方向的净资金流向.

准则二 用估算的收益率计算资金净流入的累积值,如果始终为负,直至在最后一年末才为零,那么这个收益率就是唯一的.

思考:下列投资项目哪个更加有利:
(A) 投资 5 年,每年的收益率为 9%;
(B) 投资 10 年,每年的收益率为 8%.

这个题的答案是无法比较的.因为使用收益率来比较各种投资方案只有当所有方案的投资期限都相同时才有效.项目 A 结束后,可以再投资 5 年,我们还必须考虑再投资的收益率.

第 2 节 再投资分析

这里所讲的再投资严格地说是指本金第一次计息后的利息收入以新的投资利率进行的投资.接下来我们通过一些例题更好地理解再投资的计算方法.

例 10-3 考虑两种可选的投资项目:
(A) 投资 5 年,每年的利率为 9%;
(B) 投资 10 年,每年的利率为 8%.
如果两种投资在 10 年期间的收益无差异,计算项目 A 在 5 年后的再投资收益率应为多少?

解 $(1+0.09)^5(1+i)^5=(1+0.08)^{10} \Rightarrow i=7.01\%$.

例 10-4 有一笔 1 000 万元的贷款,期限为 10 年,年实际利率为 9%,有下列三种还款方式:
(1) 本金和利息在第 10 年末一次还清;
(2) 每年末偿还当年的利息,本金在第 10 年末归还;
(3) 在 10 年内每年末偿还相同的金额.
假设偿还给银行的款项可按 7% 的利率再投资,试比较在这三种还款方式下银行的年收益率.

解 (1) 贷款在 10 年末的累积值为
$$1\,000 \times 1.09^{10} = 2\,367.36,$$
价值方程:
$$1\,000 \times (1+i)^{10} = 2\,367.36,$$
解得 $i=9\%$.

(2) 所有付款在第 10 年末的累积值为
$$1\,000 + 90 s_{\overline{10}|0.07} = 1\,000 + 90 \times (13.816\,4) = 2\,243.48,$$
价值方程:
$$1\,000(1+i)^{10} = 2\,243.48,$$
解得 $i=8.42\%$.

(3) 所有付款在第 10 年末的累积值为

$$\left[\frac{1\,000}{a_{\overline{10}|\,0.09}}\right]s_{\overline{10}|\,0.07} = (155.82) \times (13.816\,4) = 2\,152.88,$$

价值方程：

$$1\,000(1+i)^{10} = 2\,152.88,$$

解得 $i = 7.97\%$.

第3节 投资收益分配

在投资问题中除了前面考虑的有不同时刻的资本投入和提取造成的特殊收益率计算外，还有投资基金因为组成的多样化而造成的收益率计算问题. 有些投资资金是由不同的个体投资者组成，例如：养老基金是由许多个人账户组成的，每个账户不能单独进行投资必须通过参加基金的整体投资，然后在投资收益中占有相应的份额，这些个人账户随时有资本的投入，整个基金也随时再进行投资和收益. 那么该如何计算每个账户的收益率呢？与前面的类似还是从资本量和投资时间两方面考虑.

一、投资组合方法（Portfolio）

这种方法是以基金的全部收入为基础，计算平均的年收益率. 基金中每个账户都以该年收益率计算收益. 这种方法适用于基金的收益率水平一直保持恒定的情况. 按照基金的平均收益率，以及每个投资者的投资额和投资时间，向每个投资者分配利息收入. 例如：如果基金的收益率一直保持在 6% 的水平，某个投资者的投资额是 10 000 元，存入基金的时间是 9 个月，那么应该分配给他的利息收入应该是 $10\,000(1+0.06)^{0.75} - 10\,000 = 446.71$(元).

在较短的时间内这种方法是简单易行的，但是如果投资期限较长，特别是利率波动较大时采用平均利率的方法就可能会带来很大的不公平. 因为采用这种方法时，无论每个投资者是何时开始参加投资的，在每个投资年度的年收益率都是一样的.

思考：

—假设基金在最近 3 年的平均年收益率为 8%，

—当年的收益率达到了 10%，

—如果对新投资者仍然以 8% 分配收益，

—结果：可能会使其放弃对该基金的投资，或者不能吸引更多的新投资者. 如何解决？用投资年度方法分配收益.

二、投资年方法（Investment Year）

这种方法适用于收益率波动较大的情况，对新存入的资金在若干年内按投资年度利率分配利息，而超过一定年数（例如 5 年）以后，再按组合利率分配利息. 其中投资年度利率是考虑到投资发生日期的利率，投资发生的日期不同，投资年度利率是不同的. 而投资组合利率是不同年度投资的平均利率. 银行和保险公司通常愿意采用投资年方法，以吸收储蓄和投保. 一般情况下,当利率上升时,投资年方法优于投资组合法;反之,则有相反的结论.

投资年方法的实际操作步骤是:构造一个二维的利率表,如表 10-2 所示,每一行代表原始的投资日期(用 x 表示),前面几列代表用投资年方法计算的年度内已经经过的投资时间,用 t 表示,最大年限记为 m. 每个投资都可以用原始投资年度 x 和当前日期 $x+t$ 标识. 当采用投资年方法时(投资时间不超过 m),对应的利率记为 i_t^x,当投资时间超过了投资年方法的年限 m,则一律将利率记为 i_{x+t},这时采用投资组合法的利率. 为了简化,一般以一年为单位,且所有的资金变动都是在年初进行的.

表 10-2 投资年方法示例 $m=5$ 单位:%

投资年度 x	投资年度利率(%)					组合利率(%) i_{x+t}	日历年度 $x+5$
	i_1^x	i_2^x	i_3^x	i_4^x	i_5^x		
2000	6.50	6.70	6.85	6.90	7.00	6.79	2005
2001	7.00	7.00	7.10	7.10	7.20	7.08	2006
2002	7.00	7.10	7.20	7.30	7.40	7.20	2007
2003	7.25	7.35	7.50	7.55	7.60		
2004	7.50	7.50	7.60	7.70			
2005	8.00	8.00	7.90				
2006	8.00	8.10					
2007	8.20						

当投资发生的时间超过了投资年方法的年限 5 年分配利息时,采用组合利率. 这是一种平均化的利率,它不考虑投资的开始时间. 例如:2000 年投资到 2006 年,投资期限超过 5 年,故 2006 年时使用的利率为 7.08%;同样,2001 年投资到 2006 年,投资期也超过 5 年,这种投资在 2006 年的利率也是 7.08%.

在投资期间 5 年内我们采用投资年利率. 例如:2000 年投资,其后 5 年内(2000~2004 年)按投资年利率分配利息,而 2005 年之后按组合利率分配利息. 由此得到这个投资者从 2000 年至 2007 年的分配利率分别是:6.50%,6.70%,6.85%,6.90%,7.00%,6.79%,7.08%,7.20%.

值得注意的是,在表 10-2 中,投资年利率的上标表示投资发生的年度,下标表示投资年数. 例如:i_5^{2000} 表示 2000 年开始投资了 5 年至 2004 年末使用的分配利率;而 i_{2005} 表示若某个投资时间超过 5 年的投资,其在 2005 年分配收益时采用的组合利率,从表中读出为 6.79%.

例 10-5 某投资者在 2001 年向投资基金存入 1 000 元,试根据表 10-2 所示的利息分配法计算该投资者在 2006 年和 2007 年可获得的利息收入.

解 投资者存入的资金在 2005 年末的累积值为:

$$1\,000\times(1.070)\times(1.070)\times(1.071)\times(1.071)\times(1.072)=1\,407.80(元),$$

在 2007 年末的累积值为:

$$1\,000 \times (1.070) \times (1.070) \times (1.071) \times (1.071) \times (1.072) \times (1.070\,8) \times (1.072)$$
$$= 1\,616.01(元),$$

故在 2006 年和 2007 年可以获得的利息收入为:
$$1\,616.01 - 1\,407.80 = 208.21(元).$$

习题 10

1. 某项目的初始投资为 50 000 元,并将产生如下净现金流入:第 1 年末 15 000 元,第 2 年末 40 000 元,第 3 年末 10 000 元. 求该项目的收益率.
2. 投资者将 10 000 元存入一家银行,期限为 10 年,年利率为 5%,如果在五年半之内取款,银行将扣除取款额的 6% 作为罚金. 投资者分别在第 4,5,6,7 年末取款 k. 10 年末,这笔存款的余额为 10 000 元. 求 k.
3. 一个投资者购买了一项 5 年期的金融产品,该产品满足下列条件:(1) 该投资者在 5 年内的每年初可以获得 1 000 元;(2) 这些款项将按年利率 4% 计息,并在每年末,所获利息又以 3% 的年利率进行再投资. 如果该投资者需要获得 4% 的年收益率,请计算该投资者应该支付的购买价格.
4. 某投资者在 20 年内每年初向银行存入 500 元,银行以 i% 的年利率在每年末支付利息. 这些利息以 $(i/2)$% 的年利率进行再投资. 整个投资在 20 年中的年实际收益率为 8%. 请计算 i.
5. 某投资人分别在 2009 年、2010 年和 2011 年的年初投资了 10 000 元. 请根据下表的数据计算该投资者在 2011 日历年度所获得的利息.

投资年度 x	投资年度利率(%)		组合利率(%) i_{x+2}	日历年度 $x+2$
	i_1^x	i_2^x		
2009	9.00	10.00	11.00	2011
2010	7.00	8.00		
2011	5.00			

第11章 债务偿还

> **学习目的**
> 灵活运用等额分期偿还的计算方法解决债务问题.

引　言

在贷款业务中,每次分期还款后,借款人的未偿还的债务在当时的价值如何衡量?例如:某家庭现有一个三十年代住房抵押贷款的分期还贷款,在已经付款 12 年后,因为意外的一笔收入,希望一次将余款付清,应付多少?本章将就债务偿还的问题讨论两种方法:分期偿还法(Amortization Method)和偿债基金法(Sinking Fund Method).

分期偿还法指借款人分期偿还贷款,在每次偿还的金额中,既包括当期应该支付的利息,也包括一部分本金.

偿债基金法指借款人在贷款期间分期偿还贷款利息,并要积累一笔偿债基金,用于贷款到期时一次性偿还贷款本金.

我们下面重点介绍分期偿还法中一个比较常见的偿还方式.

第1节　等额分期偿还

借款人在分期偿还贷款时,每次偿还的金额既可以相等,也可以不等.本节讨论的分期偿还法属于等额偿还,这是最基本和最常见的一种方法.

在等额分期偿还法中,需要解决的问题包括:
① 每次偿还的金额是多少?
② 未偿还的本金余额(Loan Balance)是多少?
③ 在每次偿还的金额中,利息和本金分别是多少?
下面我们就这三个问题一一解决.

一、每次偿还的金额

若借款人等额分期偿还,而贷款的本金是 L_0,期限为 n 年,年实际利率为 i,每年末等额偿还 R,则根据期末年金的方法每次偿还的金额 R 可表示为 $R = \dfrac{L_0}{a_{\overline{n}|i}}$.

二、未偿还本金余额

这个量从文字表述上也可以称为"未结贷款余额""未付余额""剩余贷款债务"等. 它实

际是计算在贷款业务中每次分期还款后,借款人的未偿还的债务在当时的价值. 例如:某家庭现有一个三十年的住房抵押贷款的分期还贷款,在已经付款 12 年后,因为意外的一笔收入希望一次将余款付清,应付多少?

计算这个量的常用方法有两种:将来法(Prospective)和过去法(Retrospective). 顾名思义,前者是用剩余的所有分期付款现值之和表示某个时刻的贷款余额;后者是用原始贷款额的累积值扣除所有已付款项的累积值表示某个时刻的贷款余额. 可以证明,两种方法的结果是一致的. 下面我们分别介绍这两个方法.

假设贷款的本金是 L_0,期限为 n 年,年实际利率为 i,每次偿还的金额为 R,确定 t 时刻尚未偿还的贷款.

方法一 将来法(prospective method):
- 把将来需要偿还的金额折算成计算日(k 时)的现值,即得未偿还本金余额.
- 第 k 期末,将来还需偿还 $(n-k)$ 次,故未偿还本金余额为

$$L_k = Ra_{\overline{n-k}|i} = \frac{L_0}{a_{\overline{n}|i}} a_{\overline{n-k}|i}. \tag{11-1}$$

方法二 过去法(retrospective method):
- 从原始贷款本金的累积值中减去过去已付款项的累积值.
- 原始贷款本金为 $L_0 = R * a_{\overline{n}|}$,累积到时刻 k 的值为 $L_0(1+i)^k$,而已经偿还的款项到时刻 k 的累积值等于 $Rs_{\overline{k}|i}$,故未偿还本金余额为:

$$L_k = L_0(1+i)^k - Rs_{\overline{k}|i}. \tag{11-2}$$

结论 11-1 将来法与过去法等价.

证明:

$$L_k = L_0(1+i)^k - Rs_{\overline{k}|i} (\text{过去法})$$
$$= (1+i)^k Ra_{\overline{n}|i} - Rs_{\overline{k}|i}$$
$$= R\left[(1+i)^k * \frac{1-v^n}{i} - \frac{(1+i)^k - 1}{i}\right]$$
$$= R * \frac{1-v^{n-k}}{i}$$
$$= Ra_{\overline{n-k}|i}. (\text{将来法})$$

三、每期偿还的本金和利息

在等额分期偿还方法中,每次偿还的金额是 R,这个金额包含本金(Principle)和利息(Interest). 在分期付款中,首先偿还利息,然后偿还本金. 故我们有必要进一步计算下在每次的偿还款中多少还了利息,多少是还的本金.

记 L_{k-1} 为第 $k-1$ 次还款后的未偿还贷款余额,也是第 k 期初的未偿还本金余额,设第 k 次的还款额为 R,利息部分为 I_k,本金部分为 P_k,则有

$$I_k = iL_{k-1} = iRa_{\overline{n-k+1}|} = R(1-v^{n-k+1}), \tag{11-3}$$
$$P_k = R - I_k = R \cdot v^{n-k+1}.$$

其中 $k=1,2,\cdots,n$. 由此可见利息是 k 的减函数,即利息在开始时支付最多,然后逐渐减少;本金是 k 的增函数,越到后期还在本金的金额占比例越多. 如图 11-1 所示.

30 年贷款,贷款利率 6%,每年还款 3 万元,本息图示如图 11-1 所示.

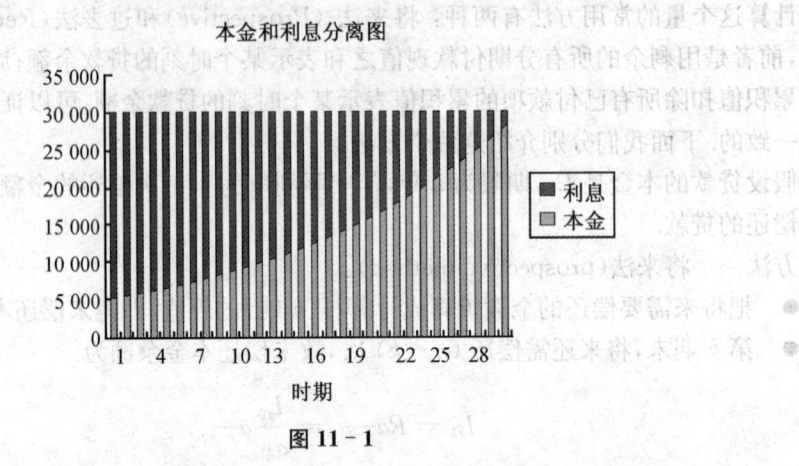

图 11-1

例 11-1 一笔贷款的期限为 2 年,年实际利率为 6%,每季度等额偿还一次,如果第一年末偿还的本金为 2 000 元,试计算在第二年末应该偿还的本金.

解 已知年实际利率为 6%,故季度实际利率为

$$i = (1+0.06)^{0.25} - 1 = 1.467\%,$$

第四次偿还本金:$P_4 = R * v^{8-4+1} = Rv^5$,

第八次偿还本金:$P_8 = R * v^{8-8+1} = Rv$.

故 $\dfrac{P_8}{P_4} = v^4 = (1+i)^4$,即

$$P_8 = P_4 * (1+i)^4 = 2\,000 * (1.014\,67)^4 = 2\,120(\text{元}).$$

第 2 节 等额偿债基金

等额偿债基金是指借款人分期偿还贷款利息,同时积累一笔偿债基金,用于贷款到期时一次性清偿贷款本金.

例 假设某人从银行获得 10 000 元的贷款,期限为 5 年,年利率为 6%. 双方约定:

(1) 借款人每年末向银行支付 600 元利息;

(2) 借款人在银行开设一个存款账户,每年末向该账户存入 1 791.76 元,该账户按 5.5% 的利率计算利息. 到第 5 年末,该账户的累计余额正好是 10 000 元,用于偿还贷款本金.

这里借款人在银行开设的该账户就是偿债基金(Sinking Fund).

等额偿债基金法需要解决的问题:

① 借款人在每年末的付款总金额,包括:向偿债基金的储蓄额、支付贷款利息;

② 每年末的贷款净额；
③ 借款人每年实际支付的利息.
面对这两种还债方法,对借款人而言,下列哪种方法更加有利?

分期偿还法：贷款利率为 i;

偿债基金法：贷款利率为 i,偿债基金利率为 j.

可以知道当 $i>j$ 时等额分期偿还更加有利.当贷款利率与偿债基金的利率相等时,等额偿债基金法等价于等额分期偿还法.

习题 11

1. 一笔贷款在 n 年内分期偿还,每年末的偿还金额为 X 元, $n>5$,且已知:

    (1) 第一期付款的利息金额为 604.00 元;

    (2) 第三期付款的利息金额为 593.75 元;

    (3) 第五期付款的利息金额为 582.45 元.

    试计算 X.

2. 一笔 35 年期的贷款以等额分期方式偿还,每年末偿还一次.第 8 次分期付款的利息金额为 135 元.第 22 次分期付款的利息金额为 108 元.请计算第 29 次分期付款的利息金额.

3. 一笔 100 000 元的 30 年期贷款,年实际利率为 5%,以等额分期方式偿还,每年末偿还一次,试求分期付款中利息金额最接近于付款金额 1/3 的年份.

4. 一笔 10 年期的贷款,在每年末偿还 R 元.已知:

    (1) 在头 3 年中,偿还的本金金额总和为 290.35 元;

    (2) 在最后 3 年中,偿还的本金金额总和为 408.55 元.

    计算在整个偿还期内,支付的利息金额为多少.

第二部分

金融产品定价理论

如果说利息理论是金融数理的基础,那么接下来金融产品的定价理论可谓是金融数理的核心,也是两次"华尔街革命"的卓越成果。

为了更准确地研究描述不确定环境下的金融现象,我们在基础数学篇简要介绍一些概率论的知识和方法。

基础数学篇

第12章 随机事件及其概率

学习目的
1. 掌握事件的关系和简单运算的方法,掌握概率的性质,会进行概率的基本运算;
2. 掌握古典概型,掌握条件概率的定义和性质,掌握概率的乘法公式,并能灵活运用、掌握全概率公式和贝叶斯公式;
3. 掌握事件独立性的概念,掌握伯努利型随机试验的概念,能熟练判断并运用二项概率公式计算.

概率论与数理统计是从数量化的角度来研究现实世界中的一类不确定现象(随机现象)及其规律性的一门应用数学学科.近几十年来,随着科技的蓬勃发展,这门学科已大量应用到国民经济、工农业生产及各学科领域.

第1节 随机事件

一、随机事件的概念

客观现象包括两种——必然现象和随机现象,都表现为一定条件与所出现结果之间的某种联系形式.在概率论中称实现一定条件为试验,人们正是通过试验去研究随机现象的.概率论中将具有下述三个特点的试验称为**随机试验**,简称**试验**:

(1) 试验可以在相同的条件下重复进行;
(2) 各次试验的可能结果不止一个,所有可能的结果在试验前就已经明确知道;
(3) 每次试验之前不能确定哪一个结果会出现.

定义12-1 随机试验的每一个可能出现的结果,称为**基本事件**或**样本点**,记作 ω. 所有基本事件的全体,称为**样本空间**,记作 Ω.

例如:(1) 对编号为 $1, 2, \cdots, 100$ 的一批产品进行质检时,从中任取一件,记 $\omega_i =$ "取得第 i 号产品",则样本空间为 $\Omega = \{\omega_1, \omega_2, \cdots, \omega_{100}\}$.

若考察的是产品的质量,样本点为:$\omega_1 =$ "正品",$\omega_2 =$ "次品",则样本空间为 $\Omega_1 = \{\omega_1, \omega_2\}$.

(2) 掷一枚硬币,观察其出现正面或反面的试验中,有两个样本点:$\omega_1 =$ "正面",$\omega_2 =$ "反面",则样本空间为 $\Omega_1 = \{\omega_1, \omega_2\}$.

若同时掷两枚硬币,则样本空间为 $\Omega_2 = \{\omega_1, \omega_2, \omega_3, \omega_4\}$,其中 $\omega_1 = $(正,正),$\omega_2 = $(正,反),$\omega_3 = $(反,正),$\omega_4 = $(反,反).

定义 12-2 随机试验中某些基本事件所构成的集合(样本空间 Ω 的子集)称为**随机事件**,简称**事件**,用大写字母 A,B,C 等来表示.

例 12-1 写出下列随机试验的样本空间及下列事件中的样本点.

(1) 掷一颗骰子,记录出现的点数. 事件 $A = $"出现奇数点";

(2) 一个口袋中有 5 只外形完全相同的球,编号分别为 1,2,3,4,5,从中同时取出 3 只球,观察其结果. 事件 $A = $"球的最小号码为 1".

解 (1) $\Omega = \{\omega_1, \omega_2, \omega_3, \omega_4, \omega_5, \omega_6\}$,其中 $\omega_i = $"出现 i 点",$i = 1, 2, \cdots, 6$,

$$A = \{\omega_1, \omega_3, \omega_5\};$$

(2) $\Omega = \{(1,2,3),(1,2,4),(1,2,5),(1,3,4),(1,3,5),(1,4,5),(2,3,4),(2,3,5),(2,4,5),(3,4,5)\}$,

$A = \{(1,2,3),(1,2,4),(1,2,5),(1,3,4),(1,3,5),(1,4,5)\}$.

在随机试验中,必然会发生的事件称为**必然事件**,用 Ω 来表示;一定不会发生的事件称为**不可能事件**,用空集符号 $\varnothing$ 来表示.

例如:掷一粒骰子,"点数不大于 6"是必然事件,"点数大于 6"是不可能事件.

二、事件的关系和运算

一项随机试验所涉及的事件往往有许多个,要考察在同样条件下既相互影响又相互联系着的事件之间的运算和关系,实际上可归结为集合的运算和关系.

1. 事件的包含

若事件 A 的发生必然导致事件 B 发生,则称**事件 A 被事件 B 包含**或**事件 B 包含事件 A**,记作 $A \subset B$ 或 $B \supset A$.

例如:设 $A = $"某动物活到 10 岁",$B = $"该动物活到 15 岁",则 $B \subset A$.

显然,对任一事件 A 来说,$A \subset A$,$\varnothing \subset A \subset \Omega$. 若 $A \subset B$,$B \subset C$,则 $A \subset C$.

事件的包含关系如图 12-1 所示.

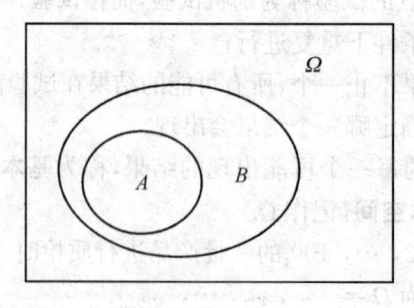

图 12-1

2. 事件的相等

若 $A \subset B$ 且 $B \subset A$,则称**事件 A 与 B 相等**,记作 $A = B$.

例如:某寻呼台在单位时间内"接到 0 到 100 次呼唤"与"接到不超过 100 次呼唤",这两个事件相等.

事件 A 与 B 相等表明它们所含的基本事件完全相同,故两者无区别,表示同一事件.

由于 $\varnothing \subset A \subset \Omega$,因此凡不可能事件皆相等,凡必然事件皆相等.

3. 事件的并或和

称由事件 A 与 B 至少发生一个所构成的事件为**事件 A 与 B 的并**或和,记作 $A \cup B$ 或 $A+B$.

例如:投掷一枚骰子,若记 A 表示"点数为偶数",B 表示"点数不超过 5",则 $A \cup B = \{1, 2, 3, 4, 5, 6\}$.

显然,$A \cup A = A, A \cup \varnothing = A, A \cup \Omega = \Omega$. 若 $A \subset B$,则 $A \cup B = B$.

事件的并运算可以推广到任意有限多个事件的情形:由 n 个事件 $A_1, A_2, \cdots, A_n$ 中至少发生一个所构成的事件称为**这 n 个事件的并**或和,记作 $A_1 \cup A_2 \cup \cdots \cup A_n$ 或 $A_1 + A_2 + \cdots + A_n$.

例如:天气预报中,记 A_1, A_2, A_3, A_4, A_5 分别为"降雨、降雪、降雹、降冰粒、降霰"这五个事件,B 表示"降水",则 $B = A_1 \cup A_2 \cup A_3 \cup A_4 \cup A_5$.

事件的并如图 12-2 所示.

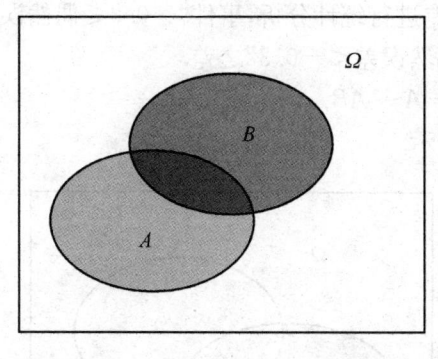

图 12-2

4. 事件的交或积

由事件 A 与 B 同时发生或皆发生所构成的事件称为**事件 A 与 B 的交**或积,记作 $A \cap B$ 或 AB.

显然,$A \cap A = A, A \cap B \subset A \subset A \cup B, A \cap B \subset B \subset A \cup B$.

事件的交运算可以推广到任意有限多个事件的情形:由 n 个事件 $A_1, A_2, \cdots, A_n$ 同时发生或皆发生所构成的事件称为**这 n 个事件的交**或积,记作 $A_1 \cap A_2 \cap \cdots \cap A_n$ 或 $A_1 A_2 \cdots A_n$.

例如:某人对一目标射击三次,若记 A 表示"没有一次击中",B_1 表示"第一次未击中",B_2 表示"第二次未击中",B_3 表示"第三次未击中",则 $A = B_1 \cap B_2 \cap B_3$.

事件的交如图 12-3 所示.

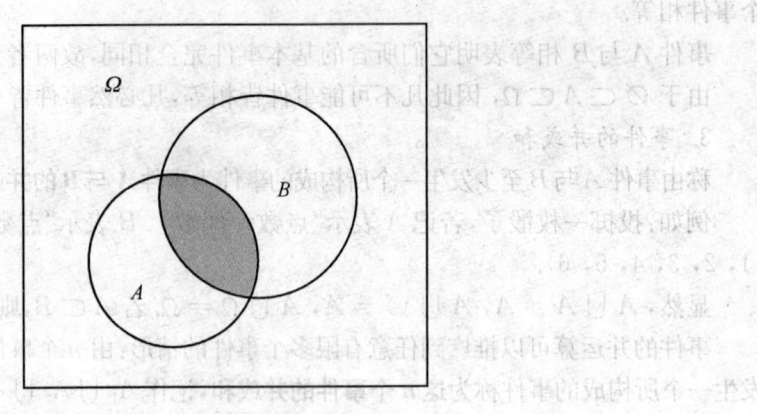

图 12 - 3

5. 事件的差

由事件 A 发生而事件 B 不发生所构成的事件称为**事件 A 与 B 的差**,记作 $A-B$.

例如:对测量的偶然误差进行统计分析,事件"$-0.3\leq$偶然误差<0.4"可以表示为事件"偶然误差<0.4"与事件"偶然误差<-0.3"之差.

事件的差满足 $A-B=A-AB$.

事件的差如图 12 - 4 所示.

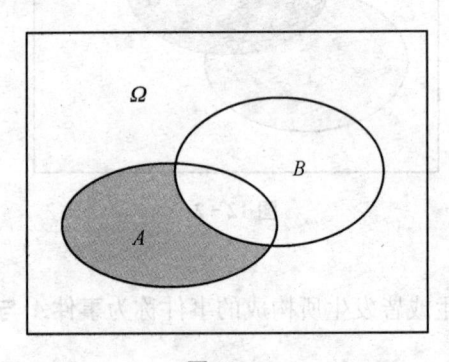

图 12 - 4

6. 事件的互不相容或互斥

若事件 A 与 B 不能同时发生,即 A 与 B 同时发生是不可能事件,则称**事件 A 与 B 互不相容或互斥**,记作 $AB=\varnothing$.

例如:"击中 9 环"与"击中 10 环","天晴"与"天阴"为互斥事件.

显然,各基本事件之间是互斥的.

一般地,若 n 个事件 $A_1,A_2,\cdots,A_n$ 中任何两个事件都互斥,即 $A_kA_l=\varnothing$,$k\neq l$;$k,l=1,2,\cdots,n$,则称**这 n 个事件互不相容或互斥**.

例如:从一批产品中随机抽查 5 件,则"出现 0 件次品""出现 1 件次品"…"出现 5 件次品"这 6 个事件是互斥的.

事件的互不相容如图 12 - 5 所示.

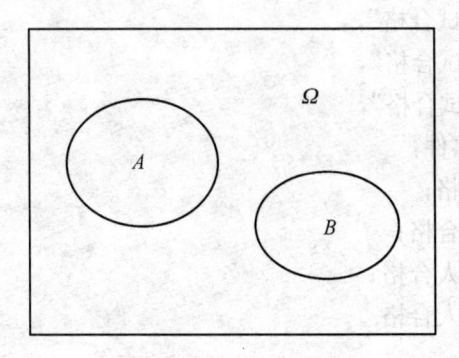

图 12-5

7. 事件的逆或对立

对于事件 A，称 A 不发生这一事件为 A 的**逆事件**或**对立事件**，记作 $\overline{A}$.

例如：掷一粒骰子，记 $A=$ "出现奇数点"，$B=$ "出现偶数点"，则 $A=\overline{B}$，$B=\overline{A}$.

显然，$\overline{A}=\Omega-A$，$A\cup\overline{A}=\Omega$，$A\overline{A}=\varnothing$.

利用取逆运算，可以将事件 $A-B$ 表示成 $A\overline{B}$.

事件的逆如图 12-6 所示.

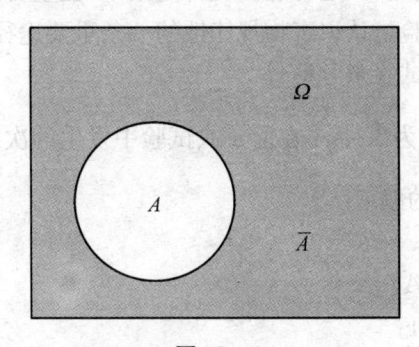

图 12-6

8. 完备事件组

若事件组 A_1，A_2，$\cdots$，A_n 互斥，且其并构成一必然事件，即满足：

(1) $A_k A_l=\varnothing$，$k\neq l$；$k, l=1, 2, \cdots, n$；

(2) $\sum_{k=1}^{n} A_k=\Omega$，

则称 A_1，A_2，$\cdots$，A_n 为一**完备事件组**.

例如：同一种产品的全部等级就是一完备事件组.

由集合的运算规律可以得到事件的运算规律：

交换律：$A\cup B=B\cup A$，$AB=BA$；

结合律：$(A\cup B)\cup C=A\cup(B\cup C)$，$(AB)C=A(BC)$；

分配律：$(A\cup B)C=(AC)\cup(BC)$，$(AB)\cup C=(A\cup C)(B\cup C)$；

对偶公式：$\overline{A\cup B}=\overline{A}\cap\overline{B}$，$\overline{AB}=\overline{A}\cup\overline{B}$.

例 12-2 设有甲、乙、丙三人参加某项测试，记

· 125 ·

$A = $ "甲参加该项测试合格",
$B = $ "乙参加该项测试合格",
$C = $ "丙参加该项测试合格",
试用 A, B, C 表示下列事件：

(1) 三人中只有甲合格；
(2) 三人中仅有一人合格；
(3) 三人中至少有两人合格；
(4) 三人中至多有两人合格.

解 (1) $A\bar{B}\bar{C}$；
(2) $A\bar{B}\bar{C} \cup \bar{A}B\bar{C} \cup \bar{A}\bar{B}C$；
(3) $AB\bar{C} \cup A\bar{B}C \cup \bar{A}BC \cup ABC$ 或 $AB \cup AC \cup BC$；
(4) $\bar{A} \cup \bar{B} \cup \bar{C}$.

第2节 概 率

人们研究随机现象，不仅要知道可能出现哪些结果，更重要的是要确切判断各种事件发生的可能性有多大. 重复试验是认识事物规律性的一条重要途径，要研究随机现象的统计规律性，可以通过大量的重复试验来考察.

定义 12-3 记 $\mu_n(A)$ 为事件 A 在前 n 次试验中发生的次数，则称 $f_n(A) = \dfrac{\mu_n(A)}{n}$ 为事件 A 在 n 次试验中出现的**频率**.

频率具有以下性质：

(1) 非负性：$\forall A, f_n(A) \geqslant 0$；
(2) 规范性：$f_n(\Omega) = 1$；
(3) 有限可加性：若事件 $A_1, A_2, \cdots, A_n$ 互斥，则 $f_n(\bigcup_{k=1}^{n} A_k) = \sum_{k=1}^{n} f_n(A_k)$.

根据上述定义，频率反映了一个随机事件在大量重复试验中发生的频繁程度. 例如：历史上很多学者都进行过掷硬币的试验，见表 12-1.

表 12-1

试验者	抛掷次数 n	正面出现的次数 m	正面出现的频率 m/n
德摩尔根	2 048	1 061	0.518
蒲丰	4 040	2 048	0.506 9
皮尔逊	12 000	6 019	0.501 6
皮尔逊	24 000	12 012	0.500 5
维尼	30 000	14 994	0.499 8

从表 12-1 中可以看出，出现正面的频率接近 0.5，并且抛掷的次数越多，频率越接近 0.5. 这说明频率具有稳定性.

定义 12-4 在一定条件下重复进行试验,若随着试验次数 n 的增加,事件 A 在 n 次试验中出现的频率 $f_n(A)$ 稳定于某一数值 p(稳定的在数值 p 附近摆动),则称该数值 p 为事件 A 在一定条件下发生的**概率**,记作 $P(A) = p$.

注 1 上述定义称为概率的统计定义. 它是以统计试验数据为基础的,由之所确定的概率称为统计概率.

注 2 当试验次数 n 充分大时,可以将频率 $f_n(A)$ 作为概率 $P(A)$ 的近似估计值.

概率具有以下基本性质:

(1) 非负性:$\forall A, P(A) \geqslant 0$;

(2) 规范性:$P(\Omega) = 1$;

(3) 有限可加性:若事件 $A_1, A_2, \cdots, A_n$ 互斥,则 $P(\bigcup_{k=1}^{n} A_k) = \sum_{k=1}^{n} P(A_k)$.

除此之外,概率还具有以下性质:

(1) $P(\emptyset) = 0$;

(2) $P(A-B) = P(A) - P(AB)$. 特别地,若 $A \supset B$,则 $P(A-B) = P(A) - P(B)$,从而 $P(A) \geqslant P(B)$;

(3) $P(A \cup B) = P(A) + P(B) - P(AB)$;

(4) 对任意 n 个事件 $A_1, A_2, \cdots, A_n$,有 $P(\bigcup_{k=1}^{n} A_k) \leqslant \sum_{k=1}^{n} P(A_k)$.

例 12-3 设事件 A 与 B 互不相容,$P(A) = 0.4$,$P(B) = 0.3$,求 $P(\overline{A}\overline{B})$ 与 $P(\overline{A} \cup B)$ 的值.

解 $P(\overline{A}\overline{B}) = 1 - P(A \cup B) = 1 - P(A) - P(B) = 0.3$,

因为 A,B 互不相容,所以 $\overline{A} \supset B$,于是 $P(\overline{A} \cup B) = P(\overline{A}) = 0.6$.

例 12-4 某城市发行两种报纸 A,B,经调查,在这两种报纸的订户中,订阅 A 报的有 45%,订阅 B 报的有 35%,同时订阅两种报纸的有 10%,求只订阅一种报纸的概率 α.

解 记 $A = $ "订阅 A 报",$B = $ "订阅 B 报",则

$$\alpha = P(A-AB) + P(B-AB) = P(A) - P(AB) + P(B) - P(AB)$$
$$= 45\% - 10\% + 35\% - 10\% = 60\%.$$

要想定量的预测、描述随机现象,可以采用构造一种能适当的描述某一类随机现象的概率模型的方法,先看下面的例子:

(1) 掷硬币,事件"正面向上"与"背面向上"发生的可能性各为 $\dfrac{1}{2}$;

(2) 从编号 1 到 50 的学生中随机选取一人参加活动,事件"某一学生被选中"的可能性为 $\dfrac{1}{50}$.

分析上述两例随机试验可以发现它们具有以下特点:

(1) 每次试验的结果只有有限个,即试验总的基本事件数是有限的;

(2) 在每次试验中,各基本事件发生的可能性是相同的.

具有这两个特点的随机试验称为**古典型随机试验**.

设 $\Omega = \{\omega_1, \omega_2, \cdots, \omega_n\}$,因为

$$1 = P(\Omega) = P(\{\omega_1\}) + P(\{\omega_2\}) + \cdots + P(\{\omega_n\}),$$

由等可能性，$P(\{\omega_1\}) = P(\{\omega_2\}) = \cdots = P(\{\omega_n\})$，所以

$$P(\{\omega_i\}) = \frac{1}{n}, i = 1, 2, \cdots, n.$$

进而，若 A 包含有限个基本事件，即 $A = \{\omega_{i_1}, \omega_{i_2}, \cdots, \omega_{i_k}\}$，则

$$P(A) = P(\bigcup_{s=1}^{k} \{\omega_{i_s}\}) = \sum_{s=1}^{k} P(\{\omega_{i_s}\}) = \underbrace{\frac{1}{n} + \frac{1}{n} + \cdots + \frac{1}{n}}_{k\text{个}} = \frac{k}{n}.$$

定义 12-5 对于古典型随机试验，称

$$P(A) = \frac{A \text{ 所包含的基本事件数 } k}{\text{试验的基本事件总数 } n}$$

为 A 发生的概率. 称利用上式来刻画事件概率的模型为**古典概型**.

注 按定义计算古典概率时，常用的工具是排列组合.

例 12-5 一批晶体管共 40 只，其中 3 只是坏的，今从中任取 5 只，求：
(1) 5 只全是好的概率；
(2) 5 只中有 2 只坏的的概率.

解 (1) 设 $A=$"5 只全是好的"，则

$$P(A) = \frac{C_{37}^5}{C_{40}^5} \approx 0.662;$$

(2) 设 $B=$"5 只中有 2 只坏的"，则

$$P(B) = \frac{C_3^2 C_{37}^3}{C_{40}^5} \approx 0.035\ 4.$$

例 12-6 你的班级中是否有人有相同的生日？这一事件的概率有多大？

解 由于人的生日在一年 365 天的每一天是等可能的，A 表示"n 个人组成的班级中有人生日相同". 基本事件总数为 365^n，A 的基本事件数不易确定，$\overline{A}$ 的基本事件数为 $365 \cdot 364 \cdot 363 \cdots (366-n)$，故

$$P(A) = 1 - P(\overline{A}) = 1 - \frac{365 \cdot 364 \cdot 363 \cdots (366-n)}{365^n},$$

当 $n = 30$ 时，可求出 $P(A) \approx 0.7$，
当 $n = 50$ 时，可求出 $P(A) \approx 0.97$.

第 3 节 条件概率

一、条件概率的概念

分析两个事件 A 与 B 的关系，可能有三种情况：一种是包含，如 $B \subset A$，表明 B 发生必

然导致 A 发生;另一种是互斥,即 $AB = \varnothing$,表明当 A 与 B 中有一个事件发生时,另一个一定不发生;还有一种一般的情况,即 $AB = \varnothing$,但是一个不被另一个包含,这表明当 B 发生时,A 可能发生,也可能不发生. 以上情况说明,B 发生提供了 A 发生的一些信息,因此必须考虑在事件 B 已经发生的条件下,事件 A 发生的概率. 这时 A 的发生有了附加条件,即限制在 B 发生的条件下来考虑 A 发生的可能性,通常称这样的概率为**条件概率**,记作 $P(A \mid B)$,相应的称原概率 $P(A)$ 为**无条件概率**.

设一批产品中有正品 m 件,次品 n 件,记 $A=$"甲抽取一件为正品",$B=$"乙抽取一件为正品",则当甲、乙各自抽取时,$P(A) = P(B) = \dfrac{m}{m+n}$. 现在若乙先抽取一件为正品,接着甲再抽取一件正品,则在抽样放回情形,B 的发生对 A 的发生无任何影响,但是在抽样不放回的情形下,$P(A \mid B) = \dfrac{m-1}{m+n-1} \neq \dfrac{m}{m+n} = P(A)$,这表明 B 的发生对 A 的发生产生了影响.

现在若甲、乙两人接连抽取一件正品,则 $P(AB) = \dfrac{m(m-1)}{(m+n)(m+n-1)}$. 不难发现,$P(A \mid B) = \dfrac{P(AB)}{P(B)}$,这绝非偶然.

定义 12-6 设 A, B 是两个随机事件,且 $P(B) > 0$,则称

$$P(A \mid B) = \frac{P(AB)}{P(B)}$$

为在事件 B 发生的条件下,事件 A 的**条件概率**,相应地,称 $P(A)$ 为**无条件概率**.

注 1 条件 B 的附加意味着对样本空间从 Ω 压缩到 B.

注 2 由 $P(A \mid \Omega) = \dfrac{P(A\Omega)}{P(\Omega)} = \dfrac{P(A)}{1} = P(A)$ 可见,无条件概率可以理解为是在必然条件 Ω 下的条件概率.

因条件概率仍是概率,故概率所满足的性质都适用于条件概率:

(1) $0 \leqslant P(A \mid B) \leqslant 1$;

(2) 设事件 $A_1, A_2, \cdots, A_n$ 互斥,则

$$P((A_1 + A_2 + \cdots + A_n) \mid A) = P(A_1 \mid A) + P(A_2 \mid A) + \cdots + P(A_n \mid A).$$

例 12-7 某种动物出生之后活到 10 岁的概率为 70%,活到 16 岁的概率为 42%,求现年 10 岁的该动物活到 16 岁的概率.

解 设 A 表示"活到 10 岁",B 表示"活到 16 岁",则有

$$P(A) = 0.7, \ P(B) = 0.42.$$

因为 $B \subset A$,所以 $AB = B$,故 $P(AB) = P(B) = 0.42$.

所求概率为

$$P(B \mid A) = \frac{P(AB)}{P(A)} = \frac{P(B)}{P(A)} = \frac{0.42}{0.7} = 0.6.$$

例 12-8 一般储蓄卡的密码共有 6 位数字，每位数字均为从 0～9 任选一个. 某人在银行 ATM 机上取款时，忘了密码的最后一位数字，求：

(1) 任意按最后一位数字，不超过 2 次就按对的概率；

(2) 如果他记得密码的最后一位是偶数，不超过 2 次就按对的概率.

解 设"第 i 次按对密码"为事件 $A_i(i=1,2)$，则 $A = A_1 \cup (\overline{A}_1 A_2)$ 表示"不超过 2 次就按对密码".

(1) 因为事件 A_1 与 $\overline{A}_1 A_2$ 互斥，则有

$$P(A) = P(A_1 \cup (\overline{A}_1 A_2)) = P(A_1) + P(\overline{A}_1 A_2) = \frac{1}{10} + \frac{9}{10} \cdot \frac{1}{9} = \frac{1}{5};$$

(2) 用 B 表示"密码的最后一位是偶数"，则

$$P(A \mid B) = P(A_1 \cup (\overline{A}_1 A_2) \mid B) = P(A_1 \mid B) + P((\overline{A}_1 A_2) \mid B) = \frac{1}{5} + \frac{4}{5} \cdot \frac{1}{4} = \frac{2}{5}.$$

二、乘法公式

定理 12-1 $P(AB) = P(B)P(A \mid B) \ (P(B) > 0)$
$= P(A)P(B \mid A) \ (P(A) > 0).$

将上式推广到一般的情形：

对于 n 个事件 $A_1, A_2, \cdots, A_n$，若 $P(A_1 A_2 \cdots A_{n-1}) > 0$，则

$$P(A_1 A_2 \cdots A_n) = P(A_1)P(A_2 \mid A_1)P(A_3 \mid A_1 A_2) \cdots P(A_n \mid A_1 A_2 \cdots A_{n-1}).$$

例 12-9 10 个考签中有 4 个难签，甲、乙、丙 3 人按顺序参加抽签(不放回). 求甲抽到难签，甲、乙都抽到难签，甲没抽到难签而乙抽到难签以及甲、乙、丙都抽到难签的概率.

解 设事件 A, B, C 分别表示"甲、乙、丙抽到难签"，则有

$$P(A) = \frac{4}{10},$$

$$P(AB) = P(A)P(B \mid A) = \frac{4}{10} \cdot \frac{3}{9} = \frac{2}{15},$$

$$P(\overline{A}B) = P(\overline{A})P(B \mid \overline{A}) = \frac{6}{10} \cdot \frac{4}{9} = \frac{4}{15},$$

$$P(ABC) = P(A)P(B \mid A)P(C \mid AB) = \frac{4}{10} \cdot \frac{3}{9} \cdot \frac{2}{8} = \frac{1}{30}.$$

三、全概率公式与贝叶斯公式

在计算较复杂事件的概率时，有时可以根据事件在不同情况或不同原因下发生将其分解成若干个互不相容的部分的并，分别来计算.

定理 12-2(全概率公式) 设 $\{B_1, B_2, \cdots, B_n\}$ 构成一完备事件组，且 $P(B_k) > 0$，

$k = 1, 2, \cdots, n$,则对任一事件 A,有

$$P(A) = \sum_{k=1}^{n} P(B_k) P(A \mid B_k).$$

特别地,若 $n = 2$,则有 $P(A) = P(B) P(A \mid B) + P(\overline{B}) P(A \mid \overline{B})$.

例 12-10 设袋中有 10 个球,其中 2 个红球,其余均为白球,两人依次从袋中任取 1 个球,求第二个人取得红球的概率(第一个人取出的球不放回).

解 设 A 表示"第一个人取得红球",B 表示"第二个人取得红球",则有

$$P(A) = \frac{2}{10}, \; P(\overline{A}) = \frac{8}{10}, \; P(B \mid A) = \frac{1}{9}, \; P(B \mid \overline{A}) = \frac{2}{9},$$

故 $P(B) = P(A) P(B \mid A) + P(\overline{A}) P(B \mid \overline{A}) = \frac{2}{10} \cdot \frac{1}{9} + \frac{8}{10} \cdot \frac{2}{9} = \frac{18}{90} = \frac{1}{5}.$

定理 12-3(贝叶斯公式) 设 $\{B_1, B_2, \cdots, B_n\}$ 构成一完备事件组,且 $P(B_k) > 0$, $k = 1, 2, \cdots, n$,又 $P(A) > 0$,则

$$P(B_k \mid A) = \frac{P(B_k) P(A \mid B_k)}{\sum_{l=1}^{n} P(B_l) P(A \mid B_l)}, \; k = 1, 2, \cdots, n.$$

贝叶斯公式的作用在于:如果事件 A 在一次试验中确定发生了,那么这个结果引起对原来各个原因 $B_1, B_2, \cdots, B_n$ 发生的概率的重新估计,据此对事件的起因作出合理的判断.

例 12-11 假定某工厂甲、乙、丙 3 个车间生产同一种螺丝,产量依次占全厂的 45%,35%,20%.如果各车间的次品率依次为 4%,2%,5%.现从待出厂的产品中检查出 1 个次品,试判断它是由甲车间生产的概率.

解 设 A_1, A_2, A_3 分别表示"产品为甲、乙、丙车间生产的",B 表示"产品为次品",显然,A_1, A_2, A_3 构成一个完备事件组,则依题意,有

$$P(A_1) = 0.45, \quad P(A_2) = 0.35, \quad P(A_3) = 0.2,$$
$$P(B \mid A_1) = 0.04, \quad P(B \mid A_2) = 0.02, \quad P(B \mid A_3) = 0.05,$$

故由贝叶斯公式,得

$$P(A_1 \mid B) = \frac{P(A_1) P(B \mid A_1)}{\sum_{i=1}^{3} P(A_i) P(B \mid A_i)}$$
$$= \frac{0.45 \times 0.04}{0.45 \times 0.04 + 0.35 \times 0.02 + 0.2 \times 0.05}$$
$$\approx 0.514.$$

第4节 事件的独立性

一、两个事件的独立性

由上节知道,一般情况下,$P(A|B) \neq P(A)$,即事件 A,B 中,某一事件发生对另一个事件发生是有影响的,但也有许多情况是,两个事件中一个事件发生对另一个的发生没有影响. 此时,$P(A|B) = P(A)$,于是乘法公式为

$$P(AB) = P(A)P(B|A) = P(A)P(B).$$

定义 12-7 设 A, B 是两个事件,若 $P(AB) = P(A)P(B)$,则称**事件 A 与 B 相互独立**,简称 A 与 B **独立**.

由定义易知,当事件 A 与 B 中有一个的概率为 0 或 1 时,它们之间就独立.

定理 12-4 若 A 与 B 独立,则事件 A 与 $\overline{B}$,$\overline{A}$ 与 B,$\overline{A}$ 与 $\overline{B}$ 也分别独立,即

$$P(A\overline{B}) = P(A)P(\overline{B}), \quad P(\overline{A}B) = P(\overline{A})P(B), \quad P(\overline{A}\,\overline{B}) = P(\overline{A})P(\overline{B}).$$

注 在实际应用中,两个事件的独立性往往凭经验判断,只要两个事件相互影响的程度很微弱,就可以认为它们相互独立.

例 12-12 从一副不含大小王的扑克牌中任取一张,记 $A=$"抽到 K",$B=$"抽到的牌是黑色的",问:事件 A 与 B 是否独立?

解法一 利用定义判断. 由于

$$P(A) = \frac{4}{52} = \frac{1}{13}, \quad P(B) = \frac{26}{52} = \frac{1}{2}, \quad P(AB) = \frac{2}{52} = \frac{1}{26},$$

因此 $P(AB) = P(A)P(B)$,

事件 A 与 B 相互独立.

解法二 利用条件概率判断. 由于

$$P(A) = \frac{1}{13}, \quad P(A|B) = \frac{2}{26} = \frac{1}{13},$$

因此 $P(A) = P(A|B)$,事件 A 与 B 相互独立.

二、有限个事件的独立性

定义 12-8 设 A, B, C 为三个事件,若满足

$$P(AB) = P(A)P(B),$$
$$P(AC) = P(A)P(C),$$
$$P(BC) = P(B)P(C),$$
$$P(ABC) = P(A)P(B)P(C),$$

则称**事件 A, B, C 相互独立**.

类似地可以定义 n 个事件的独立性:

定义 12-9 设 $A_1, A_2, \cdots, A_n$ 是 n 个事件,若对任意 $k(1 < k \leqslant n)$ 个事件 $A_{i_1}, A_{i_2}, \cdots, A_{i_k}(1 \leqslant i_1 < i_2 < \cdots < i_k \leqslant n)$,满足

$$P(A_{i_1} \cdot A_{i_2} \cdot \cdots \cdot A_{i_k}) = P(A_{i_1})P(A_{i_2})\cdots P(A_{i_k}),$$

则称**事件 $A_1, A_2, \cdots, A_n$ 相互独立**.

由定义可以看出,若 n 个事件相互独立,则其中任意 $k(1 < k \leqslant n-1)$ 个事件也相互独立.

若 n 个事件相互独立,则将其中任意 $m(1 \leqslant m \leqslant n)$ 个事件换成它们的对立事件,所得的 n 个事件仍相互独立.

定义 12-10 设 $A_1, A_2, \cdots, A_n$ 是 n 个事件,若其中任意两个事件之间都相互独立,则称 $A_1, A_2, \cdots, A_n$ **两两独立**.

例 12-13 随机投掷编号为 1、2 的两个骰子,假设 A 表示"1 号骰子向上一面为奇数",B 表示"2 号骰子向上一面为奇数",C 表示"两个骰子出现的点数之和为奇数",则有

$$P(A) = P(B) = P(C) = \frac{1}{2},$$

$$P(AB) = P(AC) = P(BC) = \frac{1}{2} \cdot \frac{1}{2} = \frac{1}{4},$$

但

$$P(ABC) = 0 \neq P(A) \cdot P(B) \cdot P(C) = \frac{1}{8}.$$

故由此例可以看出:"事件 $A_1, A_2, \cdots, A_n$ 两两独立"并不能推出"事件 $A_1, A_2, \cdots, A_n$ 相互独立".

三、伯努利概型

定义 12-11 若在一组固定条件下重复进行 n 次试验,满足:
(1) 试验的结果是相互独立的;
(2) 每次试验只有两个可能的结果:$A, \overline{A}$;
(3) 同一结果在各次试验中发生的概率保持不变:$P = P(A)$,则称这类随机试验为 **n 重伯努利型随机试验**,称刻画这种随机试验的概率模型为参数是 n, p 的**伯努利概型**.

定理 12-5(伯努利定理) 记 B_k 为 n 重伯努利型随机试验中事件 A 恰好出现 k 次的事件,$P(A) = p, q = 1-p$,则 $P(B_k) = C_n^k p^k q^{n-k}$, $k = 0, 1, 2, \cdots, n$.

注 由于上式恰好是 $(q+p)^n$ 用二项式定理展开后的一般项,因此又称为**二项概率公式**,进而有 $\sum_{k=0}^{n} P(B_k) = \sum_{k=0}^{n} C_n^k p^k q^{n-k} = (q+p)^n = 1$.

例 12-14 一条自动生产线上产品的一级品率为 0.6,现检查了 10 件,求至少有 2 件一级品的概率.

解 设 A 表示"至少有 2 件为一级品",B_k 表示"有 k 件为一级品",每件产品可能是一级品也可能不是一级品,各个产品是否为一级品是相互独立的. 由伯努利定理,知

$$P(A) = \sum_{k=2}^{10} P(B_k) = 1 - P(B_0) - P(B_1)$$
$$= 1 - 0.4^{10} - C_{10}^1 \times 0.6 \times 0.4^9$$
$$\approx 0.998.$$

习题 12

1. 某地区有 100 人是 1913 年出生的,考察到 2013 年还在世的人数.
   (1) 写出所有的基本事件；
   (2) 记 A="还有 10 人在世",
       B="至少有 10 人在世",
       C="最多有 9 人在世",
   分别判断 A 与 B，B 与 C，A 与 C 是否为互斥事件,并分别写出其逆事件.

2. 用步枪射击目标 5 次,设 A_i 为"第 i 次击中目标"($i=1, 2, 3, 4, 5$)，B 为"5 次中击中次数大于 2",用文字叙述下列事件:
   (1) $A = \sum_{i=1}^{5} A_i$; (2) $\bar{A}$; (3) $\bar{B}$.

3. 设某工人连续生产了 4 个零件, A_i 表示"他生产的第 i 个零件是正品"($i=1, 2, 3, 4$)，试用 A_i 表示下列各事件:
   (1) 没有一个是次品；
   (2) 至少有一个是次品；
   (3) 只有一个是次品；
   (4) 至少有三个不是次品；
   (5) 恰好有三个次品；
   (6) 至多有一个是次品.

4. 已知 $P(\bar{A}) = 0.5$，$P(\overline{AB}) = 0.2$，$P(B) = 0.4$，求：
   (1) $P(AB)$; (2) $P(A-B)$; (3) $P(A \cup B)$; (4) $P(\bar{A}\bar{B})$.

5. 某班级的一个小组有 10 位同学,其中男生 6 人,女生 4 人,今从中任选 3 人参加一项社会公益活动,求：
   (1) 被选的 3 人全是男生或全是女生的概率；
   (2) 被选的 3 人既有男生又有女生的概率.

6. 某市的电话号码由 0, 1, 2, 3, …, 9 中的七个数字组成,求：
   (1) 能组成七个数字都不相同的电话号码的概率；
   (2) 能组成七位数电话号码的概率.

7. 将 3 个球随机放入 4 个杯子中,问杯子中球的个数最多为 1, 2, 3 的概率各是多少？

8. 五个人抓一个有字之阄,求第三个人抓到的概率.

9. 一批零件共 100 个,次品率为 10%,每次从中任取 1 个零件,取后不放回,如果取到 1 个合格品就不再取下去,求在三次内取到合格品的概率.

10. 为防止意外,某车间内同时设有两种报警系统 A 与 B,每种系统单独使用时,其有效的概率系统 A 为 0.92，系统 B 为 0.93，在 A 失灵的条件下,B 有效的概率为 0.85，求：

(1) 发生意外时,这两个报警系统至少有一个有效的概率;
(2) 在 B 失灵的条件下,A 有效的概率.

11. 已知 $P(A)=0.5$, $P(B)=0.6$, $P(B|A)=0.8$,求 $P(A\cup B)$.

12. 某批产品中,甲厂生产的产品占 60%,已知甲厂的产品次品率为 10%,从这批产品中随意的抽取一件,求该件产品是甲厂生产的次品的概率.

13. 玻璃杯成箱出售,每箱 20 只,假设各箱含 0,1,2 只残次品的概率相应为 0.8,0.1,0.1.一顾客欲买下一箱玻璃杯,在购买时,售货员随意取出一箱,而顾客开箱随意查看其中的 4 只,若无残次品,这买下该箱玻璃杯,否则退回,试求:
(1) 顾客买下该箱的概率;
(2) 在顾客买下的一箱中,确实没有残次品的概率.

14. 某保险公司的统计资料表明,在一定年龄段内新保险的汽车司机可以分为两类:一类是容易出事故的,占 20%,这种司机在一年内出一次事故的概率为 0.25;另一类是较谨慎的司机,占 80%,他们在一年内出一次事故的概率为 0.25.求一个新保险的汽车司机在他购买保险单后的一年内出一次事故从而获得相应的保险理赔的概率.

15. 某公司从甲、乙、丙三个联营工厂收购同样规格的产品销售,这三个厂的产量分别占总进货量的 40%,35% 和 25%,生产的次品率分别为 0.01,0.02 和 0.03,现从收购的产品中随机抽取一件进行质检,求该产品是次品的概率.

16. 上题中,为维护公司的信誉,对用户负责,公司规定,一旦发现次品,允许客户退货,并追究生产厂家的经济责任.现在用户买到一件次品,但标明生产厂家的标签已脱落,试定量地分析三个厂家各应承担的经济责任.

17. 设 $A_1, A_2, \cdots, A_n$ 相互独立,$P(A_k)=p_k$,求各事件中至少发生一个的概率.

18. 设各门高炮独立射击,击落敌机的概率均为 0.6.
(1) 求两门高炮同时射击一次击落敌机的概率;
(2) 欲以 99% 的把握击落敌机,问至少需要多少门高炮齐射?

19. 设在三次独立试验中,事件 A 出现的概率均相等且至少出现一次的概率为 $\dfrac{19}{27}$,求在一次试验中,事件 A 出现的概率.

20. 假定一种药物对某疾病的治愈率为 $p=0.8$,现给 10 个患者同时服用此药,求其中至少有 5 人治愈的概率.

第 13 章 随机变量及其分布

> **学习目的**
> 1. 掌握利用随机变量的分布函数计算概率的方法;
> 2. 掌握几种常见随机变量的分布,会标准化计算正态分布的概率;
> 3. 了解求离散型随机变量函数和连续型随机变量函数的分布的方法;
> 4. 了解二维随机变量的联合概率分布及其性质,理解随机变量相互独立性的概念,并会进行判断.

为了能够充分利用数学工具来研究随机现象,必须将随机试验的结果数量化. 为此,需要引进随机变量的概念,用随机变量的取值来描述随机事件,从而可以运用精细的数学工具来研究随机现象的统计规律.

第 1 节 随机变量及其概率分布

一、随机变量及其概率分布的概念

有些随机试验的结果本身就是用数量来表示的,如:观察掷一粒骰子出现点数的试验中,试验的结果可以用数 1,2,3,4,5,6 来表示. 而有些随机试验的结果是属性性质的,如抽检产品的试验中,结果为"正品""次品"两种,对于这种我们也可以将其数量化,若令"1"表示"正品","0"表示"次品",则试验的结果也可以用唯一确定的实数与之对应.

定义 13 - 1 若在一定条件下,每次试验的结果可用 X 来表示,它受偶然因素的影响取一定范围内的数值,而在试验前无法预言它取什么值,则称 X 为**随机变量**.

概率论中的随机变量和微积分中通常说的变量是有区别的,这里的随机变量不是自变量,它的取值视随机试验的结果而定,因而是定义在样本空间中的随机事件的函数.

随机变量一般用大写字母 X,Y 或希腊字母 ξ,η 等来表示,其取值一般用小写字母 x,y,z 等表示.

定义 13 - 2 设 X 为一个随机变量,称

$$F(x) = P(X \leqslant x), x \in \mathbf{R}$$

为随机变量 X 的**概率分布函数**,简称为 X 的**分布函数**.

对任意实数 a,b,随机变量 X 取值落在区间 $(a,b]$ 内的概率为

$$P(a < X \leqslant b) = P(X \leqslant b) - P(X \leqslant a) = F(b) - F(a).$$

分布函数具有下述性质:
(1) $\forall x, 0 \leqslant F(x) \leqslant 1$;

(2) $F(x)$单调不减,即 $\forall x_1 < x_2, F(x_1) \leqslant F(x_2)$;

(3) $F(-\infty) = \lim\limits_{x \to -\infty} F(x) = 0, F(+\infty) = \lim\limits_{x \to +\infty} F(x) = 1$;

(4) $F(x)$右连续,即 $\forall x_0, \lim\limits_{x \to x_0^+} F(x) = F(x_0)$.

二、离散型随机变量及其概率分布

定义 13-3 设 X 为一个随机变量,若它全部可能的取值只有有限个或可数个,则称 X 为**离散型随机变量**.

定义 13-4 设 X 为一离散型随机变量,其全部可能的取值为 $x_1, x_2, \cdots, x_k, \cdots$ 则概率函数 $P(X=x_k)=p_k, k=1, 2, \cdots$ 称为 X 的**概率分布**或**分布列**(**律**).

为了更清晰地描述离散型随机变量的分布列,常用下列形式:

$$X \sim \begin{pmatrix} x_1 & x_2 & \cdots & x_k & \cdots \\ p_1 & p_2 & \cdots & p_k & \cdots \end{pmatrix}$$

由概率的性质,易知离散型随机变量 X 的分布列具备以下性质:

(1) 非负性:$p_k = P(X=x_k) \geqslant 0, k=1, 2, \cdots$

(2) 规范性:$\sum\limits_{k=1}^{\infty} p_k = 1$.

除了用分布列来描述离散型随机变量的统计规律外,也可以用分布函数来描述. 设 $P(X=x_k) = p_k, k=1, 2, \cdots$ 则 $\{X \leqslant x\} = \sum\limits_{x_k \leqslant x}\{X = x_k\}$,于是

$$F(x) = P(X \leqslant x) = \sum\limits_{x_k \leqslant x} P\{X = x_k\} = \sum\limits_{x_k \leqslant x} p_k.$$

例 13-1 一汽车沿一街道行驶,需通过三个设有红绿信号灯的路口,每个信号灯为红或绿与其他信号灯为红或绿相互独立,且每一信号灯红、绿两种信号显示的概率均为 $\dfrac{1}{2}$,以 X 表示该汽车首次遇到红灯前已通过的路口的个数,求 X 的概率分布.

解 $P(X=0) = P(第一个路口即为红灯) = \dfrac{1}{2}$,

$P(X=1) = P(第一个路口为绿灯,第二个路口为红灯) = \dfrac{1}{2} \cdot \dfrac{1}{2} = \dfrac{1}{4}$,

$P(X=2) = P(第一、二个路口均为绿灯,第三个路口为红灯) = \dfrac{1}{2} \cdot \dfrac{1}{2} \cdot \dfrac{1}{2} = \dfrac{1}{8}$,

$P(X=3) = P(第一、二、三个路口均为绿灯) = \dfrac{1}{2} \cdot \dfrac{1}{2} \cdot \dfrac{1}{2} = \dfrac{1}{8}$,

故 X 的分布列为

$$X \sim \begin{pmatrix} 0 & 1 & 2 & 3 \\ \dfrac{1}{2} & \dfrac{1}{4} & \dfrac{1}{8} & \dfrac{1}{8} \end{pmatrix}.$$

三、连续型随机变量及其概率密度函数

当随机变量由离散型转化为连续型时,所引入的连续型随机变量 X 的分布函数应该由原来的求和"$\sum_{x_k \leqslant x}$"转化为"$\int_{-\infty}^{x}$",相应地,原来可求和的分布列 $\{p_k\}$ 就转化为非负可积的函数 $p(x)$.

定义 13-5 设随机变量 X 的分布函数为 $F(x)$,若存在非负可积函数 $p(x)$,使得

$$F(x) = \int_{-\infty}^{x} p(t)dt, x \in \mathbf{R},$$

则称 X 为**连续型随机变量**,并称 $p(x)$ 为 X 的**概率密度函数**,简称为**概率密度**或**分布密度**.

易知,连续型随机变量的概率密度具有以下性质:

(1) 非负性:$p(x) \geqslant 0$;

(2) 规范性:$\int_{-\infty}^{+\infty} p(x)dx = 1$.

其几何意义是:介于概率密度曲线与 x 轴之间的平面图形的面积为 1.

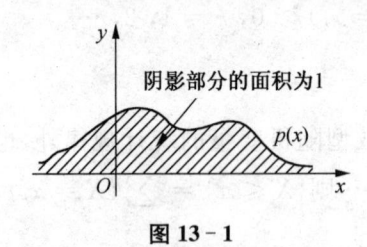

图 13-1

除此之外,连续型随机变量还具有如下性质:

(1) 连续型随机变量 X 的分布函数 $F(x)$ 是连续函数.

其图像是位于 x 轴与直线 $y = 1$ 之间单调上升的连续曲线.

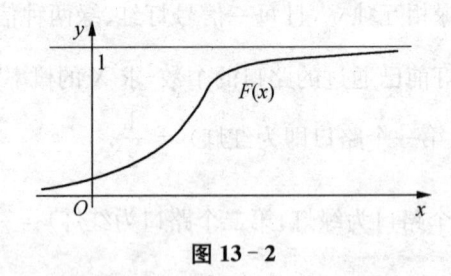

图 13-2

(2) $\forall a < b, P(a < X \leqslant b) = F(b) - F(a) = \int_{a}^{b} p(x)dx.$

根据定积分的几何意义,这表明随机变量 X 取值于区间 $(a, b]$ 内的概率等于直线 $x = a, x = b, x$ 轴与 $y = p(x)$ 所围成的曲边梯形的面积.

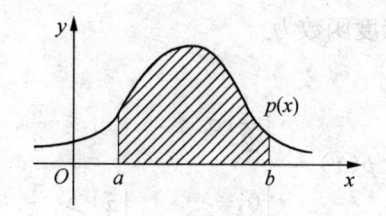

图 13-3

(3) 若 $p(x)$ 在 x 处连续，则 $p(x)=F'(x)$.

(4) 连续型随机变量 X 取任何一点 x 的概率为 0.

例 13-2 设随机变量 X 的分布函数为

$$F(x)=A+B\arctan x, \quad -\infty<x<+\infty.$$

求：(1) 系数 A 与 B；(2) $P(-1<X\leqslant 1)$；(3) X 的概率密度.

解 (1) 由分布函数的性质

$$\begin{cases} 0=F(-\infty)=A-B\cdot\dfrac{\pi}{2}, \\ 1=F(+\infty)=A+B\cdot\dfrac{\pi}{2}. \end{cases}$$

于是 $A=\dfrac{1}{2}$, $B=\dfrac{1}{\pi}$，故 X 的分布函数为

$$F(x)=\dfrac{1}{2}+\dfrac{1}{\pi}\arctan x \quad (-\infty<x<+\infty);$$

(2) $P(-1<X\leqslant 1)=F(1)-F(-1)=\dfrac{1}{2}+\dfrac{1}{\pi}\cdot\dfrac{\pi}{4}-\left(\dfrac{1}{2}-\dfrac{1}{\pi}\cdot\dfrac{\pi}{4}\right)=\dfrac{1}{2}$；

(3) X 的概率密度为

$$p(x)=F'(x)=\dfrac{1}{\pi(1+x^2)} \quad (-\infty<x<+\infty).$$

例 13-3 设连续型随机变量 X 的概率密度为

$$p(x)=\begin{cases} A\cos x, & |x|\leqslant\dfrac{\pi}{2}, \\ 0, & |x|>\dfrac{\pi}{2}. \end{cases}$$

求：(1) 常数 A；(2) X 落在区间 $\left(0,\dfrac{\pi}{4}\right)$ 内的概率；(3) X 的分布函数 $F(x)$.

解 (1) 由概率密度函数的性质

$$1=\int_{-\infty}^{+\infty}p(x)\mathrm{d}x=\int_{-\frac{\pi}{2}}^{\frac{\pi}{2}}A\cos x\mathrm{d}x=2A.$$

故 $A = \dfrac{1}{2}$. 从而 X 的概率密度函数为

$$p(x) = \begin{cases} \dfrac{1}{2}\cos x, & |x| \leqslant \dfrac{\pi}{2}, \\ 0, & |x| > \dfrac{\pi}{2}. \end{cases}$$

(2) $P\left(0 < X < \dfrac{\pi}{4}\right) = \int_0^{\frac{\pi}{4}} p(x)\mathrm{d}x = \int_0^{\frac{\pi}{4}} \dfrac{1}{2}\cos x \mathrm{d}x = \dfrac{1}{2}\sin x \Big|_0^{\frac{\pi}{4}} = \dfrac{\sqrt{2}}{4}$.

(3) $F(x) = \int_{-\infty}^{x} p(t)\mathrm{d}t$.

当 $x < -\dfrac{\pi}{2}$ 时，$F(x) = \int_{-\infty}^{x} p(t)\mathrm{d}t = 0$；

当 $-\dfrac{\pi}{2} \leqslant x < \dfrac{\pi}{2}$ 时，$F(x) = \int_{-\infty}^{x} p(t)\mathrm{d}t = \int_{-\infty}^{-\frac{\pi}{2}} 0 \mathrm{d}t + \int_{-\frac{\pi}{2}}^{x} \dfrac{1}{2}\cos t \mathrm{d}t = \dfrac{\sin x + 1}{2}$；

当 $x \geqslant \dfrac{\pi}{2}$ 时，$F(x) = \int_{-\infty}^{x} p(t)\mathrm{d}t = \int_{-\infty}^{-\frac{\pi}{2}} 0 \mathrm{d}t + \int_{-\frac{\pi}{2}}^{\frac{\pi}{2}} \dfrac{1}{2}\cos t \mathrm{d}t + \int_{\frac{\pi}{2}}^{x} 0 \mathrm{d}t = 1$.

故

$$F(x) = \begin{cases} 0, & x < -\dfrac{\pi}{2}, \\ \dfrac{\sin x + 1}{2}, & -\dfrac{\pi}{2} \leqslant x < \dfrac{\pi}{2}, \\ 1, & x \geqslant \dfrac{\pi}{2}. \end{cases}$$

第 2 节　常见的几种重要分布

一、离散型概率分布

1. 两点分布及 0-1 分布

若随机变量 X 的分布列为 $X \sim \begin{pmatrix} a & b \\ p & q \end{pmatrix}$，其中 $p > 0$，$q = 1 - p$，则称 X 服从**两点分布**.

特别地，若 $a = 1$，$b = 0$，则 X 的分布列为 $X \sim \begin{pmatrix} 0 & 1 \\ q & p \end{pmatrix}$，其中 $p > 0$，$q = 1 - p$，则称 X 服从参数为 p 的 **0-1 分布**，此时 X 的概率函数为

$$P(X = k) = p^k (1-p)^{1-k}, \quad k = 0, 1.$$

例 13-4　一批产品的不合格率为 3%，从中任意抽取一个进行检验，用随机变量 X 来

描述不合格产品出现的情况,即写出 X 的分布.

解 设 X 表示不合格产品的个数,显然 X 取 0 或 1. $X=0$ 表示"产品为合格品",其概率为这批产品的合格率,即 $P(X=0)=1-3\%=97\%$;$X=1$ 表示"产品为不合格品",其概率为这批产品的不合格率,即 $P(X=1)=3\%$. 即有下面概率分布列:

$$X \sim \begin{pmatrix} 0 & 1 \\ 97\% & 3\% \end{pmatrix},$$

X 的概率函数为 $P(X=k)=(3\%)^k(1-3\%)^{1-k}, k=0,1.$

2. 二项分布

设 X 为 n 重伯努利型随机试验中事件 A 出现的次数,由二项概率公式知 X 的概率函数为 $P(X=k)=C_n^k p^k q^{n-k}, k=0,1,2,\cdots,n$,则称 X 服从参数为 n,p 的**二项分布**,记作 $X \sim B(n,p)$.

易见,$P(X=k) \geqslant 0$ 且 $\sum_{k=0}^{n} P(X=k) = \sum_{k=0}^{n} C_n^k p^k q^{n-k} = (p+q)^n = 1.$

当 $n=1$ 时,$B(1,p)$ 就是参数为 p 的 0-1 分布.

例 13-5 一大批种子发芽率为 90%,今从中任取 10 粒,播种后,求:
(1) 恰有 8 粒发芽的概率;(2) 不小于 8 粒发芽的概率.

解 设"发芽的种子粒数"为 X,则由题知,X 服从二项分布 $B(10,0.9)$.

$P(X=8) = C_{10}^8 \cdot 0.9^8 \cdot 0.1^2 \approx 0.1937.$

$P(X \geqslant 8) = P(X=8) + P(X=9) + P(X=10)$
$= C_{10}^8 \cdot 0.9^8 \cdot 0.1^2 + C_{10}^9 \cdot 0.9^9 \cdot 0.1 + C_{10}^{10} \cdot 0.9^{10} \approx 0.9298.$

3. 泊松(Poisson)分布

设随机变量 X 的概率函数为

$$P(X=k) = \frac{\lambda^k}{k!} e^{-\lambda}, k=0,1,2,\cdots$$

则称 X 服从参数为 λ 的**泊松分布**,记作 $X \sim P(\lambda)$.

注 泊松分布的概率值可查书后附表 1.

易见,对于 $\forall \lambda > 0, \dfrac{\lambda^k}{k!} e^{-\lambda}$ 满足

$$P(X=k) \geqslant 0,$$

$$\sum_{k=0}^{+\infty} \frac{\lambda^k}{k!} e^{-\lambda} = e^{-\lambda} \sum_{k=0}^{+\infty} \frac{\lambda^k}{k!} = e^{-\lambda} \cdot e^{\lambda} = 1.$$

泊松分布是自然界和现实生活中经常遇到的一种分布,对于二项分布,当试验次数 n 很大时,计算其概率很麻烦. 我们可以用泊松分布作为二项分布的极限分布,来近似计算.

例 13-6 某一城市每天发生火灾的次数 X 服从参数为 0.8 的泊松分布,求该城市一天内发生 3 次或 3 次以上火灾的概率.

解 由题意得所求概率为

$$P(X \geqslant 3) = 1 - P(X < 3) = 1 - P(X = 0) - P(X = 1) - P(X = 2)$$
$$= 1 - e^{-0.8}\left(\frac{0.8^0}{0!} + \frac{0.8^1}{1!} + \frac{0.8^2}{2!}\right) \approx 0.0474.$$

二、连续型概率分布

1. 均匀分布

若随机变量 X 的概率密度函数为

$$p(x) = \begin{cases} \dfrac{1}{b-a}, & a < x < b, \\ 0, & 其他, \end{cases}$$

则称 X 在区间 (a, b) 内服从**均匀分布**,记作 $X \sim U(a, b)$.

易见,$p(x) \geqslant 0$ 且 $\int_{-\infty}^{+\infty} p(x)\mathrm{d}x = 1$.

均匀分布的分布函数为

$$F(x) = \begin{cases} 0, & x \leqslant a, \\ \dfrac{x-a}{b-a}, & a < x < b, \\ 1, & x \geqslant b. \end{cases}$$

若 $X \sim U(a, b)$,则对 (a, b) 内的任一子区间 (c, d),有

$$P(c < X < d) = \int_c^d p(x)\mathrm{d}x = \int_c^d \frac{1}{b-a}\mathrm{d}x = \frac{d-c}{b-a}.$$

这表明,在某区间内服从均匀分布的随机变量落在这个区间内的某一子区间内的概率,只与这个子区间的长度成正比,而与子区间所处的位置无关,这正是"均匀分布"名称的由来.

2. 指数分布

若随机变量 X 的概率密度函数为

$$p(x) = \begin{cases} \lambda e^{-\lambda x}, & x > 0, \\ 0, & x \leqslant 0, \end{cases} \lambda > 0,$$

则称 X 服从参数为 λ 的**指数分布**,记作 $X \sim E(\lambda)$.

易见,$p(x) \geqslant 0$ 且 $\int_{-\infty}^{+\infty} p(x)\mathrm{d}x = 1$.

指数分布的分布函数为

$$F(x) = \begin{cases} 1 - e^{-\lambda x}, & x > 0, \\ 0, & x \leqslant 0. \end{cases}$$

例 13-7 设随机变量 X 服从参数为 3 的指数分布,求它的概率密度函数和 $P(X \geqslant 1)$

及 $P(-1 < X \leqslant 2)$.

解 X 的概率密度函数为

$$p(x) = \begin{cases} 3e^{-3x}, & x > 0, \\ 0, & x \leqslant 0. \end{cases}$$

$$P(X \geqslant 1) = \int_1^{+\infty} p(x)\,dx = \int_1^{+\infty} 3e^{-3x}\,dx = e^{-3},\ P(-1 < X \leqslant 2) = \int_0^2 3e^{-3x}\,dx = 1 - e^{-6}.$$

3. 正态分布

若随机变量 X 的概率密度函数为

$$p(x) = \frac{1}{\sqrt{2\pi}\sigma} e^{-\frac{(x-\mu)^2}{2\sigma^2}},\ x \in \mathbf{R},$$

其中 $\mu \in \mathbf{R}$，$\sigma \in (0, +\infty)$，则称 X 服从参数为 μ，σ 的**正态分布**，记作 $X \sim N(\mu, \sigma^2)$.

易见，$p(x) \geqslant 0$；

$$\int_{-\infty}^{+\infty} p(x)\,dx = \frac{1}{\sqrt{2\pi}\sigma} \int_{-\infty}^{+\infty} e^{-\frac{(x-\mu)^2}{2\sigma^2}}\,dx = \frac{1}{\sqrt{2\pi}\sigma} \int_{-\infty}^{+\infty} e^{-\frac{t^2}{2}} \sigma\,dt\left(\diamondsuit\ t = \frac{x-\mu}{\sigma}\right).$$

由于泊松积分 $\int_{-\infty}^{+\infty} e^{-\frac{x^2}{2}}\,dx = \sqrt{2\pi}$，因此

$$\int_{-\infty}^{+\infty} p(x)\,dx = \frac{1}{\sqrt{2\pi}}\sqrt{2\pi} = 1.$$

正态分布的概率密度曲线的特征为：
(1) 曲线关于直线 $x = \mu$ 对称；
(2) 曲线在 $x = \mu$ 处取到最大值 $\dfrac{1}{\sqrt{2\pi}\sigma}$；
(3) 曲线在 $x = \mu \pm \sigma$ 处有拐点且以 x 轴为渐近线；
(4) 参数 μ 确定了曲线的位置，σ 确定了曲线中峰的陡峭程度.

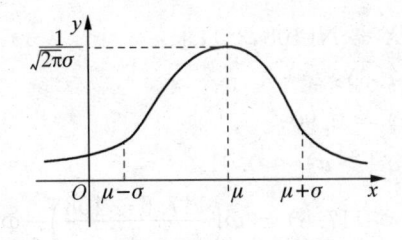

图 13-4

正态分布的分布函数为

$$F(x) = \frac{1}{\sqrt{2\pi}\sigma} \int_{-\infty}^{x} e^{-\frac{(t-\mu)^2}{2\sigma^2}}\,dt,\ x \in \mathbf{R}.$$

参数 $\mu = 0$，$\sigma = 1$ 时的正态分布称为**标准正态分布**，记作 $X \sim N(0, 1)$. 其概率密度函

数为 $\varphi(x) = \frac{1}{\sqrt{2\pi}} e^{-\frac{x^2}{2}}$,概率分布函数为 $\Phi(x) = \frac{1}{\sqrt{2\pi}} \int_{-\infty}^{x} e^{-\frac{t^2}{2}} dt$.

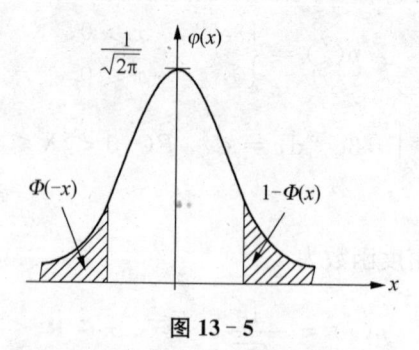

图 13-5

$\varphi(x)$ 与 $\Phi(x)$ 的具体函数值可查书后附表 2 和附表 3.

易见,当 $x = 0$ 时,由对称性可得 $\Phi(0) = \frac{1}{2}$,$\Phi(-x) = 1 - \Phi(x)$,故附表 3 中只给出了 $x \geq 0$ 时 $\Phi(x)$ 的函数值.

标准正态分布的重要性在于,任何一个一般的正态分布都可以通过线性变换转化成标准正态分布.

定理 13-1 若 $X \sim N(\mu, \sigma^2)$,则 $Y = \dfrac{X - \mu}{\sigma} \sim N(0, 1)$.

定理 13-2 若 $X \sim N(\mu, \sigma^2)$,则 $P(a < X \leq b) = \Phi\left(\dfrac{b-\mu}{\sigma}\right) - \Phi\left(\dfrac{a-\mu}{\sigma}\right)$.

由此可知,若 $X \sim N(\mu, \sigma^2)$,则

$$F(x) = P(X \leq x) = \Phi\left(\frac{x-\mu}{\sigma}\right), \quad p(x) = \frac{1}{\sigma} \varphi\left(\frac{x-\mu}{\sigma}\right).$$

推论 13-1 若 X 服从正态分布,则 X 的一次线性函数 $kX + b$ 也服从正态分布,其中 k, b 为常数.

推论 13-2 若 X_1, X_2 服从正态分布,且 X_1 与 X_2 相互独立,则 $k_1 X_1 + k_2 X_2$ 也服从正态分布,其中 k_1, k_2 为常数.

例 13-8 设随机变量 $X \sim N(108, 3^2)$,求:

(1) $P(101.1 < X < 117.6)$;

(2) 常数 a,使 $P(X < a) = 0.90$;

(3) 常数 a,使 $P(|X - a| > a) = 0.01$.

解 (1) $P(101.1 < X < 117.6) = \Phi\left(\dfrac{117.6 - 108}{3}\right) - \Phi\left(\dfrac{101.1 - 108}{3}\right)$

$= \Phi(3.2) - \Phi(-2.3)$

$= \Phi(3.2) + \Phi(2.3) - 1$

$= 0.9993 + 0.9893 - 1$

$= 0.9886;$

(2) $0.90 = P(X < a) = \Phi\left(\dfrac{a - 108}{3}\right)$,查表知,$\dfrac{a - 108}{3} = 1.28$,故 $a = 111.84$;

(3) $0.01 = P(|X-a|>a) = 1-P(|X-a|\leqslant a) = 1-P(0<X\leqslant 2a)$
$= 1-\Phi\left(\dfrac{2a-108}{3}\right),$

即
$$\Phi\left(\dfrac{2a-108}{3}\right) = 0.99.$$

查正态分布表知
$$\dfrac{2a-108}{3} = 2.33,$$

故
$$a = 57.495.$$

例 13-9 某地抽样结果表明,考生的外语成绩 X（百分制）近似服从正态分布,平均成绩（即参数 μ 之值）为 72 分,96 分以上的占考生总数的 2.3%,试求考生的外语成绩在 60 分至 84 分之间的概率.

解 $0.023 = P(X>96) = 1-\Phi\left(\dfrac{96-72}{\sigma}\right) = 1-\Phi\left(\dfrac{24}{\sigma}\right),$

即
$$\Phi\left(\dfrac{24}{\sigma}\right) = 0.977, \dfrac{24}{\sigma} = 2, \dfrac{12}{\sigma} = 1.$$

所求概率为
$$P(60<X<84) = \Phi\left(\dfrac{84-72}{\sigma}\right) - \Phi\left(\dfrac{60-72}{\sigma}\right) = \Phi\left(\dfrac{12}{\sigma}\right) - \Phi\left(-\dfrac{12}{\sigma}\right)$$
$$= 2\Phi\left(\dfrac{12}{\sigma}\right) - 1 = 2\times 0.8413 - 1 = 0.6826.$$

第3节 随机变量函数的分布

设 $y = f(x)$ 是一个通常的实函数, X 是一个随机变量,则 $Y = f(X)$ 作为随机变量 X 的函数,一般也是一个随机变量.自然的问题是：如何由 X 的概率分布求 $Y = f(X)$ 的概率分布?

一、离散型随机变量函数的分布

设 X 为离散型随机变量,其概率分布列为 $P(X=x_k) = p_k$, $k=1,2,\cdots$ 显然 $Y = f(X)$ 也是一个离散型随机变量,设 Y 的分布列为 $P(Y=y_l) = p'_l$, $l=1,2,\cdots$ 则 $p'_l = P(Y=y_l) = P(f(X)=y_l) = P(X\in\{x_k: f(x_k)=y_l\}) = \sum\limits_{f(x_k)=y_l} P(X=x_k) = \sum\limits_{f(x_k)=y_l} p_k,$

即 p'_l 是函数值为 y_l 的所有 X 的取值所对应的概率之和.

具体的做法是：在 X 的概率分布列 $X \sim \begin{pmatrix} x_1 & x_2 & \cdots & x_k & \cdots \\ p_1 & p_2 & \cdots & p_k & \cdots \end{pmatrix}$ 的基础之上,先形式

上写出 Y 的分布列 $Y \sim \begin{pmatrix} f(x_1) & f(x_2) & \cdots & f(x_k) & \cdots \\ p_1 & p_2 & \cdots & p_k & \cdots \end{pmatrix}$，然后将 $f(x_1), f(x_2), \cdots$ 中相等的函数值合并，对应的概率相加.

例 13-10 已知 X 的概率分布列 $X \sim \begin{pmatrix} -1 & 0 & 1 & 1.5 & 3 \\ 0.2 & 0.1 & 0.3 & 0.3 & 0.1 \end{pmatrix}$，求 X^2 的概率分布.

解 当 $X=-1$ 或 1 时，$X^2=1$，故事件 $X^2=1$ 是事件 $X=-1$ 与 $X=1$ 概率之和；当 $X=0$ 时，$X^2=0$；当 $X=1.5$ 时，$X^2=2.25$；当 $X=3$ 时，$X^2=9$，则 X^2 的概率分布列为

$$X^2 \sim \begin{pmatrix} 0 & 1 & 2.25 & 9 \\ 0.1 & 0.5 & 0.3 & 0.1 \end{pmatrix}.$$

二、连续型随机变量函数的分布

一般地，连续型随机变量的函数不一定是连续型随机变量，我们这里只讨论仍然是连续型随机变量的情形.

设 $p_X(x)$ 为随机变量 X 的概率密度函数，记 $D_y = \{x: f(x) \leqslant y\}$，则 $Y = f(X)$ 的分布函数为

$$F_Y(y) = P(Y \leqslant y) = P(f(X) \leqslant y) = P(X \in D_y) = \int_{x \in D_y} p_X(x) \mathrm{d}x = \int_{f(x) \leqslant y} p_X(x) \mathrm{d}x,$$

进而得 $Y = f(X)$ 的概率密度函数为 $p_Y(y) = F'_Y(y)$.

例 13-11 已知随机变量 X 的概率密度是 $p_X(x)$，$Y = 2X - 1$，求 Y 的概率密度 $p_Y(x)$.

解 首先求 Y 的分布函数 $F_Y(x)$，依题意，有

$$F_Y(x) = P(Y \leqslant x) = P(2X - 1 \leqslant x)$$
$$= P\left(X \leqslant \frac{x+1}{2}\right) = F_X\left(\frac{x+1}{2}\right).$$

上式两边同时对 x 求导，得

$$p_Y(x) = p_X\left(\frac{x+1}{2}\right) \cdot \frac{1}{2}.$$

第 4 节 二维随机变量

在实际应用中，许多随机现象需要用多个随机变量才能刻画清楚，因而在理论上需要研究定义在同一个概率空间中的多维随机变量. 因为从二维推广到多维一般无实质性的困难，所以我们重点讨论二维随机变量.

一、二维随机变量概率分布的概念

定义 13-6 设 X_1, X_2 是定义在同一个概率空间中的随机变量，则称 $X = (X_1, X_2)$

为二维随机变量或二维随机向量.

定义 13-7 称二元函数 $F(x, y) = P(X_1 \leqslant x, X_2 \leqslant y)$, $(x, y) \in \mathbf{R}^2$ 为二维随机变量的**联合概率分布函数**,简称**联合分布函数**.

联合分布函数具有以下性质:

(1) $0 \leqslant F(x, y) \leqslant 1$;

(2) $F(x, y)$ 关于 x, y 均单调不减、右连续;

(3) $F(-\infty, y) = \lim\limits_{x \to -\infty} F(x, y) = 0$, $F(x, -\infty) = \lim\limits_{y \to -\infty} F(x, y) = 0$,

$F(-\infty, -\infty) = \lim\limits_{\substack{x \to -\infty \\ y \to -\infty}} F(x, y) = 0$, $F(+\infty, +\infty) = \lim\limits_{\substack{x \to +\infty \\ y \to +\infty}} F(x, y) = 1$.

二、二维离散型随机变量

定义 13-8 若二元随机变量 (X, Y) 所有可能取值为有限个或可数个,则称 (X, Y) 为**二维离散型随机变量**.

注 由定义可知,(X, Y) 为二维离散型随机变量当且仅当 X, Y 均为离散型随机变量.

定义 13-9 设 (X, Y) 为二维离散型随机变量,其一切可能取值为 (x_k, y_l), $k, l = 1, 2, \cdots$ 则称 $p_{kl} = P(X = x_k, Y = y_l)$ 为二维离散型随机变量 (X, Y) 的**联合(概率)分布列**.

为直观起见,通常写成如下表格形式(见表 13-1).

表 13-1

X \ Y	y_1	y_2	$\cdots$	y_j	$\cdots$
x_1	p_{11}	p_{12}	$\cdots$	p_{1j}	$\cdots$
x_2	p_{21}	p_{22}	$\cdots$	p_{2j}	$\cdots$
$\vdots$	$\cdots$	$\cdots$	$\cdots$	$\cdots$	$\cdots$
x_i	p_{i1}	p_{i2}	$\cdots$	p_{ij}	$\cdots$
$\vdots$	$\cdots$	$\cdots$	$\cdots$	$\cdots$	$\cdots$

易见,p_{kl} 满足下列性质:

(1) 非负性:$p_{kl} = P(X = x_k, Y = y_l) \geqslant 0$, $k, l = 1, 2, \cdots$

(2) 规范性:$\sum\limits_{k=1}^{\infty} \sum\limits_{l=1}^{\infty} p_{kl} = 1$.

定义 13-10 二维离散型随机变量 (X, Y) 中,X 与 Y 分别作为一维随机变量,也有各自的分布规律,分别称为 (X, Y) 关于 X 和 Y 的**边缘概率分布列**.

设 (X, Y) 的联合分布列为 $p_{kl} = P(X = x_k, Y = y_l)$,则 X 与 Y 各自的边缘分布列为

$$p_{k \cdot} = P(X = x_k) = \sum_{l=1}^{\infty} P(X = x_k, Y = y_l) = \sum_{l=1}^{\infty} p_{kl}, \quad k = 1, 2, \cdots$$

$$p_{\cdot l} = P(Y = y_l) = \sum_{k=1}^{\infty} P(X = x_k, Y = y_l) = \sum_{k=1}^{\infty} p_{kl}, \quad l = 1, 2, \cdots$$

例 13-12 已知 10 件产品中有 3 件一等品、5 件二等品、2 件三等品，现从中任取 4 件，求其中一等品件数、二等品件数的二维联合分布列和边缘分布列.

解 记 X, Y 分别表示所取出的 4 件产品中的一等品件数、二等品件数，则

$$P(X=k, Y=l) = \frac{C_3^k C_5^l C_2^{4-k-l}}{C_{10}^4}, k=0,1,2,3; l=0,1,2,3,4; k+l=2,3,4.$$

对上述表达式计算，可得 (X, Y) 的联合分布列如下表.

X \ Y	0	1	2	3	4
0	0	0	1/21	2/21	1/42
1	0	1/14	2/7	1/7	0
2	1/70	1/7	1/7	0	0
3	1/105	1/42	0	0	0

从而 X, Y 的边缘分布列分别为

$$X \sim \begin{pmatrix} 0 & 1 & 2 & 3 \\ \frac{1}{6} & \frac{1}{2} & \frac{3}{10} & \frac{1}{30} \end{pmatrix}, Y \sim \begin{pmatrix} 0 & 1 & 2 & 3 & 4 \\ \frac{1}{42} & \frac{5}{21} & \frac{10}{21} & \frac{5}{21} & \frac{1}{42} \end{pmatrix}.$$

三、二维连续型随机变量

定义 13-11 设 $F(x, y)$ 为二维随机变量 (X, Y) 的联合概率分布函数，若存在非负可积函数 $p(x, y)$，使得

$$F(x, y) = \int_{-\infty}^{x} \int_{-\infty}^{y} p(s, t) \mathrm{d}s \mathrm{d}t, (x, y) \in \mathbf{R}^2,$$

则称 (X, Y) 为**二维连续型随机变量**，$p(x, y)$ 为 (X, Y) 的**联合概率密度函数**.

易见，$p(x, y)$ 满足下列性质：

(1) 非负性：$p(x, y) \geqslant 0$；

(2) 规范性：$\int_{-\infty}^{+\infty} \int_{-\infty}^{+\infty} p(x, y) \mathrm{d}x \mathrm{d}y = 1$；

(3) 由 $p(x, y)$ 表示的概率计算公式：

$$P(x_1 < X \leqslant x_2, y_1 < Y \leqslant y_2) = \int_{x_1}^{x_2} \int_{y_1}^{y_2} p(s, t) \mathrm{d}s \mathrm{d}t.$$

一般地，对任一平面内可度量区域 D，有

$$P((X, Y) \in D) = \iint_D p(x, y) \mathrm{d}x \mathrm{d}y.$$

(4) 若 $p(x, y)$ 在点 (x, y) 处连续，则由微积分基本定理可得：

$$p(x, y) = \frac{\partial^2 F(x, y)}{\partial x \partial y}.$$

定义 13-12 设 (X, Y) 为二维连续型随机变量，X, Y 的分布函数分别为

$$F_X(x) = F(x, +\infty) = \int_{-\infty}^{x} \left(\int_{-\infty}^{+\infty} p(s, y) \mathrm{d}y \right) \mathrm{d}s,$$

$$F_Y(y) = F(-\infty, y) = \int_{-\infty}^{y} \left(\int_{-\infty}^{+\infty} p(x, t) \mathrm{d}x \right) \mathrm{d}t.$$

这表明 X, Y 也是连续型随机变量，进而可得 X, Y 的概率密度函数分别为

$$p_X(x) = F'_X(x) = \int_{-\infty}^{+\infty} p(x, y) \mathrm{d}y, \quad x \in \mathbf{R},$$

$$p_Y(y) = F'_Y(y) = \int_{-\infty}^{+\infty} p(x, y) \mathrm{d}x, \quad y \in \mathbf{R},$$

称为 X, Y 的**边缘概率密度函数**.

四、随机变量的相互独立性

定义 13-13 设 X 与 Y 是两个随机变量，若对任意的实数 x, y，事件 $\{X \leqslant x\}$ 与 $\{Y \leqslant y\}$ 独立，即

$$P(X \leqslant x, Y \leqslant y) = P(X \leqslant x) P(Y \leqslant y),$$

则称 X 与 Y **相互独立**，简称**独立**，否则称 X 与 Y **相依**.

用分布函数表示为 $F(x, y) = F_X(x) F_Y(y), \forall x, y \in \mathbf{R}.$

对离散型随机变量来说，即 $p_{kl} = p_k. \cdot p_{.l}$，

对连续型随机变量来说，即 $p(x, y) = p_X(x) p_Y(y)$.

例 13-13 设二维随机变量 (X, Y) 的联合分布律为

X \ Y	1	2	3
1	$\frac{1}{6}$	$\frac{1}{9}$	$\frac{1}{18}$
2	$\frac{1}{3}$	A	B

试问：当 A, B 为何值时，X 与 Y 相互独立？

解 由联合分布律的性质知，$\frac{1}{6} + \frac{1}{9} + \frac{1}{18} + \frac{1}{3} + A + B = A + B + \frac{2}{3} = 1$，解得

$$A + B = \frac{1}{3}. \tag{13-1}$$

若 X 与 Y 相互独立，则有 $p_{13} = p_1. \cdot p_{.3}$，而 $p_1. = \frac{1}{6} + \frac{1}{9} + \frac{1}{18} = \frac{1}{3}$，$p_{.3} = \frac{1}{18} + B$，

故有

$$\frac{1}{18} = \frac{1}{3}\left(\frac{1}{18} + B\right) \tag{13-2}$$

式(13-1)、式(13-2)联立,解得 $A = \frac{2}{9}, B = \frac{1}{9}$.

例 13-14 甲、乙两人约定中午 12:30 在某地会面,如果甲到达的时间在 12:15 到 12:45 之间是均匀分布,乙到达的时间在 12:00 到 13:00 之间是均匀分布,试问:

(1) 先到的人等待另一个人的时间不超过 5 分钟的概率为多少?

(2) 甲先到的概率为多少?

解 设甲到达的时间为 12 点过 X 分,乙到达的时间为 12 点过 Y 分,依题意知,$X \sim U(15, 45)$,$Y \sim U(0, 60)$,且 X 与 Y 相互独立.

从而 X 与 Y 的联合概率密度为

$$p(x, y) = p_X(x) \cdot p_Y(y) = \begin{cases} \dfrac{1}{45-15} \cdot \dfrac{1}{60-0} = \dfrac{1}{1\,800}, & 15 < x < 45, 0 < y < 60, \\ 0, & \text{其他}. \end{cases}$$

(1) 所求概率为 $P(|Y - X| \leqslant 5) = \iint\limits_{|y-x| \leqslant 5} p(x, y) \mathrm{d}x \mathrm{d}y = \dfrac{1}{1\,800} \int_{15}^{45} \mathrm{d}x \int_{x-5}^{x+5} \mathrm{d}y = \dfrac{1}{6}$;

(2) 所求概率为 $P(Y > X) = \iint\limits_{y > x} p(x, y) \mathrm{d}x \mathrm{d}y = \dfrac{1}{1\,800} \int_{15}^{45} \mathrm{d}x \int_{x}^{60} \mathrm{d}y = \dfrac{1}{2}$.

习题 13

1. 投掷一枚硬币,设 X 为一次投掷中出现正面的次数,写出 X 的概率函数和分布函数.
2. 一个袋中装有 5 只同样规格,编号为 1,2,3,4,5 的球,现从中同时取出 3 只球,求其中最大号码数的分布列.
3. 设离散型随机变量 X 的分布函数为

$$F(x) = \begin{cases} 0, & x < -1, \\ 0.4, & -1 \leqslant x < 1, \\ 0.8, & 1 \leqslant x < 3, \\ 1, & x \geqslant 3. \end{cases}$$

试求:(1) X 的概率分布;

(2) $P(X < 2 \mid X \neq 1)$.

4. 设随机变量 X 的分布函数为

$$F(x) = \begin{cases} 0, & x \leqslant 0, \\ x^2, & 0 < x \leqslant 1, \\ 1, & x > 1. \end{cases}$$

求:(1) $P(0.3 < X < 0.7)$;

(2) X 的概率密度函数.

5. 设随机变量 X 只能取 $-1,0,1,2$ 四个值,相应的概率依次为 $\dfrac{1}{2c},\dfrac{3}{4c},\dfrac{5}{8c},\dfrac{7}{16c}$,求常数 c 的值,并计算 $P(X<1\mid X\neq 0)$.

6. 设随机变量 X 的分布函数为

$$F(x)=\begin{cases}1+Ae^{-x}, & x>0,\\ 0, & x\leqslant 0.\end{cases}$$

求:(1) B 的值;(2) $P(-2<X<1)$.

7. 设随机变量 X 的概率密度函数为

$$p(x)=\dfrac{c}{1+x^2},\ x\in\mathbf{R}.$$

求:(1) 常数 c;
(2) X 的分布函数 $F(x)$;
(3) X 落入区间 $(0,1)$ 内的概率.

8. 某路公共汽车每隔 8 min 发出一辆汽车,一乘客在任一时刻到达车站是等可能的,求:
(1) 该乘客候车时间的概率分布;
(2) 该乘客候车时间超过 5 min 的概率.

9. 设某射手每次射击打中目标的概率为 0.5,现在连续射击 10 次,求击中目标的次数 X 的概率分布.又设规定至少命中 3 次才可以参加下一步的考核,求此射手不能参加考核的概率.

10. 在长度为 t 的时间间隔内,某急救中心收到紧急呼救的次数 X 服从参数为 $\dfrac{t}{2}$ 的泊松分布,而与时间间隔的起点无关(时间以小时计),求:
(1) 某一天从中午 12 时至下午 3 时没有收到紧急呼救的概率;
(2) 某一天从中午 12 时至下午 5 时至少收到 1 次紧急呼救的概率.

11. 设甲打一次电话所需要的时间(以 min 为单位)服从参数 $\lambda=\dfrac{1}{5}$ 的指数分布,当乙排在他后面等待时,求:
(1) 乙需要等待 5 min 以上的概率;
(2) 乙需要等待 5~10 min 的概率.

12. 设 $X\sim N(0,1)$,求: $P(X<2.35),P(X<-1.25),P(\mid X\mid<3),P(-1<X<3)$.

13. 已知 $X\sim N(10,4)$,求: $P(10<X<13),P(X>13),P(\mid X-10\mid<2)$.

14. 某地区一种公共汽车车门的高度是按照控制男乘客与车门顶碰头的机会低于 1‰ 的要求来设计的.设该地区男子身高服从参数 $\mu=170$(cm), $\sigma=9$(cm) 的正态分布,试确定车门的高度.

15. 已知某台机器生产的螺栓长度为 X(单位:cm)服从参数 $\mu=10.05,\sigma=0.06$ 的正态分布,规定螺栓长度在 10.05 ± 0.12 内为合格品,求螺栓为合格品的概率.

16. 设随机变量 X 的概率分布列为 $P(X=-1)=\dfrac{1}{4}$, $P(X=0)=\dfrac{1}{2}$, $P(X=1)=\dfrac{1}{4}$, 求 $Y=X^2$ 的分布.

17. 设 $X \sim N(0,1)$, 求 $Y=X^2$ 的概率密度函数.

18. 袋中有 2 个白球、3 个黑球, 不放回的连续取两次球, 每次取 1 个, 设随机变量 X, Y 分别为第一、二次取得白球的个数, 试求:

(1) (X, Y) 的联合分布律;

(2) X 与 Y 的边缘分布律;

(3) 判断 X 与 Y 是否相互独立.

19. 已知 (X, Y) 的联合概率密度函数为

$$p(x, y) = \begin{cases} 3x, & 0 < x < 10, 0 < y < x, \\ 0, & \text{其他}. \end{cases}$$

求 X 与 Y 的边缘概率密度函数.

20. 设随机变量 X 与 Y 都服从 $N(0,1)$ 分布, 且 X 与 Y 相互独立, 求 (X, Y) 的联合概率密度函数.

第 14 章　随机变量的数字特征

> **学习目的**
> 1. 掌握随机变量的数学期望的计算方法,掌握数学期望的性质并能灵活运用;
> 2. 掌握随机变量的方差的计算方法,掌握方差的性质并能灵活运用,掌握协方差和相关系数的概念和计算方法;
> 3. 牢记几种常用分布的数学期望和方差;
> 4. 熟练应用中心极限定理计算.

在前两章中我们看到,随机变量和多维随机变量的概率分布完整地描述了它们取值的统计规律,但在许多实际问题中,要确定一个具体随机变量的概率分布有时很困难,而往往只需要知道它们在某些方面的特征就够了.

例如:学生参加某门考试的成绩是一随机变量,为了比较两个班级学生的考试成绩,通常的做法是把两个班级的平均分数算出来进行比较.此外,我们还关心每个班级各学生成绩的差异情况,这就需要对每个班级考察各学生得分关于平均分的偏离情况.显然,从整体上看,平均分数越高,关于平均分数的偏离越小的班级,学习成绩就越好.像这些能够用简洁形式刻画随机变量某种特征的量,就叫作随机变量的**数字特征**.

第 1 节　数学期望

一、离散型随机变量的数学期望

定义 14-1　设 X 为离散型随机变量,其概率函数 $P(X=x_k)=p_k$, $k=1,2,\cdots$ 若级数 $\sum_{k=1}^{\infty} x_k p_k$ 绝对收敛,即 $\sum_{k=1}^{\infty} |x_k| p_k < +\infty$,则称 $\sum_{k=1}^{\infty} x_k p_k$ 为**离散型随机变量 X 的数学期望**,记作 $E(X)$,即 $E(X) = \sum_{k=1}^{\infty} x_k p_k$. 若级数 $\sum_{k=1}^{\infty} |x_k| p_k$ 发散,则称随机变量 X 的数学期望不存在.

注　$E(X)$ 刻画了 X 的统计平均值,是 X 取值环绕的中心,是代表集中性的特征数,它与普通的算术平均值有着本质的差别,但在实际应用中,可通过独立的取 X 一定次数的观测值 $x_1, x_2, \cdots, x_n$,用它们的算术平均 $\bar{x} = \frac{1}{n} \sum_{k=1}^{n} x_k$ 作为 $E(X)$ 的近似估计值.

例 14-1　甲、乙两名射手在一次射击中得分(分别用 X,Y 表示)分布律如下表所示,试比较甲、乙两名射手的技术.

$$X \sim \begin{pmatrix} 1 & 2 & 3 \\ 0.4 & 0.1 & 0.5 \end{pmatrix}, Y \sim \begin{pmatrix} 1 & 2 & 3 \\ 0.1 & 0.6 & 0.3 \end{pmatrix}$$

解 $E(X) = 1 \times 0.4 + 2 \times 0.1 + 3 \times 0.5 = 2.1$,
$E(Y) = 1 \times 0.1 + 2 \times 0.6 + 3 \times 0.3 = 2.2$,

这表明,如果进行多次射击,他们得分的平均值分别为 2.1 和 2.2,故乙射手较甲射手的技术好.

二、连续型随机变量的数学期望

定义 14-2 设 X 是连续型随机变量,其概率密度函数为 $p(x)$,若积分 $\int_{-\infty}^{+\infty} xp(x)\mathrm{d}x$ 绝对收敛,即 $\int_{-\infty}^{+\infty} |x| p(x)\mathrm{d}x < +\infty$,则称 $\int_{-\infty}^{+\infty} xp(x)\mathrm{d}x$ 为**连续型随机变量 X 的数学期望**,记作 $E(X)$. 若 $\int_{-\infty}^{+\infty} |x| p(x)\mathrm{d}x$ 发散,则称 X 的数学期望不存在.

例 14-2 计算在区间 (a, b) 内服从均匀分布的随机变量 X 的数学期望.

解 依题意,

$$p(x) = \begin{cases} \dfrac{1}{b-a}, & a < x < b, \\ 0, & 其他. \end{cases}$$

故 $E(X) = \int_a^b x \dfrac{1}{b-a} \mathrm{d}x = \dfrac{a+b}{2}$.

例 14-3 已知随机变量 X 的密度函数为

$$p(x) = \begin{cases} \dfrac{1}{\pi \sqrt{1-x^2}}, & |x| < 1, \\ 0, & |x| \geqslant 1. \end{cases}$$

求 X 的数学期望.

解 $E(X) = \int_{-\infty}^{+\infty} xp(x)\mathrm{d}x = \int_{-\infty}^{-1} x \cdot 0 \mathrm{d}x + \int_{-1}^{1} x \dfrac{1}{\pi \sqrt{1-x^2}} \mathrm{d}x + \int_{1}^{+\infty} x \cdot 0 \mathrm{d}x$
$= 0.$

三、数学期望的性质

(1) 若 $a \leqslant X \leqslant b$,则 $E(X)$ 存在,且 $a \leqslant E(X) \leqslant b$.

推论 若 C 为常数,则 $E(C) = C$.

(2) 若随机变量 X 与 Y 的数学期望均存在,则对任意常数 a, b,$aX + bY$ 的数学期望也存在,且 $E(aX + bY) = aE(X) + bE(Y)$.

(3) 设随机变量 X 与 Y 相互独立,若 $E(X)$ 与 $E(Y)$ 均存在,则 XY 的数学期望也存在,且 $E(XY) = E(X)E(Y)$.

注 性质 3 可以推广到任意有限个的情形.

例 14-4 对于例 14-1 中随机变量 X 与 Y,求随机变量 $2XY-X$ 的数学期望.

解 显然,X 与 Y 相互独立,故
$$E(2XY-X) = 2E(X)E(Y)-E(X)$$
$$= 2\times 2.1\times 2.2-2.1 = 7.14.$$

例 14-5 测量某个圆的直径,其结果为一连续型随机变量 X. 若已知 $X\sim U(a,b)$,求圆面积的数学期望.

解 设圆面积为 Y,则 $Y=\dfrac{\pi}{4}X^2$,因 $X\sim U(a,b)$,所以
$$p_X(x)=\begin{cases}\dfrac{1}{b-a}, & a<x<b,\\ 0, & \text{其他}.\end{cases}$$

故
$$E(Y) = E\left(\frac{\pi}{4}X^2\right) = \frac{\pi}{4}E(X^2)$$
$$= \frac{\pi}{4}\int_{-\infty}^{+\infty} x^2 p_X(x)\mathrm{d}x = \frac{\pi}{4}\int_a^b \frac{1}{b-a}x^2\mathrm{d}x$$
$$= \frac{\pi}{4}\cdot\frac{1}{b-a}\cdot\frac{1}{3}x^3\Big|_a^b = \frac{\pi}{12}(a^2+ab+b^2).$$

第 2 节 方差、协方差

一、方差

随机变量的数学期望反映了随机变量取值的环绕中心,但在许多实际问题中,仅仅知道这一个数字特征是不够的.

定义 14-3 设 X 是一个随机变量,若 $E\{(X-E(X))^2\}$ 存在,则称之为 X 的**方差**,记作 $D(X)$,即 $D(X)=E\{(X-E(X))^2\}$. 称 $\sigma_X=\sqrt{D(X)}$ 为 X 的**标准差**.

注 $D(X)$ 刻画了 X 的取值关于 $E(X)$ 的偏离程度,$D(X)$ 越小,X 的取值越集中;$D(X)$ 越大,X 的取值越分散.

二、方差的计算

离散型:设随机变量 $X\sim\begin{pmatrix}x_1 & x_2 & \cdots & x_n\\ p_1 & p_2 & \cdots & p_n\end{pmatrix}$ 或 $X\sim\begin{pmatrix}x_1 & x_2 & \cdots & x_n & \cdots\\ p_1 & p_2 & \cdots & p_n & \cdots\end{pmatrix}$,则
$$D(X)=\sum_{k=1}^n (x_k-E(X))^2 p_k \text{ 或 } D(X)=\sum_{k=1}^\infty (x_k-E(X))^2 p_k.$$

连续型:设随机变量 X 的概率密度函数为 $p(x)$,则

$$D(X) = \int_{-\infty}^{+\infty} (x - E(X))^2 p(x) \mathrm{d}x.$$

由于

$$D(X) = E\{(X - E(X))^2\} = E\{X^2 - 2XE(X) + (E(X))^2\}$$
$$= E(X^2) - 2E(X)E(X) + (E(X))^2 = E(X^2) - (E(X))^2,$$

因此得方差的一个**简化计算公式**：$D(X) = E(X^2) - (E(X))^2$.

三、方差的性质

1. 设 $D(X)$ 存在，a, b 为常数，则 $D(aX + b) = a^2 D(X)$.

推论 常数 C 的方差为零，即 $D(C) = 0$.

2. 设 X, Y 为两个随机变量，则

$$D(X \pm Y) = D(X) + D(Y) \pm 2E[X - E(X)][Y - E(Y)].$$

特别地，若 X, Y 相互独立，则

$$D(X \pm Y) = D(X) + D(Y).$$

例 14-6 求例 14-1 中随机变量 X, Y 的方差 $D(X), D(Y)$ 及 $X - Y$ 的方差.

解 由方差的定义知，

$$D(X) = (1 - 2.1)^2 \cdot 0.4 + (2 - 2.1)^2 \cdot 0.1 + (3 - 2.1)^2 \cdot 0.5 = 0.89,$$

$$D(Y) = (1 - 2.2)^2 \cdot 0.1 + (2 - 2.2)^2 \cdot 0.6 + (3 - 2.3)^2 \cdot 0.3 = 0.315,$$

$$D(X - Y) = D(X) + D(-Y) = D(X) + (-1)^2 D(Y)$$
$$= D(X) + D(Y) = 0.89 + 0.315 = 1.205.$$

因为 $D(Y) < D(X)$，这说明乙射手比甲射手发挥稳定.

例 14-7 若连续型随机变量 X 的概率密度为

$$p_X(x) = \begin{cases} ax^2 + bx + c, & 0 < x < 1, \\ 0, & \text{其他}. \end{cases}$$

已知 $E(X) = 0.5, D(X) = 0.15$，求系数 a, b, c.

解 因 $\int_{-\infty}^{+\infty} p_X(x) \mathrm{d}x = 1$，故 $\int_0^1 (ax^2 + bx + c) \mathrm{d}x = 1$，即有

$$\frac{1}{3}a + \frac{1}{2}b + c = 1. \tag{14-1}$$

因 $E(X) = 0.5$，故 $\int_0^1 x(ax^2 + bx + c) \mathrm{d}x = 0.5$，即有

$$\frac{1}{4}a + \frac{1}{3}b + \frac{1}{2}c = 0.5. \tag{14-2}$$

因 $D(X) = 0.15, E(X) = 0.5$ 及 $D(X) = E(X^2) - (E(X))^2$，故

$$E(X^2) = 0.15 + 0.5^2 = 0.4,$$

即有

$$\int_0^1 x^2(ax^2+bx+c)\mathrm{d}x = \frac{1}{5}a + \frac{1}{4}b + \frac{1}{3}c = 0.4. \tag{14-3}$$

式(14-1)、式(14-2)、式(14-3)联立,解得 $a=12, b=-12, c=3$.

四、几种常见分布的数学期望与方差

1. 0-1 分布

设 $X \sim B(1, p)$,即

$$P\{X=1\} = p, \; P\{X=0\} = 1-p = q \quad (0<p<1),$$

则

$$E(X) = p, \; D(X) = E[X-E(X)]^2 = (1-p)^2 \cdot p + (0-p)^2 \cdot q = pq.$$

2. 二项分布

设 $X \sim B(n, p)$,即

$$P\{X=k\} = C_n^k p^k q^{n-k} (0<p<1, q=1-p; k=0,1,2,\cdots,n),$$

则

$$E(X) = \sum_{k=0}^{n} k C_n^k p^k q^{n-k} = \sum_{k=0}^{n} k \frac{n!}{k!(n-k)!} p^k q^{n-k} = np.$$

根据数学期望的定义可以算出

$$E(X^2) = n(n-1)p^2 + np,$$

故

$$D(X) = E(X^2) - (E(X))^2 = npq.$$

3. 泊松分布

设 $X \sim P(\lambda)$,即

$$P\{X=k\} = \frac{\lambda^k}{k!}\mathrm{e}^{-\lambda} \quad (k=0,1,2,\cdots),$$

则

$$E(X) = \sum_{k=0}^{n} k \frac{\lambda^k \mathrm{e}^{-\lambda}}{k!} = \lambda.$$

$$D(X) = E(X^2) - (E(X))^2 = \lambda^2 + \lambda - \lambda^2 = \lambda.$$

4. 均匀分布

设 $X \sim U(a, b)$,则

$$E(X) = \int_{-\infty}^{+\infty} xp(x)\,dx = \int_a^b x\frac{1}{b-a}dx = \frac{a+b}{2}.$$

由 $E(X^2) = \dfrac{a^2+ab+b^2}{3}$，可以推出

$$D(X) = E(X^2) - (E(X))^2 = \frac{(b-a)^2}{12}.$$

5. 指数分布

设 $X \sim E(\lambda)$，则

$$E(X) = \int_{-\infty}^{+\infty} xp(x)\,dx = \int_{-\infty}^{+\infty} x\lambda e^{-\lambda x}\,dx = \frac{1}{\lambda}.$$

由 $E(X^2) = \dfrac{2}{\lambda^2}$，可以推出

$$D(X) = E(X^2) - (E(X))^2 = \frac{1}{\lambda^2}.$$

6. 正态分布

设 $X \sim N(\mu, \sigma^2)$，则

$$E(X) = \int_{-\infty}^{+\infty} xp(x)\,dx = \int_{-\infty}^{+\infty} x\frac{1}{\sqrt{2\pi}\sigma}e^{-\frac{(x-\mu)^2}{2\sigma^2}}dx = \mu.$$

由方差定义可以直接算出

$$D(X) = \int_{-\infty}^{+\infty}(x-\mu)^2 \frac{1}{\sqrt{2\pi}\sigma} e^{-\frac{(x-\mu)^2}{2\sigma^2}}dx \xrightarrow{\diamondsuit t = \frac{(x-\mu)}{\sigma}} \int_{-\infty}^{+\infty}\frac{\sigma^2}{\sqrt{2\pi}}t^2 e^{-\frac{t^2}{2}}dt$$

$$= \frac{\sigma^2}{\sqrt{2\pi}}\left(-te^{-\frac{t^2}{2}}\Big|_{-\infty}^{+\infty} + \int_{-\infty}^{+\infty} e^{-\frac{t^2}{2}}dt\right) = 0 + \sigma^2 \int_{-\infty}^{+\infty}\frac{1}{\sqrt{2\pi}}e^{-\frac{t^2}{2}}dt = \sigma^2.$$

五、协方差与相关系数

前面我们知道，若 X,Y 相互独立，它们的数学期望均存在，则有

$$E(XY) = E(X)X(Y),$$

它等价于 $E[X-E(X)][Y-E(Y)] = 0.$

因此，若 $E[X-E(X)][Y-E(Y)] \neq 0$，则 X 与 Y 肯定不独立，这表明 X 与 Y 中心化乘积的数学期望 $E[X-E(X)][Y-E(Y)]$ 能提供 X 与 Y 间相互关系的一定信息.

定义 14-4 对于二维随机变量 (X, Y)，称 $E[X-E(X)][Y-E(Y)]$ 为 X 与 Y 的**协方差**，记作 $Cov(X, Y)$.

协方差的计算：

离散型：设 $P(X = x_k, Y = y_l) = p_{kl}$，$k, l = 1, 2, \cdots$ 则

$$\mathrm{Cov}(X,Y) = \sum_k \sum_l [x_k - E(X)][y_l - E(Y)] p_{kl}.$$

连续型：$\mathrm{Cov}(X,Y) = \int_{-\infty}^{+\infty} \int_{-\infty}^{+\infty} [x - E(X)][y - E(Y)] p(x,y) \mathrm{d}x \mathrm{d}y.$

显然，$\mathrm{Cov}(X,X) = D(X)$.

协方差具有下列性质：

(1) $\mathrm{Cov}(X,Y) = \mathrm{Cov}(Y,X) = E(XY) - E(X)E(Y)$；

(2) 若 $\mathrm{Cov}(X,Y)$ 存在，则 $\forall a, b$，$\mathrm{Cov}(aX, bY)$ 也存在，且

$$\mathrm{Cov}(aX, bY) = ab\mathrm{Cov}(X,Y);$$

(3) $\mathrm{Cov}\left(\sum_{k=1}^n X_k, Y\right) = \sum_{k=1}^n \mathrm{Cov}(X_k, Y)$；

(4) 若 X 与 Y 独立，则 $\mathrm{Cov}(X,Y) = 0$.

定义 14-5 设 X 与 Y 的方差均存在且大于零，则称

$$\rho = \frac{\mathrm{Cov}(X,Y)}{\sqrt{D(X)}\sqrt{D(Y)}}$$

为 X 与 Y 的**相关系数**.

相关系数具有下列性质：

(1) $|\rho| \leqslant 1$；

(2) $|\rho| = 1$ 的充要条件是 X 与 Y 以概率 1 线性相关，即存在常数 a, b，使 $P(Y = aX + b) = 1$；

定义 14-6 当 $\rho = 0$ 时，称 X 与 Y **不相关**.

定理 14-1 对于随机变量 X 与 Y，下列命题是等价的：

(1) X 与 Y 不相关；

(2) $\mathrm{Cov}(X,Y) = 0$；

(3) $E(XY) = E(X)E(Y)$；

(4) $D(X \pm Y) = D(X) + D(Y)$.

例 14-8 已知离散型随机变量的概率分布为：

X \ Y	−1	0	2
0	0.1	0.2	0
1	0.3	0.05	0.1
2	0.15	0	0.1

求 $\mathrm{Cov}(X,Y)$.

解 容易得到 $X \sim \begin{pmatrix} 0 & 1 & 2 \\ 0.3 & 0.45 & 0.25 \end{pmatrix}$，$Y \sim \begin{pmatrix} -1 & 0 & 2 \\ 0.55 & 0.25 & 0.2 \end{pmatrix}$，于是有

$$E(X) = 0 \times 0.3 + 1 \times 0.45 + 2 \times 0.25 = 0.95,$$

$$E(Y) = (-1) \times 0.55 + 0 \times 0.25 + 2 \times 0.2 = -0.15,$$

$$E(XY) = 0 \times (-1) \times 0.1 + 0 \times 0 \times 0.2 + 0 \times 2 \times 0 + 1 \times (-1) \times 0.3 + 1 \times 0 \times 0.05$$
$$+ 1 \times 2 \times 0.1 + 2 \times (-1) \times 0.15 + 2 \times 0 \times 0 + 2 \times 2 \times 0.1$$
$$= 0,$$

则 $\mathrm{Cov}(X, Y) = E(XY) - E(X)E(Y) = 0.95 \times 0.15 = 0.1425.$

例 14-9 已知 $X \sim N(1, 3^2)$，$Y \sim N(0, 4^2)$，且 X 与 Y 的相关系数 $\rho_{XY} = -\frac{1}{2}$. 设 $\kappa = \frac{X}{3} - \frac{Y}{2}$，求 $D(\kappa)$ 及 $\rho_{X\kappa}$.

解 因 $D(X) = 3^2$，$D(Y) = 4^2$，且

$$\mathrm{Cov}(X, Y) = \sqrt{D(X)} \sqrt{D(Y)} \rho_{XY} = 3 \times 4 \times \left(-\frac{1}{2}\right) = -6,$$

所以

$$D(\kappa) = D\left(\frac{X}{3} - \frac{Y}{2}\right) = \frac{1}{9} D(X) + \frac{1}{4} D(Y) - 2\mathrm{Cov}\left(\frac{X}{3}, \frac{Y}{2}\right)$$
$$= \frac{1}{9} D(X) + \frac{1}{4} D(Y) - 2 \times \frac{1}{3} \times \frac{1}{2} \mathrm{Cov}(X, Y) = 7.$$

又因

$$\mathrm{Cov}(X, \kappa) = \mathrm{Cov}\left(X, \frac{X}{3} - \frac{Y}{2}\right) = \mathrm{Cov}\left(X, \frac{X}{3}\right) - \mathrm{Cov}\left(X, \frac{Y}{2}\right)$$
$$= \frac{1}{3} \mathrm{Cov}(X, X) - \frac{1}{2} \mathrm{Cov}(X, Y)$$
$$= \frac{1}{3} D(X) - \frac{1}{2} \mathrm{Cov}(X, Y) = 6,$$

所以 $\rho_{X\kappa} = \dfrac{\mathrm{Cov}(X, \kappa)}{\sqrt{D(X)} \sqrt{D(\kappa)}} = \dfrac{6}{3\sqrt{7}} = \dfrac{2\sqrt{7}}{7}.$

第3节 大数定理

一、切比谢夫(Chebyshev)不等式

定理 14-2 设随机变量 X 的数学期望与方差均存在，则 $\forall \varepsilon > 0$，有

$$P(|X - E(X)| \geq \varepsilon) \leq \frac{D(X)}{\varepsilon^2}.$$

这个不等式称为**切比谢夫不等式**.

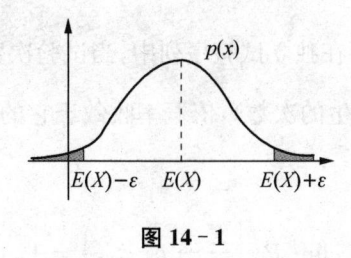

图 14-1

切比谢夫不等式也可以写成

$$P(|X-E(X)|<\varepsilon) \geqslant 1-\frac{D(X)}{\varepsilon^2}.$$

切比谢夫不等式表明：随机变量的方差越小，事件$\{|X-E(X)|<\varepsilon\}$发生的概率越大，即X的取值基本上集中在它的数学期望$E(X)$附近.

例 14-10 设电站供电网有 10 000 盏电灯，夜晚每一盏灯开灯的概率都是 0.7，而假定开、关时间彼此独立，试估计夜晚同时开着的灯数在 6 800 与 7 200 之间的概率.

解 令 X 表示"在夜晚同时开着的灯的数目"，它服从 $n=10\,000$，$p=0.7$ 的二项分布，则

$$E(X)=np=10\,000\times0.7=7\,000,$$
$$D(X)=np(1-p)=10\,000\times0.7\times0.3=2\,100,$$

故

$$P(6\,800<X<7\,200)=P(|X-7\,000|<200)\geqslant 1-\frac{2\,100}{200^2}\approx0.95.$$

二、切比谢夫(Chebyshev)定理

定义 14-7 若存在常数 a，使得对于任何 $\varepsilon>0$，有 $\lim_{n\to\infty}P\{|X_n-a|<\varepsilon\}=1$，则称随机变量序列$\{X_n\}$**依概率收敛于** a.

定理 14-3（切比谢夫定理） 设 X_1, X_2, $\cdots$ 是相互独立的随机变量序列，有数学期望 $E(X_1)$, $E(X_2)$, $\cdots$ 及方差 $D(X_1)$, $D(X_2)$, $\cdots$ 并且对于所有 $i=1,2,\cdots$ 都有 $D(X_i)<l$，其中 l 是与 i 无关的常数，则任给 $\varepsilon>0$，有

$$\lim_{n\to\infty}P\left\{\left|\frac{1}{n}\sum_{i=1}^{n}X_i-\frac{1}{n}\sum_{i=1}^{n}E(X_i)\right|<\varepsilon\right\}=1.$$

切比谢夫定理说明：在定理的条件下，当 n 充分大时，n 个独立随机变量的平均数这个随机变量的离散程度是很小的. 这意味着，经过算术平均以后得到的随机变量 $\frac{1}{n}\sum_{i=1}^{n}X_i$，将比较密地聚集在它的数学期望 $\frac{1}{n}\sum_{i=1}^{n}E(X_i)$ 的附近. 它与数学期望之差，当 $n\to\infty$ 时，依概率

收敛于 0. 这就是**大数定理**. 切比谢夫定理为这一定理给出了精确的数学公式. 它也称为**切比谢夫大数定理**.

推论（贝努里大数定理） 在独立试验序列中,当试验次数 n 无限增加时,事件 A 的频率 $\dfrac{X}{n}$(X 是 n 次试验中事件 A 发生的次数),依概率收敛于它的概率 $P(A)$,即对于任意给定的 $\varepsilon > 0$,有

$$\lim_{n \to \infty} P\left\{\left|\frac{X}{n} - p\right| < \varepsilon\right\} = 1,$$

其中 $P(A) = p$.

这个定理说明：当试验在不变的条件下,重复进行很多次时,随机事件的频率在它的概率附近摆动.

在实际中,概率很小的随机事件在个别试验中几乎是不可能发生的. 因此,人们常常忽略了那些概率很小的事件发生的可能性. 这个原理叫作小概率事件的实际不可能性原理(简称小概率原理). 它在国家经济建设事业中有着广泛的应用. 至于"小概率"小到什么程度才能看作实际上不可能发生,则要视具体问题的要求和性质而定. 从小概率事件的实际不可能性原理容易得到下面重要的结论：若随机事件的概率很接近于 1,则可以认为在个别试验中这事件几乎一定发生.

定理 14-4（辛钦大数定理） 若 $X_1, X_2, \cdots$ 是相互独立并且具有相同分布的随机变量,有 $E(X_i) = a$ $(i = 1, 2, \cdots)$,则对任意给定的 $\varepsilon > 0$,有

$$\lim_{n \to \infty} P\left\{\left|\frac{1}{n}\sum_{i=1}^{n} X_i - a\right| < \varepsilon\right\} = 1.$$

这一定理使算术平均值的法则有了理论根据. 若要测量某一物理量 a,在不变的条件下重复测量 n 次,得到的观测值 $x_1, x_2, \cdots, x_n$ 是不完全相同的,这些结果可以看作是服从同一分布并且期望值为 a 的 n 个相互独立的随机变量 $X_1, X_2, \cdots, X_n$ 的试验数值. 由定理可知,当 n 充分大时,取 $\dfrac{1}{n}\sum_{i=1}^{n} x_i$ 为 a 的近似值,可以认为所发生的误差是很小的. 即对于同一个随机变量 X 进行 n 次独立观察,则所有观察结果的算术平均数依概率收敛于随机变量的期望值.

第 4 节 中心极限定理

正态分布在随机变量的各种分布中占有重要地位. 在某些条件下,即使原来不服从正态分布的一些独立随机变量,它们的和的分布,当随机变量的个数无限增加时,也是趋于正态分布的. 在概率论里,把研究在什么条件下,大量独立随机变量和的分布以正态分布为极限这一类定理称为**中心极限定理**.

定理 14-5（李雅普诺夫中心极限定理） 设 $X_1, X_2, \cdots$ 是相互独立的随机变量,有期望值 $E(X_i) = a_i$ 及方差 $D(X_i) = \sigma_i^2 < +\infty$ $(i = 1, 2, \cdots)$,若每个 X_i 对总和 $\sum_{i=1}^{n} X_i$ 的影响

不大，令 $S_n = \left(\sum_{i=1}^{n}\sigma_i^2\right)^{\frac{1}{2}}$，则

$$\lim_{n\to\infty} P\left(\frac{1}{S_n}\sum_{i=1}^{n}(X_i - a_i) \leqslant x\right) = \frac{1}{\sqrt{2\pi}}\int_{-\infty}^{x} e^{-\frac{t^2}{2}}dt = \Phi(x).$$

这个定理对离散和连续的随机变量都适用，其实际意义是：如果一个随机现象由众多的随机因素所引起，每个因素在总的变化里的作用不明显，就可以推断，描述这个随机现象的随机变量近似服从正态分布。由于这种情况很普遍，因此正态分布成为概率统计中最重要的分布。

定理 14-6（拉普拉斯中心极限定理） 设随机变量 $X_n(n=1, 2, \cdots)$ 服从参数为 n，p $(0<p<1)$ 的二项分布，则对于任意 x，恒有

$$\lim_{x\to\infty} P\left(\frac{X_n - np}{\sqrt{np(1-p)}} \leqslant x\right) = \int_{-\infty}^{x} \frac{1}{\sqrt{2\pi}} e^{-\frac{t^2}{2}}dt.$$

例 14-11 现有一批种子，其中良种占 $\frac{1}{6}$，今在其中任选 6 000 粒，试问这些种子中良种所占的比例与 $\frac{1}{6}$ 之差的绝对值不超过 $\frac{1}{1\,000}$ 的概率是多少？

解 令 $X_i = \begin{cases} 1, & \text{第 } i \text{ 粒是良种,} \\ 0, & \text{第 } i \text{ 粒不是良种,} \end{cases}$ $i = 1, 2, \cdots, n$，则

$$P(X_i = 1) = \frac{1}{6},$$

记 $Y_i = \sum_{i=1}^{n} X_i$，则 $Y_n \sim B\left(n, \frac{1}{6}\right)$，$n = 6\,000$。

根据题意，所求概率为

$$P\left(\left|\frac{Y_n}{6\,000} - \frac{1}{6}\right| \leqslant \frac{1}{1\,000}\right) = P(|Y_n - 1\,000| \leqslant 6).$$

因为 $Y_n \sim B\left(6\,000, \frac{1}{6}\right)$，由中心极限定理有

$$Y_n \text{ 近似服从 } N\left(1\,000, 1\,000 \times \frac{5}{6}\right),$$

所以

$$P\left(\left|\frac{Y_n}{6\,000} - \frac{1}{6}\right| \leqslant \frac{1}{1\,000}\right) = P\left(\left|\frac{Y_n - 1\,000}{\sqrt{1\,000 \times 5/6}}\right| \leqslant \frac{6}{\sqrt{1\,000 \times 5/6}}\right)$$

$$= 2\Phi\left(\frac{6\sqrt{6}}{\sqrt{5\,000}}\right) - 1 = 2\Phi(0.208) - 1$$

$$= 2 \times 0.583\,2 - 1 = 0.166\,4.$$

例 14-12 设某单位有 200 台电话机,每台电话机大约有 5% 的时间要使用外线通话,若每台电话机是否使用外线通话是相互独立的,问该单位总机至少需要安装多少条外线,才能以 90% 以上的概率保证每台电话机需要使用外线时不被占用?

解 设 X 表示 200 台电话机中同时需要使用外线通话的电话机数,则 $X \sim B(200, 0.05)$,并设安装了 k 条外线,依题意,即为求 $P(X \leqslant k) \geqslant 0.9$ 成立的最小正整数.

根据中心极限定理,有

$$P(X \leqslant k) = P\left(\frac{X-10}{\sqrt{9.5}} \leqslant \frac{k-10}{\sqrt{9.5}}\right) \approx \Phi\left(\frac{k-10}{\sqrt{9.5}}\right) \geqslant 0.9,$$

查表得 $\frac{k-10}{\sqrt{9.5}} \geqslant 1.3$,解得 $k \geqslant 14$.

故该单位至少需要安装 14 条外线才能以 90% 以上的概率保证每一台电话机需要使用外线时不被占用.

习题 14

1. 设袋中有 5 个乒乓球,编号为 1,2,3,4,5,从中任取 3 个,以 X 表示取出的 3 个球中的最大编号,求 $E(X)$.

2. 设随机变量 X 的概率密度函数为

$$p(x) = \begin{cases} x, & 0 \leqslant x \leqslant 1, \\ 2-x, & 1 \leqslant x \leqslant 2, \\ 0, & 其他. \end{cases}$$

求 $E(X)$.

3. 设连续型随机变量 X 的概率密度函数为

$$p(x) = \begin{cases} kx^a, & 0 < x < 1, \\ 0, & 其他 \end{cases} (k, a > 0).$$

又知 $E(X) = 0.75$,求 k 和 a 的值.

4. 设 X, Y 是相互独立的,且概率密度函数分别为

$$p_1(x) = \begin{cases} 2e^{-2x}, & x > 0, \\ 0, & x \leqslant 0, \end{cases} \quad p_2(x) = \begin{cases} 4e^{-4x}, & x > 0, \\ 0, & x \leqslant 0. \end{cases}$$

求 $E(2X - 3Y^2)$.

5. 设随机变量 X 的概率密度函数为

$$p(x) = \begin{cases} e^{-x}, & x > 0, \\ 0, & x \leqslant 0. \end{cases}$$

(1) 求 $Y = 2X$ 的数学期望;

(2) 求 $Y = e^{-2x}$ 的数学期望.

6. 设甲、乙两家灯泡厂生产的灯泡的寿命(单位:h)X 和 Y 的分布律分别为

$$X \sim \begin{pmatrix} 900 & 1\,000 & 1\,100 \\ 0.1 & 0.8 & 0.1 \end{pmatrix}, \quad Y \sim \begin{pmatrix} 950 & 1\,000 & 1\,050 \\ 0.3 & 0.4 & 0.3 \end{pmatrix},$$

试问哪家工厂生产的灯泡质量较好？

7. 设随机变量 X_1, X_2, X_3 相互独立，其中 X_1 服从于 $[0,1]$ 上的均匀分布，X_2 服从正态分布 $N(0, 2^2)$，X_3 服从参数 $\lambda = 3$ 的泊松分布，求 $E[(X_1 - 2X_2 + 3X_3)^2]$.

8. 设离散型随机变量 X 的可能取值为 $x_1 = -1, x_2 = 0, x_3 = 1$，且 $E(X) = 0.1, D(X) = 0.89$，试求 X 的分布律.

9. 设随机变量 X 的数学期望与方差均存在，$D(X) > 0$，令

$$\overline{X} = \frac{X - E(X)}{\sqrt{D(X)}}.$$

求 $\overline{X}$ 的数学期望与方差.

10. 设随机变量 $X_1, X_2, \cdots, X_n$ 独立同分布，$E(X_k) = \mu, D(X_k) = \sigma^2, k = 1, 2, \cdots, n$，记

$$\overline{X} = \frac{1}{n} \sum_{k=1}^{n} X_k.$$

求 $\overline{X}$ 的数学期望与方差.

11. 设 $X \sim N(1, 2)$，Y 服从参数为 3 的泊松分布，且 X 与 Y 独立，求 $D(XY)$.

12. 设随机变量 X 与 Y 的联合概率分布为：

X \ Y	−1	0	1
0	0.07	0.18	0.15
1	0.08	0.32	0.20

求 X 与 Y 的相关系数 ρ_{XY}.

13. 设 $X \sim N(\mu, \sigma^2), Y \sim N(\mu, \sigma^2)$，且 X 与 Y 相互独立，试求 $\hat{X} = \alpha X + \beta Y$ 和 $\hat{Y} = \alpha X - \beta Y$ 的相关系数（α 与 β 是不为零的常数）.

14. 设随机变量 (X, Y) 的概率密度函数为

$$p(x, y) = \begin{cases} \dfrac{1}{8}(x+y), & 0 \leqslant x \leqslant 2, 0 \leqslant y \leqslant 2, \\ 0, & \text{其他.} \end{cases}$$

求：$E(X), E(Y), \text{Cov}(X, Y), \rho_{XY}$.

15. 用切比谢夫不等式估计下列各题的概率：
   (1) 废品率为 0.03，1 000 个产品中废品多于 20 个且少于 40 个的概率；
   (2) 200 个新生婴儿中，男孩多于 80 个且少于 120 个的概率.

16. 一颗骰子连续掷 4 次，点数总和记为 X，试估计 $P(10 < X < 18)$.

17. 某公司有 200 名员工参加一种资格证书考试，按往年经验，该考试通过率为 0.8，试计算

这 200 名员工至少有 150 人通过考试的概率.

18. 抽样检查产品质量时,若发现次品多于 10 个,则拒绝接受这批产品,设某批产品的次品率为 10%,问:至少应抽取多少个产品检查才能保证拒绝接受该产品的概率达到 0.9?

19. 一保险公司有 10 000 人投保,每人每年付 12 元保险费,已知一年内投保人的死亡率为 0.006,如死亡,公司付给死者家属 1 000 元,求:

(1) 保险公司年利润为 0 的概率;

(2) 保险公司年利润不少于 60 000 元的概率.

20. 面包房生产一种面包的重量是一随机变量,按照质量要求,规定重量(即数学期望)为 50 g,均方差为 5 g,求 100 只面包的重量不足 4 900 g 的概率.

第15章 参数估计与假设检验

> **学习目的**
> 1. 掌握矩估计和最大似然估计的概念,会利用矩估计和最大似然估计对未知参数进行估计;
> 2. 熟练掌握对于单个正态总体中,三种参数的区间估计和假设检验.

第1节 参数估计

在实际生产中,常常遇到的问题是分布函数的类型已知,而其中的若干参数未知;或者分布函数的类型未知,而所关心的只是总体的某些数字特征.诸如此类问题就需要根据从总体中抽得的样本,对总体分布中包含的未知参数进行估计.估计的方法一般有两种:点估计和区间估计.

一、点估计

设 θ 为总体 X 的待估计参数,用样本 $(X_1, X_2, \cdots, X_n)$ 的一个统计量 $\hat{\theta} = \hat{\theta}(X_1, X_2, \cdots, X_n)$ 来估计 θ,则称 $\hat{\theta}$ 为 θ 的一个**估计量**.对于样本的一次观测值 $(x_1, x_2, \cdots, x_n)$,估计量 $\hat{\theta}$ 的值 $\hat{\theta}(x_1, x_2, \cdots, x_n)$ 称为 θ 的**估计值**.

寻找一个待估计参数 θ 的估计量 $\hat{\theta} = \hat{\theta}(X_1, X_2, \cdots, X_n)$,用一个估计值来代替所关心的参数 θ 的问题就是**点估计**,常用的点估计有矩估计和最大似然估计两种.

1. 矩估计法

矩是反映随机变量的最简单的数字特征.

具体的做法是:以样本矩作为相应的总体矩的估计,以样本矩的函数作为相应的总体矩的同一函数的估计.例如:可以用样本的平均数 $\bar{x}$ 估计总体期望值.

例 15-1 设总体 X 在 $[0,\theta]$ 上服从均匀分布,求未知参数 θ 的矩估计.

解 X 的概率密度函数为

$$p(x) = \begin{cases} \dfrac{1}{\theta}, & x \in [0,\theta], \\ 0, & \text{其他}. \end{cases}$$

于是 $E(X) = \dfrac{\theta}{2}$,$\theta = 2E(X)$,令 $E(X) = \bar{X}$,故 $\hat{\theta} = 2\bar{X}$.

注 矩估计法一般不要求知道总体分布的具体形式,因而适用范围广,但所得的估计值精度较差.

2. 最大似然估计法

设总体的概率密度函数为 $p(x;\theta)$，其中 θ 是待估计参数。从总体中抽取样本 $(X_1, X_2, \cdots, X_n)$，观测值为 $(x_1, x_2, \cdots, x_n)$。要确定 θ 的取值，首先要考察各可能总体中发生取得 $(x_1, x_2, \cdots, x_n)$ 的概率的大小，即比较 $\prod_{i=1}^{n} p(x_i; \theta)$ 的大小，取概率大的所对应的参数值作为估计值。记

$$L = L(x_1, x_2, \cdots, x_n; \theta) = \prod_{i=1}^{n} p(x_i; \theta),$$

称之为**似然函数**。

定义 15-1 若 $L = L(x_1, x_2, \cdots, x_n; \theta)$ 在 $\hat{\theta}$ 处达到最大值，则称 $\hat{\theta}$ 是 θ 的**最大似然估计**。

欲求 $\hat{\theta}$，即求 L 的最大值，而 $\ln L$ 与 L 同时达到最大值，即问题转化为求 $\ln L$ 的最大值的问题。而对于最值问题，可以采用第 3 章第 3 节的方法进行求解。

例 15-2 已知 $X \sim p(x;\theta) = \begin{cases} \dfrac{1}{\theta} e^{-\frac{x}{\theta}}, & x > 0, \\ 0, & \text{其他} \end{cases}$ $(\theta > 0)$，$(x_1, x_2, \cdots, x_n)$ 为 X 的一组样本观测值，求 θ 的最大似然估计。

解 由题意知，似然函数为

$$L = \prod_{i=1}^{n} \frac{1}{\theta} e^{-\frac{x_i}{\theta}} = \frac{1}{\theta^n} e^{-\frac{1}{\theta} \sum_{i=1}^{n} x_i},$$

上式两边同时取对数，得 $\ln L = -n\ln\theta - \dfrac{1}{\theta} \sum_{i=1}^{n} x_i,$

上式两边同时对 θ 求导，得 $\dfrac{d\ln L}{d\theta} = -\dfrac{n}{\theta} + \dfrac{1}{\theta^2} \sum_{i=1}^{n} x_i,$

解方程 $-\dfrac{n}{\theta} + \dfrac{1}{\theta^2} \sum_{i=1}^{n} x_i = 0$，得唯一驻点

$$\hat{\theta} = \frac{1}{n} \sum_{i=1}^{n} x_i = \bar{x},$$

故 $\bar{x}$ 就是 θ 的最大似然估计。

注 最大似然估计法要求已知总体的分布类型，可以证明，用最大似然估计法所得到的估计量有较好的估计性质，具有某些理论上的优点。

3. 估计量的优良性

对于同一参数，用不同的估计法可得到不同的估计量。那么，哪一个估计量更好？这就涉及评价估计量优良性的标准问题。

(1) **无偏性**：设 $\hat{\theta}$ 为未知参数 θ 的估计量，若 $E(\hat{\theta}) = \theta$，则称 $\hat{\theta}$ 是 θ 的无偏估计量或 $\hat{\theta}$ 是无偏的；

(2) **有效性**：设 $\hat{\theta}_1, \hat{\theta}_2$ 是未知参数 θ 的两个无偏估计量，若 $D(\hat{\theta}_1) < D(\hat{\theta}_2)$，则称 $\hat{\theta}_1$ 较 $\hat{\theta}_2$ 有效；

(3) **一致性**：设 $\hat{\theta} = \hat{\theta}(X_1, X_2, \cdots, X_n)$ 是未知参数 θ 的估计量，若 $\hat{\theta}$ 依概率收敛于 θ，即对于任意 $\varepsilon > 0$，有 $\lim_{n \to \infty} P(|\hat{\theta} - \theta| \geqslant \varepsilon) = 0$，则称 $\hat{\theta}$ 为 θ 的一致估计量.

二、区间估计

用点估计来估计总体参数，即使是无偏有效的估计量，也会由于抽取的样本的随机性，使得估计值不一定就是所要的参数真值. 故考虑另一问题，即根据估计量的分布，以一定的可靠程度，用一个区间去估计某个未知参数 θ 的取值范围，区间长度越短，精确度越高，这就是参数的区间估计问题.

定义 15-2 设总体分布含有未知参数 θ. 若由样本确定的两个统计量 $\hat{\theta}_1, \hat{\theta}_2$，对于给定的 $\alpha (0 < \alpha < 1)$，满足 $P(\hat{\theta}_1 < \theta < \hat{\theta}_2) = 1 - \alpha$，则称区间 $(\hat{\theta}_1, \hat{\theta}_2)$ 为 θ 的**置信区间**，$1 - \alpha$ 称为**置信度**或**置信概率**、**置信程度**.

对于单个正态总体未知参数的区间的估计，一般有下面三种情形：

1. σ^2 已知，求 μ 的置信区间

设 $(X_1, X_2, \cdots, X_n)$ 为总体 $N(\mu, \sigma^2)$ 的一个样本，$\overline{X} = \sum_{i=1}^{n} X_i$ 是 μ 的一个点估计，则

$$U = \frac{\overline{X} - \mu}{\sigma / \sqrt{n}} \sim N(0, 1),$$

故对于给定的置信度 $1 - \alpha$，查标准正态分布表，可以确定 u_α，使得

$$P(|U| < u_\alpha) = 1 - \alpha,$$

即

$$P\left(\overline{X} - u_\alpha \cdot \frac{\sigma}{\sqrt{n}} < \mu < \overline{X} + u_\alpha \cdot \frac{\sigma}{\sqrt{n}}\right) = 1 - \alpha,$$

因此，μ 的置信区间为 $\left(\overline{X} - u_\alpha \cdot \frac{\sigma}{\sqrt{n}}, \overline{X} + u_\alpha \cdot \frac{\sigma}{\sqrt{n}}\right)$.

2. σ^2 未知，求 μ 的置信区间

这时，可用样本方差 $s^2 = \frac{1}{n} \sum_{i=1}^{n} (X_i - \overline{X})^2 = \frac{1}{n-1} (\sum_{i=1}^{n} X_i^2 - n \overline{X}^2)$ 代替 σ^2，且由于

$$T = \frac{\overline{X} - \mu}{s / \sqrt{n}} \sim t(n-1),$$

故对于给定的置信度 $1 - \alpha$，查自由度为 $n-1$ 的 t 分布表(附表 4)，可以确定 t_α，使得

$$P(|T| < t_\alpha) = 1 - \alpha,$$

即
$$P\left(\overline{X}-t_\alpha\cdot\frac{s}{\sqrt{n}}<\mu<\overline{X}+t_\alpha\cdot\frac{s}{\sqrt{n}}\right)=1-\alpha,$$

因此，μ 的置信区间为 $\left(\overline{X}-t_\alpha\cdot\dfrac{s}{\sqrt{n}},\ \overline{X}+t_\alpha\cdot\dfrac{s}{\sqrt{n}}\right)$．

3. 求 σ^2 的置信区间

已知 $\chi^2=\dfrac{(n-1)s^2}{\sigma^2}\sim\chi^2(n-1)$，故对于给定的 α，查自由度为 $(n-1)$ 的 χ^2 分布表（附表 5），就可以确定 λ_1 和 λ_2，使得 $P\left(\lambda_1<\dfrac{(n-1)s^2}{\sigma^2}<\lambda_2\right)=1-\alpha$，即

$$P\left(\frac{(n-1)s^2}{\lambda_2}<\sigma^2<\frac{(n-1)s^2}{\lambda_1}\right)=1-\alpha,$$

因此，σ^2 的置信区间为 $\left(\dfrac{(n-1)s^2}{\lambda_2},\ \dfrac{(n-1)s^2}{\lambda_1}\right)$．

由于 χ^2 分布不具有对称性，因此常采用使得概率对称的区间，即

$$P(\chi^2_{1-\frac{\alpha}{2}}(n-1)<\chi^2<\chi^2_{\frac{\alpha}{2}}(n-1))=1-\alpha,$$

则

$$\frac{(n-1)s^2}{\chi^2_{\frac{\alpha}{2}}(n-1)}<\sigma^2<\frac{(n-1)s^2}{\chi^2_{1-\frac{\alpha}{2}}(n-1)},$$

从而 σ^2 的置信区间为 $\left(\dfrac{(n-1)s^2}{\chi^2_{\frac{\alpha}{2}}(n-1)},\ \dfrac{(n-1)s^2}{\chi^2_{1-\frac{\alpha}{2}}(n-1)}\right)$．

例 15-3 已知某炼铁厂的铁水含碳量在正常生产情况下服从正态分布，其方差 $\sigma^2=0.108^2$．现在测定了 9 炉铁水，其平均含碳量为 4.484．按此资料计算该厂铁水平均含碳量的置信区间，要求 95% 的可靠性．

解 设该厂铁水平均含碳量为 μ，已知 $\alpha=0.05$，查表可得 $u_\alpha=1.96$，要使

$$P(|U|<u_\alpha)=1-\alpha,$$

则

$$\overline{X}-\frac{\sigma}{\sqrt{n}}u_\alpha<\mu<\overline{X}+\frac{\sigma}{\sqrt{n}}u_\alpha,$$

计算得 μ 的置信区间为 $(4.413, 4.555)$．

例 15-4 用传统工艺加工某种水果罐头，每瓶中维 C 的含量为一随机变量 X（单位：mg），设 $X\sim N(\mu,\sigma^2)$，其中 μ,σ^2 均未知．现抽取 16 瓶罐头，测得维 C 的平均含量为 20.80 mg，样本标准差为 1.60 mg，试求 μ 的置信度为 95% 的置信区间．

解 令 $T = \dfrac{\overline{X} - \mu}{\dfrac{s}{\sqrt{n}}}$，则 $T \sim t(n-1)$，对于给定的 $\alpha = 0.05$，查表可得 $t_{0.05}(15) = 2.13$，即 $t_\alpha = 2.13$.

要使 $P(|T| < t_\alpha) = 1 - \alpha$，则

$$\overline{X} - \dfrac{s}{\sqrt{n}} t_\alpha < \mu < \overline{X} + \dfrac{s}{\sqrt{n}} t_\alpha.$$

由题知，$\overline{x} = 20.8, s = 1.6, n = 16$ 代入得 μ 的置信区间为 $(19.948, 21.652)$.

例 15-5 设炮弹速度 v 服从正态分布，抽取 9 发炮弹试验，测得样本方差为 11，求炮弹速度 v 的方差 σ^2 的置信度为 0.90 的置信区间.

解 由于 μ 未知，因此选用估计量 $\chi^2 = \dfrac{(n-1)s^2}{\sigma^2} \sim \chi^2(n-1)$.

而 $n = 9, s^2 = 11, \alpha = 0.1$，要使 $P(\chi^2_{1-\frac{\alpha}{2}}(n-1) < \chi^2 < \chi^2_{\frac{\alpha}{2}}(n-1)) = 1-\alpha$，则

$$\dfrac{(n-1)s^2}{\chi^2_{\frac{\alpha}{2}}(n-1)} < \sigma^2 < \dfrac{(n-1)s^2}{\chi^2_{1-\frac{\alpha}{2}}(n-1)},$$

查表得，$\chi^2_{\frac{\alpha}{2}}(n-1) = \chi^2_{0.05}(8) = 15.5$，$\chi^2_{1-\frac{\alpha}{2}}(n-1) = \chi^2_{0.95}(8) = 2.73$，

于是 σ^2 的置信度为 0.90 的置信区间为 $(5.677, 32.234)$.

第 2 节 假设检验

统计假设是指对总体所作的各种假设，包括关于总体分布函数的形式的假定，也可以对总体分布函数中某些参数作某种假定等.

一、假设检验的概念

假设检验就是先对总体的未知参数提出某种假设，然后再利用样本信息验证此假设是否成立.

对于一个假设检验问题，首先根据问题的要求提出假设，再构造恰当的统计量，按照一定的规则和样本提供的信息，对所提出的假设的正确性作出判断，其一般步骤如下：

S1 提出统计假设 H_0；

S2 构造一个合适的统计量 U；

S3 规定一个显著水平 $\alpha\,(0 < \alpha < 1)$，求出在 H_0 成立条件下，使得 $P(|U| \geqslant k) = \alpha$ 成立的常数 k；

S4 从样本观测值计算出统计量 U 的观测值 u，若 $|u| \geqslant k$，则拒绝原假设 H_0；否则接受原假设 H_0.

注 1 若根据上述步骤，作出"拒绝假设 H_0"的结论，并不意味着 H_0 一定不真，只是表示 H_0 发生的可能性很小. 因此，"拒绝 H_0"一般说来就是"试验结果与假设 H_0 有显著差异"，

而"接受 H_0"说成是"试验结果与假设 H_0 无显著差异".

注 2 U 显然与作出的假设有关,且为了能从 α 求出 k,一般要求已知在 H_0 成立时,U 的分布或极限分布.

二、一个正态总体的假设检验

设总体 $X \sim N(\mu, \sigma^2)$,关于总体参数 μ, σ^2 的假设检验问题,主要有如下三种:

(1) 已知方差 σ^2,检验假设 $H_0: \mu = \mu_0$,采用 U 检验法;

(2) 未知方差 σ^2,检验假设 $H_0: \sigma^2 = \sigma_0^2$,采用 T 检验法;

(3) 未知期望 μ,检验假设 $H_0: \sigma^2 = \sigma_0^2$,采用 χ^2 检验法.

下面通过具体例子,给出检验规则.

例 15-6 某鸡场用某种饲料饲养肉鸡 3 个月,平均体重 2.6 kg,标准差为 0.5 kg. 现改为复合饲料饲养肉鸡 64 只,3 个月平均体重 2.5 kg,标准差不变. 若肉鸡体重服从正态分布,问是否可以认为复合饲料同样利于肉鸡生长?($\alpha = 0.05$)

解 此问题是在已知 $\sigma = 0.5$ 的条件下进行假设检验.

S1 作假设 $H_0: \mu = 2.6$;

S2 构造统计量 $U = \dfrac{\overline{X} - \mu}{\sigma/\sqrt{n}} \sim N(0, 1)$;

S3 $\alpha = 0.05$,查表得 $k = 1.96$;

S4 从样本观察值计算出统计量 U 的观测值 $u = \dfrac{2.5 - 2.6}{0.5/\sqrt{64}} = -1.6$,即有 $|u| = 1.6 < 1.96$,故接受假设 H_0,即复合饲料同样利于肉鸡生长.

例 15-7 某批矿砂的 5 个样品中镍含量经测定为 $X(\%)$:

$$3.25, \ 3.27, \ 3.24, \ 3.26, \ 3.24.$$

设测定值服从正态分布,问:能否认为这批矿砂的镍含量为 3.25?($\alpha = 0.01$)

解 此问题是在 σ^2 未知的条件下进行假设检验.

S1 作假设 $H_0: \mu = 3.25$;

S2 构造统计量 $T = \dfrac{\overline{X} - \mu}{s/\sqrt{n}} \sim t(n-1)$;

S3 $\alpha = 0.01$,查表得 $t_{0.005}(4) = 4.6041$;

S4 从样本知 $\overline{x} = \dfrac{1}{5} \sum_{i=1}^{5} x_i = 3.252$,故 $s^2 = \dfrac{1}{4}\left(\sum_{i=1}^{5} x_i - 5 \times \overline{x}^2 \right) = 0.00017$,从而 $s = 0.013$,统计量 T 的观测值 $t = \dfrac{\overline{x} - 3.25}{s/\sqrt{5}} = \dfrac{3.252 - 3.25}{0.013/2.24} = 0.345$,即有 $|t| = 0.345 < 4.6041 = t_{0.005}(4)$,故接受假设 H_0,即可认为这批矿砂的镍含量为 3.25.

例 15-8 从一批轴料中取 15 件测量其椭圆度,计算得 $s = 0.025$,问:该批轴料椭圆度的总体方差与规定的 $\sigma^2 = 0.0004$ 有无显著差别?($\alpha = 0.05$,椭圆度服从正态分布)

解 此问题是在期望 μ 未知的条件下进行假设检验.

S1 作假设 $H_0: \sigma^2 = 0.0004$;

S2 构造统计量 $\chi^2 = \dfrac{(n-1)s^2}{\sigma^2} \chi^2(n-1)$;

S3 $\alpha = 0.05$, 查 χ^2 分布表(附表 5) 得临界值 $\chi^2_{\frac{\alpha}{2}}(14) = \chi^2_{0.025}(14) = 26.1$, $\chi^2_{1-\frac{\alpha}{2}}(14) = \chi^2_{0.975}(14) = 5.63$;

S4 从样本知统计量 χ^2 的观测值 $\chi^2 = \dfrac{(n-1)s^2}{\sigma^2} = \dfrac{14 \times 0.000625}{0.0004} = 21.875$, 即有 $\chi^2_{0.975} = 5.63 < 21.875 = \chi^2 < \chi^2_{0.025} = 26.1$, 故接受假设 H_0, 即总体方差与规定的 $\sigma^2 = 0.0004$ 无显著差异.

习题 15

1. 设 X 表示某种型号的电子元件的寿命(以小时计), 它服从指数分布, 其概率密度函数为

$$p(x) = \begin{cases} \dfrac{1}{\theta} e^{-\frac{x}{\theta}}, & x > 0, \\ 0, & x \leqslant 0, \end{cases}$$

其中 θ 为未知参数, $\theta > 0$. 现取得样本值为 168, 130, 169, 143, 174, 198, 108, 212, 252, 试估计未知参数 θ.

2. 设总体 X 的概率密度函数为

$$p(x) = \begin{cases} (\alpha+1)x^\alpha, & 0 < x < 1, \\ 0, & 其他, \end{cases}$$

其中 $\alpha > -1$ 是未知参数. $X_1, X_2, \cdots, X_n$ 是取自总体 X 的样本, 求参数 α 的矩估计.

3. 设总体 X 的概率分布为

$$X \sim \begin{pmatrix} 1 & 2 & 3 \\ \theta^2 & 2\theta(1-\theta) & (1-\theta)^2 \end{pmatrix},$$

其中 θ 为未知参数. 现抽得一个样本 $x_1 = 1$, $x_2 = 2$, $x_3 = 3$, 求 θ 的矩估计值.

4. 求第 2 题中, α 的最大似然估计.

5. 设总体 X 的概率密度函数为

$$p(x) = \begin{cases} \theta e^{-\theta x}, & x \geqslant 0, \\ 0, & x < 0 \end{cases} \quad (\theta > 0),$$

试用最大似然估计法估计 θ.

6. 已知幼儿的身高在正常情况下服从正态分布, 现以某一幼儿园 5 岁至 6 岁的幼儿中随机地抽查了 9 人, 其高度(单位:cm)分别为 115, 120, 131, 115, 109, 115, 115, 105, 110. 假设 5 至 6 岁幼儿身高总体的标准差 $\sigma = 7$, 在置信度为 95% 的条件下, 试求出总体均值 μ 的置信区间.

7. 已知某种果树产量按正态分布, 随机抽取 6 株计算其产量(单位: kg) 为:

221 191 202 205 256 236.

以 95% 的置信度估计全部果树的平均产量.

8. 岩石密度的测量误差服从正态分布,随机抽测 12 个样本,得 $s=0.2$,求 σ^2 的置信区间 ($\alpha=10\%$).

9. 某工厂生产的铜丝的折断力(单位: N)服从正态分布 $N(\mu, 8^2)$,某日抽取 10 根铜丝,进行折断力试验,测得结果如下:
$$578, 572, 570, 568, 572, 570, 572, 596, 584, 570.$$
若已知 $\mu = 576$,问是否可以认为该日生产的铜丝合格?($\alpha = 0.10$)

10. 打包机装糖入包,每包标准重为 100 kg,每天开工后,要检验所装糖包的总体期望值是否合乎标准(100 kg).某日测得 9 包糖重如下(单位: kg):
$$99.3 \quad 98.7 \quad 100.5 \quad 101.2 \quad 98.3 \quad 99.7 \quad 99.5 \quad 102.1 \quad 100.5.$$
打包机装糖的包重服从正态分布,问该天打包机工作是否正常?($\alpha=0.05$)

11. 某厂生产的某种型号的电池,其寿命(单位:h)长期以来服从方差 $\sigma^2 = 5\,000$ 的正态分布,现有一批这种电池,从其生产情况来看,寿命的波动性有所改变.现随机抽取 26 只电池,测得其寿命的样本方差 $s^2 = 9\,200$.问根据这一数据能否推断这批电池的寿命的波动性较以往有显著的变化?(取 $\alpha = 0.02$)

金融应用篇

第 16 章 债券和股票

> **学习目的**
> 1. 了解债券的定价方法；
> 2. 了解股票理论价格的定价方法.

引 言

如果投资者已经预先有一个预期收益率,其相关证券的可接受价格应为多少? 即证券的原始发行价格如何确定是本章重点要解决的问题. 在资本市场上金融产品按照其收益的确定性分为确定收益的证券和不确定收益的证券两大类. 常见的收益确定的证券包括: 债券、优先股、抵押支持债券和资产支持债券; 收益不确定的证券有: 普通股票、期货和衍生产品等. 这两类产品从计算的角度看有明显的差异. 而固定收益的产品比较容易掌握, 我们先来研究这类产品及其原始发行价格的确定. 之后我们也会以类似的方法解决股票的理论发行价格. 关于债券计算的进一步问题, 如: 收益率问题、期间价值问题, 我们将会在"固定收益证券"这门课中具体学习, 这里就不再介绍.

第1节 固定收益证券的类型和特点

固定收益证券(Fixed Income Securities)是指收益水平相对较为确定的一类证券,代表产品是债券. 这一节介绍债券和优先股的基本概念和重要特征量,作为后面计算分析的基础.

一、债券

债券是一种债权债务关系的凭证. 债权人(或称认购者、投资者)对债务人(或称发行者、融资者)的权利体现为获取利息和收回本金. 故"债券"是一种带利息的证券,凭此可以在将来定期地收到利息,最终收回本金. 它是由借款方签发的一种正式的债务凭证,通常采用整数面值, 如: 100 元、1 000 元或 5 000 元等. 发行债券的目的是为发行人(企业和政府)筹集资金. 一般情况下,它是一种低风险的金融产品.

影响债券价值的主要有以下几个重要的特征量:

(1) 发行人(Issuer): 主要为企业、中央政府和地方政府. 不同的发行人代表了不同的偿债能力,这是标志债务人信用等级的重要因素.

(2) 到期期限(Maturity):债券产品预期寿命的主要特征量,它一方面影响该工具的收益水平,另一方面也影响产品的价格波动水平.

(3) 本金和息票收入:分别代表债券产品的资本投入和收益,一般债券产品的特征是:这两个因素的现金流是分离的.

债券可以按以下几种方式进行分类:

(1) 依据债券的获取利息方式进行分类:累积债券(Accumulated Bonds)和息票债券(Bond with Coupons). 累积债券是指将本金和累积利息在兑现时一次付清. 我国债券市场中的国债大多以这种方式出现,由美国财政部发行的 E 系列储蓄债券也是典型的这类债券. 息票债券是指将债券的利息收入定期收回并在最终收回本金的方式,息票(Coupons)是债券认购者定期向债券发行者领取利息的凭证,常附着在债券上.

(2) 依据债券的登记方式进行分类:记名债券(Registered Bond) 和无记名债券(Unregistered Bond). 记名债券是指将认购者的姓名登记在债券上并记录在发行者的相关账簿上,如果认购者希望中途售出债券,必须告之发行者债券持有人的变更情况,或者说,只能在债券持有者向发行者背书(Endorsed)后,才能转给另一个持有者. 在每个息票领取日,由发行者按照记录的债券持有人给付利息. 而无记名债券则属于任何法律上拥有它的当事人,因此常称之为"空头债券"(Bearer Bond). 无记名债券通常将息票附在债券上,可以由债券的法律上的持有者取下兑换现金,正是这个原因,常称之为"带息票债券"(Coupon Bond).

(3) 依据债券对应的期限进行分类:为了解决各类债务发行者常常需要发行各种期限的债券. 一般认为:七年以上的长期债务发行的债券形式为"长期国库券"(Treasury Bonds),短期债务是以发行"短期国库券"(Treasury Bills)的形式解决的,后者常被简称为"T-bills",它的期限最多为一年,一般常见的是 13 周、16 周和 52 周,而且经常是贴现发行(低于面值). 期限在 1 年到 7 年之间的被称为"中期国库券"(Treasury Notes).

二、优先股票

优先股票是一种证券,与债券类似它以固定的比例进行回报. 但是,它与债券的不同之处是:它是以盈利为目的的证券,而债券是为了解决负债而发行的证券,换句话说,优先股票的持有者大多数为股票发行企业的拥有者(Owner);而债券的持有者是发行企业的债权人(Creditor). 一般情况下,优先股票没有到期日,尽管有时会发行指定兑付日的优先股票. 对优先股票持有者的定期回报常被称为"分红"(Dividend).

从证券等级来看,优先股票仅次于债券和其他债务工具(Debt Instrument),因为在进行分红之前必须清偿所有的债务. 但是优先股票在等级上优于所有普通股票,因为前者的分红是在后者的分红之前进行的.

第 2 节 债券基本定价

债券的定价在一些假设的基础上:① 债务人所有的责任都在事先指定的日期兑现,不考虑随机取息或随时可以兑现的情况;② 到期日为有限的;③ 这里讨论的债券价格或债券的账面价值一般是指息票领取后瞬间的价格;④ 都是讨论债券的账面价值,不同于债券的

市场价格,后者往往指市场上供求双方形成的交易价格. 为了计算价格我们要先引入下面描述债券特征的记号:

① $P = $ 债券的价格.

② $F = $ 债券的名义价值(Par Value)或面值(Face Amount). 这个金额有时被印在债券的表面,一般债券在到期日的兑现金额也是这个值. 它的唯一目的是指定债务人的债务单位,它并不代表债券在到期日之前的价格或价值. 债券价格常常是以面值 100 元为单位进行报价的,尽管实际债券很少有这样低的面值.

③ $C = $ 债券的兑现值(Redemption Value),即在债券兑现时,债券的持有者一次性得到的回报. 因为债券常常是在到期日以面值进行兑现的,所以一般情况下有: $C = F$;在以下几种情况下会有面值与兑现值不同的情况:一种是债券到期时的价值不等于面值,或是债券在到期日之前被兑现,这样很难以面值兑现.

④ $r = $ 息票额与面值之比,简称息率(Coupon Rate). 由债券发行人保证到期支付的债券利息率通常按面值的年利率表示. 美式债券付息票的周期一般为半年. 例如:某美式债券的息率为 8%,意味着:每半年付息一次,按面值的 4% 付息,息率为 $r = 4\%$. 欧式债券通常是以一年为一个周期.

⑤ $Fr = $ 每期固定的息票金额.

⑥ $g = $ 债券的修正息率(Mortified Coupon Rate),它表示每 1 元兑现值(而不一定是面值)的息票金额,即 $Fr = Cg$,或 $g = Fr/C$. 注意:g 与 r 的换算频率是一样的,g 是息票与兑现值的百分比. 实际上,一般情况下有 $g = r$,只要 C 与 F 相同.

⑦ $i = $ 债券的收益率(Yield Rate),常被称作"到期收益率",即假定投资者在到期时才进行兑现的年实际利率. 这个概念等同于前面介绍过的内部收益率. 一般情况下,除非特别声明,收益率的周期与息率的周期是一样的,且收益率为常数.

⑧ $n = $ 从计算日到债券兑现日或到期日之间息票的兑现次数.

⑨ $K = $ 债券兑现值的现值,即 $K = Cv^n$,其中 v 以 i 计算.

⑩ $G = $ 债券的基值(base amount),

$$Gi = Fr \quad 或 \quad G = Fr/i. \tag{16-1}$$

它表示用收益率 i 和息票金额推算的原始本金.

日常的商业和金融活动中,我们常提到的与债券有关的三种"收益"概念是:① "名义收益"(Nominal Yield)是指债券的年息率. 例如:面值为 100 元的债券每年息票的收入是 8 元,那么,每年的名义收益率为 8%;② "现收益"(Current Yield)是每年的息票收入与债券原始价格的比值. 如果①中的债券认购价为 80 元,那么,每年的现收益率为 10%;③ "到期收益"(Yield to Maturity)是每年实际收益或称内部收益. 以下部分所用的"收益率"一词主要指第三种含义.

一、债券价格计算公式

债券价格的计算主要有以下四种方法:

1. 基本公式

债券的价格等于按市场利率 i 计算的未来息票收入的现值与偿还值的现值之和,即

$$P = \sum_{t=1}^{n} rFv^t + Cv^n$$
$$= rFa_{\overline{n}|} + Cv^n, \qquad (16-2)$$

其中 F 为债券的面值;C 为债券的偿还值;r 为债券的息票率.

2. 溢价折价公式(Premium/Discount Formula)
$$P = C + (Fr - Ci)a_{\overline{n}|} = C[1 + (g-i)]a_{\overline{n}|}. \qquad (16-3)$$

这个公式直接体现了债券价格与兑现值的关系.

3. 基值公式(Base Amount Formula)
$$P = G + (C-G)v^n. \qquad (16-4)$$

4. Makeham 公式
$$P = K + (C-K)g/i. \qquad (16-5)$$

证明略.

债券价格计算中的主要影响因素为收益率 i 和期限 n. 如果对基本公式求导,可得

$$\frac{\mathrm{d}P}{\mathrm{d}i} = -\left(\sum_{t=1}^{n} rFtv^{t+1} + Cnv^{n+1}\right) < 0,$$

$$\frac{\mathrm{d}^2 P}{\mathrm{d}i^2} = \sum_{t=1}^{n} rFt(t+1)v^{t+2} + Cn(n+1)v^{n+2} > 0. \qquad (16-6)$$

这表明:① 债券价格为到期收益率的递减凹函数;② 到期期限对价格的影响由 g 与 i 的大小关系决定:当修正息率大于收益率时,价格为期限的增函数;当修正息率小于收益率时,价格为期限的减函数.

第 3 节　普通股票

普通股票是一种收益型证券,与优先股类似,只是它不像优先股那样有固定的分红利率. 普通股票的分红在所有债券的利息和优先股的分红之后. 红利水平完全由企业董事会决定. 因为普通股的红利不确定,所以与债券或优先股比较,它的价格也是多变的. 但是,优先股分红后的剩余利润完全属于普通股的持有者,普通股的红利可能高于优先股.

普通股票的价格一般有两种情况:

一、股票上市时的价格

股票上市价格也称为"理论价"(Theoretical Price),它的值由今后可能的分红与收益率决定,有时称之为分红贴现模型(Dividend Discount Model). 如果假定首次(或当前的)分红为 D,然后以 k 的比例逐年增加(或减少),且收益率为 i,根据永续年金的计算公式我们可以容易得到发行价(理论价)为:

$$P = \frac{D}{i-k}, \quad -1 < k < i. \qquad (16-7)$$

当分红比例变化时,其计算原理也相仿.这里就不再进一步介绍了.

二、股票市场价

股票市场价格是随着股票进入市场后的买卖情况,而随时波动的.这时股票实际的收益率与股票持有者的买卖策略有直接的紧密联系,很难用分红等长期的确定收益来衡量.关于它的计算方法我们在第 19 章里还会有进一步的介绍.

习题 16

1. 债券的面值为 1 000 元,年息票率为 5%,期限为 5 年,到期按面值偿还.假设现行的市场年利率为 6%,试用上面介绍的 4 种方法计算债券的价格.
2. A 公司的普通股票当前收益为每股 6 元,企业计划将收入的 50% 进行分红,企业预计收益率每年以 3% 的比例增加,当收益率分别是为下面值时股票的理论价格应为多少:(1) 10%;(2) 8%;(3) 6%.

第 17 章 资产组合管理

学习目的
1. 理解投资组合的有效集确定方法;
2. 掌握最优组合的计算方法;
3. 掌握 CML 和 SML 的区别;
4. 灵活运用 CML 和 SML 解决实际问题.

引 言

我们知道证券投资是有风险的,这些风险体现在哪里? 如何度量这些风险? 以致我们可以有效地控制这些风险,使风险最小化? 我们又如何确定一个投资组合的预期收益? 这都是我们在本章里主要解决的问题.

证券投资的风险主要包括:市场风险、偶然事件风险、贬值风险、破产风险、流通风险、违约风险、利率风险、汇率风险和政治风险. 更多时候,人们把证券市场的风险分为系统风险与非系统风险两大块. 系统风险是指由于某种全局性的共同因素引起的变动,对所有证券的收益产生影响,包括政策风险、经济周期性波动风险、利率风险和购买力风险等. 非系统风险是指由某一特殊的因素引起,只对个别的证券产生影响的风险. 其中非系统风险可以控制减少,系统风险不能改变.

投资者在做投资决策时,一般无法事先确切地知道期末财富值的大小,因此投资收益率存在着一定的不确定性.

例如:在到期日投资收益率为 8% 的债券没有风险,这时风险测度应为 0. 如果取决于市场状况,某项投资收益为 11% 或 13%,而另一个投资收益为 2% 或 22%,哪个投资风险更小?

度量风险我们需要两个基础值:
① 该项投资预期收益率与每个市场状况下收益率之偏差;
② 发生各个不同市场状况的概率.

预期收益率我们可以通过收益率的期望值、中值、众数衡量. 目前,期望值的使用最为广泛. 而度量风险最合适的工具为方差或标准差.

例 17-1 某个投资可能收益率 r 为 3% 或 −1%,其发生概率分别为 50%,那么这项投资风险为多大?

解 预期收益为 $3\% \times 50\% + (-1\%) \times 50\% = 1\%$,

方差为 $\sigma^2 = \text{Var}(r) = E(r-\mu)^2 = 0.04\%$.

我们接下来通过一个例子观察只有两个风险证券的简单情况下,期望收益与风险之间的关系.

例 17-2 假设两只股票价格变化如下：

状况	概率	股票 1 收益率	股票 2 收益率
ω_1	0.5	10%	-5%
ω_2	0.5	-5%	10%

尽管分别投资于这两种股票都有风险,但我们若将资金平分于这两只股票,就会使我们消除风险,保证 5%的收益.分散投资是减少投资风险的重要手段.

由此我们引入投资组合理论,看看什么样的投资组合风险最小?

第1节 投资组合理论

分散投资的理念早已存在,如我们平时所说"不要把所有的鸡蛋放在同一个篮子里."

传统的投资管理尽管管理的也是多种证券的组合,但其关注的是证券个体,是个管理的简单集合.投资组合管理将组合作一个整体,关注的是组合整体的收益与风险的权衡.投资组合理论诞生经历了下面的历程：

① Hicks(1935)提出资产选择问题,投资有风险,风险可以分散；

② Harry Markowiz(1952)提出 Portfolio Selection,标志着现代投资组合理论(the Modern Portfolio Theory, MPT)的开端；

③ William Sharpe(1963)提出了均值-方差模型的简化方法——单指数模型(Single-Index Model)；

④ William Sharpe(1964)、John Lintner 及(1965)Jan Mossin(1966)提出了市场处于均衡状态条件下的定价模型—CAPM；

⑤ Richard Roll(1976)对 CAPM 提出了批评,认为这一模型永远无法证实检验；

⑥ Stephen Ross(1976)突破了 CAPM,提出了套利定价模型(Arbitrage Pricing Model, APT)；

⑦ Fama(1970)提出了有效市场假说,资本市场的混沌(Chaos)(分形)假说.

一、证券组合的含义

证券组合由一种以上的有价证券组成,包含各种股票、债券、存款单等,是指个人或机构投资者所持有的各种有价证券的总称.构建证券投资组合的原因在于降低风险,实现收益最大化.

二、投资组合理论的核心问题

投资组合理论着重要解决如何确定不同证券或资产的最优投资比例,以使风险一定的情况下,预期收益率最高；预期收益率一定的情况下,风险最小.

三、投资组合理论的假设前提

马科威茨(Markowitz)基于下述的假设将投资组合理论发展而成：

假设1：收益率的概率分布是已知的.
假设2：风险用收益率的方差或标准方差表示.
假设3：影响决策的因素为期望收益率和风险.
假设4：投资者遵守最优原则，即：
同一风险水平下，选择收益率较高的证券；
同一收益率水平下，选择风险较低的证券.

四、基本概念

(1) 单期投资模型：期初投资，期末才获得回报.

(2) 收益率：r_i 为证券的收益率，x_i 为投向证券 i 的资金比例，则投资组合 p 的收益率为：

$$r_p = \sum x_i r_i, \quad \sum x_i = 1.$$

(3) 期望收益率：

$$E(r_p) = E(\sum x_i r_i) = \sum x_i E(r_i).$$

投资组合的期望收益率是构成组合的各种证券的期望收益率的加权平均数，权数为各证券在组合中的市场价值比重.

(4) 组合的风险：投资组合的风险用方差或标准差来表示.

$$\sigma_p^2 = \text{Var}(r_p) = \text{Var}(\sum x_i r_i)$$

$$= \sum_{i=1}^{n} \sum_{k=1}^{n} x_i x_k \sigma_{i,k}$$

$$= \sum_{i \geqslant 1} x_i^2 \sigma_i^2 + 2 \sum_{i=2}^{n} \sum_{k<i} x_i x_k \sigma_{i,k}$$

$$= \sum_{i \geqslant 1} x_i^2 \sigma_i^2 + 2 \sum_{i=2}^{n} \sum_{k<i} x_i x_k \rho_{i,k} \sigma_i \sigma_k,$$

其中 $\rho_{i,k} = \dfrac{\text{Cov}(r_i, r_k)}{\sigma_i \sigma_k}$ 是不同证券之间的风险相关系数.

例 两种证券组合的风险 ($n=2$).

$$\sigma_p^2 = \text{Var}(r_p) = \text{Var}(\sum x_i r_i)$$

$$= \sum_{i=1}^{2} \sum_{k=1}^{2} x_i x_k \sigma_{i,k}$$

$$= x_1^2 \sigma_1^2 + x_2^2 \sigma_2^2 + 2 x_1 x_2 \sigma_{12}$$

$$= x_1^2 \sigma_1^2 + x_2^2 \sigma_2^2 + 2 x_1 x_2 \rho_{12} \sigma_1 \sigma_2,$$

$x_1 + x_2 = 1, \ |\rho| \leqslant 1.$

结论 17-1 若不允许卖空，则 2 种证券的资产组合的方差不会超过成员方差的最大者，即

$$\sigma_p^2 \leqslant \max(\sigma_1^2, \sigma_2^2), -1 \leqslant \rho_{12} \leqslant 1.$$

证明略.

五、投资的"可行集"或"机会集"

选定了证券的投资比例,就确定了组合.可以计算该组合的期望收益率 E_P 和标准差 σ_p,以 E_P 为纵坐标、σ_p 为横坐标,在 E_p-σ_p 坐标系中可以确定一个点.每个组合对应 E_p-σ_p 中的一个点;反过来,E_p-σ_p 中的某个点有可能反映某个组合.选择"全部"有可能选择的投资比例,那么,全部组合在 E_p-σ_p 中的"点"组成 E_p-σ_p 中的区域称为投资的"可行集"(Feasible Set)或"机会集"(Opportunity Set).

故一个投资组合可以用下面两种方式来表示和锁定:

(1) 不同资产的投资比重 $P(x_1, x_2, x_3, \cdots, x_n)$;

(2) "期望收益率-标准差"图上的一个点.

以第 2 种的表示方式,证券组合收益风险可能的构成点组成的曲线(或面积)即为可行域.如果组合是两种证券时,可行集为一条曲线;如果组合是三种或三种以上证券时,可行集的形状呈伞形的曲面,所有可能的组合位于可行集的内部或边界上.

接下来我们以两种证券的组合为例推导其可行集的图形.

(1) 先假设 $\rho=0$ 时,求 1、2 两种证券形成的可行集在均值-标准差平面内的表示:

证券组合 (x_1, x_2) 的期望收益率 $\mu_p = x_1\mu_1 + x_2\mu_2$,$x_1 + x_2 = 1$.

标准差

将上面两式合并得出 x_1, x_2 的表达式代入方差的公式中:

$$\sigma_p^2 = (x_1^2\sigma_1^2 + x_2^2\sigma_2^2) = \frac{(\mu_p - \mu_2)^2}{(\mu_1 - \mu_2)^2}\sigma_1^2 + \frac{(\mu_1 - \mu_p)^2}{(\mu_1 - \mu_2)^2}\sigma_2^2.$$

由此可知方差的图形为双曲线,当标准差值取正值时可行集为单曲线.

(2) 假设证券 1、2 收益率的相关系数为 ρ,每个证券组合收益率的标准差的上界在 $\rho=1$ 时取到,下界在 $\rho=-1$ 时取到.$n=2$ 时对不同 ρ 取值的可行集如图 17-1 所示.

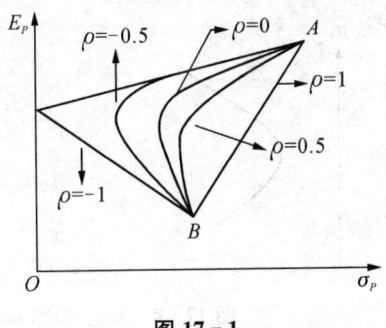

图 17-1

六、有效集(Efficient Set)或有效边界(Efficient Frontier)

我们通过可行集可以找到所有的投资组合,但是在现实生活中我们更关心的是那些最

优的投资组合,最优组合具备如下条件:
① 在给定的各种风险条件下,提供最大预期收益率;
② 在给定的各种预期收益率的水平条件下,提供最小的风险.
同时满足上述条件的投资组合集合称为投资的"有效集"或"有效边界".

1. 有效集的确定
(1) 给定期望回报率,找出风险最小的证券组合.

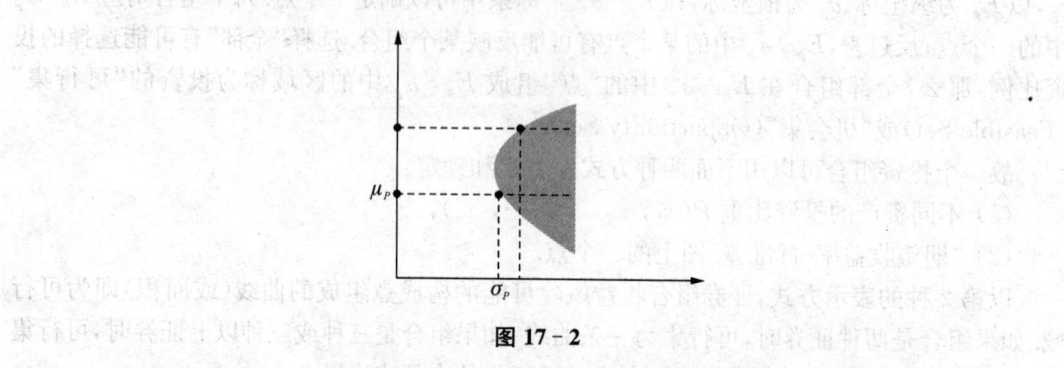

图 17-2

得到期望值一定方差最小的证券组合都落在可行集最外围的沿线上,称为证券组合前沿.

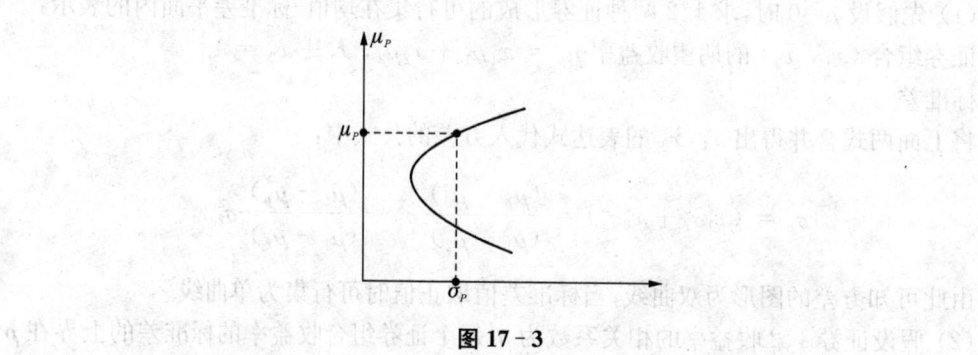

图 17-3

(2) 在证券组合前沿上给定风险,找期望回报率最高的证券组合.

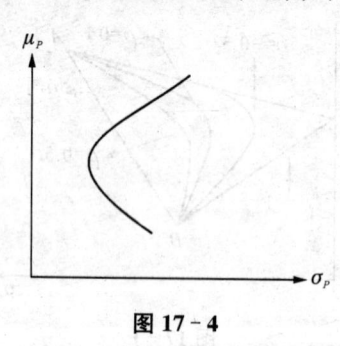

图 17-4

得到风险一定,期望值最高的证券组合都落在证券前沿的上半部分,称为有效集.

图 17-5

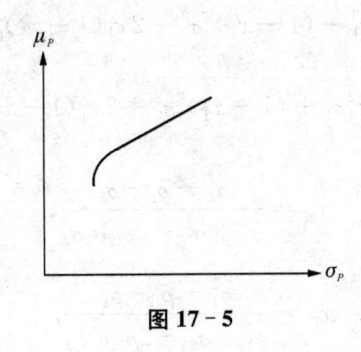

2. 有效集曲线的特点
(1) 有效边界是一条向右上方倾斜的曲线,反映"高风险、高收益";
(2) 有效边界是一条上凸的曲线;
(3) 有效边界不可能有凹陷的地方;
(4) 构成组合的证券间的相关系数越小,投资的有效界就越是弯曲得厉害.

七、最小方差证券组合 MVP(Minimum Variance Portfolio)

通过概率论、微积分的知识我们可以求出使证券组合的方差最小的证券组合的各证券的权重,即

$$\min_{\{x\}} \sigma_p^2 = \sum\sum x_i x_j \sigma_{ij},$$

$$s.t. \ \mu_p = \sum_{i=1}^n x_i \mu_i,$$

$$\sum_{i=1}^n x_i = 1.$$

用拉格朗日乘数法我们可以求得最小方差证券组合 MVP 的解为:

$$w = \frac{uC^{-1}}{uC^{-1}u^T},$$

其中 $w = [w_1, w_2, w_3, \cdots, w_n]$ 是投资于各资产的资金比例,即权重;

$u = [1 1 \cdots\cdots 1], 1 = uw^T$;

$$C = \begin{vmatrix} c_{11} & c_{12} & \cdots & c_{1n} \\ c_{21} & c_{22} & \cdots & c_{2n} \\ \vdots & \vdots & \ddots & \vdots \\ c_{n1} & c_{n2} & \cdots & c_{nn} \end{vmatrix}, c_{ij} = \text{Cov}(r_i, r_j)$ 不同资产收益率的协方差.

其求解思路与当组合只有两种证券时求其最小方差证券组合 MVP 一样,我们以 $n = 2$ 时为例求证券组合的 MVP:

$$\sigma_p^2 = x_1^2\sigma_1^2 + (1-x_1)^2\sigma_2^2 + 2x_1(1-x_1)\rho_{1,2}\sigma_{12},$$

$$\frac{\partial \sigma_p^2}{\partial x_1} \stackrel{!}{=} 0 \Leftrightarrow \frac{\partial}{\partial x_1}\left[x_1^2\sigma_1^2 + (1-x_1)^2\sigma_2^2 + 2x_1(1-x_1)\rho_{1,2}\sigma_1\sigma_2\right] \stackrel{!}{=} 0,$$

$$x_1 = \frac{\sigma_2^2 - \rho_{12}\sigma_1\sigma_2}{\sigma_1^2 + \sigma_2^2 - 2\rho_{12}\sigma_1\sigma_2},$$

$$x_2 = \frac{\sigma_1^2 - \rho_{12}\sigma_1\sigma_2}{\sigma_1^2 + \sigma_2^2 - 2\rho_{12}\sigma_1\sigma_2}.$$

我们看到当多种证券的资产组合使用投资组合理论时,计算上比较复杂,是否有简便方法计算一个资产组合或单个证券的预期收益?资本资产定价模型正是解决此类难题.

第2节 资本资产定价理论

前述马科威茨(Markowitz)模型中可供选择的都是风险资产,且不允许投资者使用金融杠杆或进行保证金交易.

然而现实经济生活中,投资者不仅购买风险证券,也经常对无风险资产进行投资.此外,投资者不仅可以用自有资金进行投资,也可以使用借入的资金来进行投资.因此,有必要对马科威茨(Markowitz)模型作一些修正并在理论上加以扩展.

在后面的证券组合中我们引入一种无风险资产,它具有:

(1) 确定的收益率,并且不存在违约风险的资产;

(2) 从数理统计的角度看,无风险资产是指投资收益的方差或标准差为零的资产.当然,无风险资产的收益率与风险资产的收益率之间的协方差及相关系数也为零;

(3) 投资于无风险资产又称作"无风险贷出",卖空无风险资产又称为"无风险借入";

(4) 投资于无风险资产所获得的收益率称为无风险利率(Risk-Free Rate).

无风险借贷机会的存在,增加了新的投资机会,大大地扩展了投资组合的空间.更为重要的是,它大大地改变了马科威茨(Markowitz)有效边界的位置,从原先的曲线变为直线.

一、资本资产定价理论的9条假设

(1) 投资者仅依据投资收益率的均值和方差做决策,投资者永不满足;

(2) 投资者对预期回报率、标准差和证券之间的协方差具有相同的理解;

(3) 投资类型属于单期(Single Period)投资;

(4) 资产都无限可分,可以购买一个股份的任意比例的部分,即可以随意买入卖出;

(5) 市场对卖空没有约束;

(6) 存在无风险资产,可以以无风险利率贷出或借入任意数量的该种资产,利率对所有投资者相同;

(7) 忽略税收和交易成本,信息是免费并可立即得到;

(8) 没有通货膨胀和利率的变化;

(9) 单个投资者不能通过其买卖行为影响资产价格,即完全竞争.

二、资本市场线(Capital Market Line),CML

投资者的最优证券组合 p 是风险资产组合 m 和无风险资产 f 的线性组合,即

$$r_p = x \times r_m + (1-x) \times r_f.$$

其中 r_m 是风险资产组合的收益率;

x 是风险资产的权数;

r_f 是无风险资产的收益率;

r_p 是证券组合的收益率.

无风险资产与风险资产组合的连线,就是资本市场线 CML,其上的点代表有效的证券组合. 所有的投资者面对同一个有效前沿进行最优组合选择. CML 表示有效证券组合 p 的收益与风险之间关系的函数.

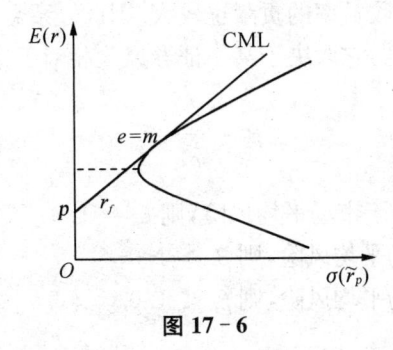

图 17-6

每个投资者的最优组合选择均取自该直线. 根据有效组合的条件我们很容易推导出此资本市场线 CML 是风险资产组合有效集的切线,否则在风险一定的条件下期望收益最大的风险资产组合不在连结上.

通过概率论的知识我们很容易得出 $E(r_p)$ 和 σ_p 的表达式:

$$E(r_p) = (1-x)r_f + xE(r_m),$$
$$\sigma_p^2 = x^2 \sigma_m^2.$$

将两式合并得出资本市场线 CML 的方程式为

$$E(r_p) = r_f + \frac{E(r_m) - r_f}{\sigma_m} \times \sigma_p. \tag{17-1}$$

由上图 17-6 我们也可以简单地推导出公式(17-1). $E(r_m) - r_f$ 是风险组合的期望收益率超过无风险利率的溢价,它是对市场组合的系统性风险的一种补偿,称作市场风险溢价或风险报酬,高风险所以产生高收益.

CML 说明了有效资产组合的风险与收益之间的关系,但并未说明无效组合及单个资产的相应情况.

夏普(Sharpe)等人通过引入 β 系数并建立资本资产定价模型(Capital Asset Pricing Model,CAPM),界定了所有资产与证券(包括单个资产、有效与无效组合)的风险与收益的关系. 以 β 取代 σ 来度量风险,是夏普(Sharpe)等人对前人投资组合理论的简化与再发展.

该理论认为某种证券的预期收益率与该种证券的 β 系数存在线性正相关.

三、证券市场线(Securities Market Line, SML)

资本资产定价模型(CAPM)的图示形式称为证券市场线(SML). 它主要用来说明投资组合预期收益率与系统风险程度 β 系数之间的关系. SML 揭示了市场上所有风险性资产的均衡期望收益率与风险之间的关系. 在介绍证券市场线之前我们有必要解释一下何为 β 系数及其特征.

1. β 系数

任意证券的收益率与风险资产组合的收益率的关系可以通过线性回归法求得:

$$E(r_i) - r_f = \alpha_i + \beta_i(E(r_m) - r_f) + \varepsilon_i. \tag{17-2}$$

其中市场组合风险是由各单个证券的风险构成. 均衡状态下单个证券的收益率与其风险应匹配, 风险较大的证券对期望收益率的贡献也较大. 因此 β 系数表示某一证券的收益率对市场收益率的敏感性和反映程度, 它取决于某一证券风险相对于市场风险的比率, 即

$$\beta_i = \frac{\sigma_{im}}{\sigma_m^2}.$$

例如: 若资产 i 的风险等于市场平均风险, 则 $\beta_i = 1.0$;

若资产 i 的风险高于市场平均风险, 则 $\beta_i > 1.0$;

若资产 i 的风险低于市场平均风险, 则 $\beta_i < 1.0$.

2. 证券市场线(SML)

由此资本资产定价模型 CAPM 的表达式由公式(17-2)可简化得:

$$E(r_i) - r_f = \beta_{mi} \times (E(r_m) - r_f), \tag{17-3}$$

其中 $E(r_i) - r_f$ 为风险溢价(补偿);

β_{mi} 为风险(横坐标);

$E(r_m) - r_f$ 为风险价格(直线斜率).

此方程所描述的直线即证券市场线(SML).

当 Beta 值处于较高位置时, 投资者便会因为股份的风险高, 而会相应提升股票的预期回报率.

例 17-3 如果一个股票的 Beta 值是 2.0, 无风险回报率是 3%, 市场回报率(Market Return)是 7%, 那么

市场溢价(Equity Market Premium)就是

$$7\% - 3\% = 4\%,$$

股票风险溢价(Risk Premium)为

$$2 \times 4\% = 8\% (用 Beta 值乘市场溢价),$$

股票的预期回报率则为

$$8\% + 3\% = 11\% (股票的风险溢价加上无风险回报率).$$

以上的例子说明,可通过 CAPM 来知道股票的价格是否与其回报相吻合. CAPM 给出了一个非常简单的结论:只有一种原因会使投资者得到更高回报,那就是投资高风险的股票.

在 CAPM 里,最难以计算的就是 Beta 的值. 现实中 Beta 值并不能充分解释股票的表现. 但是投资者仍然相信 Beta 值比较大的股票组合价格波动性大,而 Beta 值较小的股票组合的变化则会比市场的波动小. 这点很重要,在市场价格下降的时候,他们可以投资于 Beta 值较低的股票;而当市场上升的时候,他们则可投资 Beta 值大于 1 的股票.

接下来我们通过图 17-7 更好地理解我们如何通过证券市场线(SML)来确定资本资产的价格.

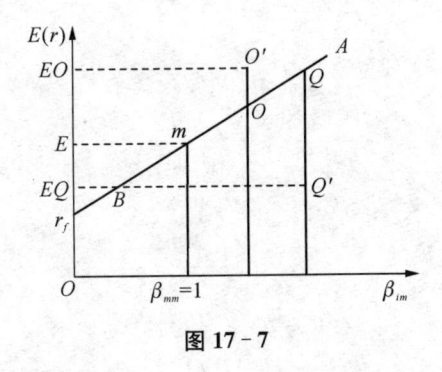

图 17-7

(1) 处在 SML 上的投资组合点,处于均衡状态,如图中的 m,Q 点和 O 点.

(2) 高于或低于直线 SML 的点,表示投资组合不是处于均衡状态,如图中的 O' 点和 Q' 点.

(3) 市场组合 m 的 β 系数 $\beta_{mm} = 1$,表示其与整个市场的波动相同,即其预期收益率等于市场平均预期收益率 Em.

(4) SML 对证券组合价格有制约作用,市场处于均衡状态时,SML 可以决定单个证券或组合的预期收益率,也可以决定其价格.

(5) 高于 SML 的点(图中的 O' 点)表示价格偏低的证券(可以买入,需求增加). 其市价低于均衡状况下应有的价格,预期收益率相对于其系统风险而言,高于市场的平均预期收益率. 价格偏低,对该证券的需求就会"逐渐"增加,将使其价格上升. 随着价格的上升,预期收益率将下降,直到下降到均衡状态为止,O' 点下降到其 SML 所对应的 O 点.

(6) 低于 SML 的点(图中的 Q' 点)表示价格偏高的证券(应该卖出,供给增加). 其市价高于均衡状况下应有的价格,预期收益率相对于其系统风险而言,低于市场的平均预期收益率. 价格偏高,对该证券的供给就会"逐渐"增加,将使其价格下降. 随着价格的下降,预期收益率将上升,直到上升到均衡状态为止,Q' 点上升到其 SML 所对应的 Q 点.

习题 17

1. 一个资本市场由一个无风险资本和 A、B 两证券组成. 其相应的指标如下表:

	股票份数	股票价格	期望收益率	收益率的标准差
股票 A	100	15 元	15%	15%
股票 B	150	20 元	12%	9%

股票 A、B 的相关系数是 1/3,并且此组合符合资本资产定价的所有条件.

(1) 确定由股票 A、B 组成的投资组合中使风险最小的股票权重比例;

(2) 计算 β_A 值;

(3) 计算无风险收益率;

(4) 用数学方法证明,如果只有 A 股票或只有 B 股票的投资组合都不是有效的组合.(提示 CML)

2. 某股票当前的价格是每股 20 元,并在一年后每股将有 1 元的分红. 如果该股的 Beta 系数为 1.2,无风险利率 6%,市场组合的风险溢价为 5%,试求股票在一年后的价格.

第 18 章 远期与期货

> **学习目的**
> 1. 了解远期的操作原理；
> 2. 掌握三种标的资产的远期合约的定价方法；
> 3. 掌握利用远期进行套期保值与套利的方法.

引 言

例 翰云公司是一家化工企业,其原材料需要从国外进口. 2005 年 11 月,翰云公司的财务总监在制定 2006 年财务预算时,预计公司在 2006 年 5 月～11 月由于进口原材料而需要向银行借款 200 万美元,即在 2006 年 5 月份需要借款,而在 2006 年 11 月份左右可还款. 假设公司可以直接使用美元借款和还款,不考虑汇率问题.

由于美元利率市场化,未来的利率不确定. 财务总监担心:如果这几个月内美元利率上升,公司将为此多付利息,从而增加借款成本.

可能的方案：

公司在当前,即 2005 年 11 月到银行贷款 200 万美元,期限为 1 年. 由于这笔款 2006 年 5 月才使用,因此又把这笔钱先到银行存 6 个月. 但是,由于公司的存款利率要低于贷款利率,因此公司又觉得这样成本太高,还不如等到 2006 年 5 月直接去借款. 可是又担心届时借款利率上调.

故公司希望能有一种金融产品,能够以较小的成本固定未来的借款利率,使得公司可以规避将来利率波动的风险.

金融工程师建议：进行远期利率交易.

在前面的几章里我们学习了原生的金融产品的基本特征和定价方法. 从上例我们看到现实生活中我们常常需要一种金融工具来锁定将来的风险. 为了完成这些功用,接下来我们将介绍一些常见的金融衍生品工具及其特点,也进一步介绍如何运用这些工具来应对风险,及如何确定它们的合理价格.

第 1 节 基本衍生证券

衍生产品(Derivative Instrument)是一种金融工具,其价值依赖于其他产品(如:证券、商品、利率或指数)的价格. 常见的衍生产品有远期合约(Forward)、期货(Futures)、互换(Swap)和期权(Option). 在这一章我们主要讨论远期合约和期货的定价方法,在最后一章我们将来重点学习期权的定价方法.

一、远期合约(Forward Contract)

远期合约(Forward Contract)是双方约定在未来某一个确定的时间(称为交割日),按照约定的成交价格(称为远期价格)买卖一定数量的某种资产(称为标的资产)的协议,其中卖出标的资产的一方为空头;同意以约定的价格在未来买入标的资产的一方为多头.签订远期合约的主要原因是可以不受风险资产的未知的未来价格的影响.例如:农场主希望事先固定农作物的销售价;进口商希望在将来以固定的汇率筹措外币;基金经理希望在将来以固定的价格卖出股票;在前面例子中企业希望固定将来的借款利率.

对于远期合约的收益,我们常用回收(Payoff)和盈亏(Net Payoff, Profit)来衡量.所谓回收即一个仓位在满期时的价值.

多头的回收=满期时的即期价格-交割价格,

空头的回收=-多头的回收.

盈亏即是从回收中扣除建立仓位所发生的初始费用的终值,即

$$盈亏=回收-初始费用的终值.$$

接下来我们通过下面的例子,帮助大家理解这几个概念.

例 18-1 假设股票当前的价格是 100 元,一年后到期的远期价格为 105 元,没有分红.年实际利率为 5%.如果立即购买,当前需要支付 100 元.如果通过远期合约购买,当前的支出为零,但在一年后需要支付 105 元.

解 如果一年后股票的即期价格为 115 元,则

远期多头:回收=115-105=10,盈亏=10-0=10,

股票多头:回收=115,盈亏=115-100×1.05=10.

例 18-2 投资 1 000 元购买了一种 6 个月期的零息债券,到期的偿还值为 1 020 元. 6 个月期的实际利率为 2%.请计算投资者购买这种债券的回收和盈亏.

解 购买这种债券的回收为 1 020 元.购买债券的成本为 1 000 元,因此购买债券的盈亏为:

$$1\,020-1\,000\times(1+2\%)=0.$$

注 零息债券的盈亏为零,但利息收入大于零!

二、期货(Futures)

远期合约两方中的一方会损失货币,总存在使得一方遭受损失的违约风险.而期货合约可以避免这样的风险.期货合约(Futures Contract)是标准化的远期合约,双方同意在将来某个日期按约定的条件(包括价格、交割地点、交割方式等)买入或卖出一定标准数量的某种标的资产的标准化协议.其标准化体现在合约规模、交割地点、交割日期都有严格规定.

另外为保证履行包含在期货合约头寸中的义务,还有一些特殊的规则.每一个签订期货合约的投资者都要支付保证金来应对每天潜在的亏损,称为初始保证金,支付给结算所作为担保.每天交易结束时交易所都要对期货进行盯市即根据期货价格的涨跌调整保证金账户.

此外期货市场上有一种重要的结清头寸的方式,如果交易者不愿进行实物交割,可以在交割日之前通过反向对冲来结算自身的期货头寸,即期货合约的买者将原来买进的期货合

约卖掉,而期货合约的卖者将原来卖出的期货合约重新买回,这个过程叫作对冲平仓.

按照标的物的不同,期货合约可以分为:

(1) 商品期货:标的物为实物商品(如农副产品、金属产品、能源产品);

(2) 金融期货:标的物为金融工具(如证券、货币、汇率、利率等),包括利率期货、股价指数期货、外汇期货等.

根据期货合约的特性,它可以很好地起到套期保值(Hedging)的作用.具体操作如下:即在期货市场上持有一个与现货市场上交易方向相反、数量相等的同种商品的期货合约,无论现货市场价格怎样波动,最终能在一个市场上发生亏损的同时,在另一个市场上实现盈利,并且盈亏大致相等,从而达到规避风险的目的.

我们通过下面例子来看看期货如何套期保值的:

例 18-3 某油脂厂3月份计划两个月后购入100吨大豆,当时现货价格每吨2200元,5月份期货价格为每吨2300元.该厂担心价格上涨,买入100吨大豆期货.到了5月份,现货价格果然上涨至每吨2400元,而期货价涨到2500元.该厂买入现货,每吨亏损200元;同时卖出期货,每吨盈利200元.现货期货市场盈亏相抵,有效锁定成本.

此外还有一个常见的衍生产品——互换(Swap),它是双方当事人按照商定的条件,在约定的时间内交换一系列现金流的合约.

第2节 衍生产品定价理论

了解了衍生产品的基本特点,我们发现衍生产品实际是虚拟的金融产品,它不像股票等有价证券,其理论价格可以通过实实在在的收益率推导出来,相反这些衍生产品具有很明显的杠杆作用,这样的虚拟金融产品我们应该如何定价才算合理? 这是我们在下面来讨论的.

一、概念和符号

在介绍定价方法之前,我们需要先掌握一些基本概念和符号,这是后面定价中常会用到的.

1. 概念

(1) 远期价格(Forward Price):标的物在未来某个时点上的理论价格.当理论远期价格≠实际交割价格,市场就会出现套利(Arbitrage)机会.

(2) 正向套利(Cash-and-Carry Arbitrage):当理论远期价格<实际交割价格时,套利者可以买入标的资产,卖出远期等待交割来获取无风险利润,即先低价买入,后高价卖出.

(3) 反向套利(Reverse Cash-and-Carry Arbitrage):当理论远期价格>实际交割价格时,套利者可以卖空标的资产,买入远期来获取无风险利润,即先高价卖出,后低价买入.

(4) 远期合约的价值:远期合约本身的价值,它与远期价格完全不同,取决于实际交割价格与理论远期价格之差.对于远期合约的多头而言:

① 理论远期价格>实际交割价格,合约的价值大于零;

② 理论远期价格<实际交割价格,合约的价值小于零.

在合约签订之日,假定市场无套利,合约的价值应该为零,故理论远期价格等于实际交割价格.换言之,理论远期价格就是使得合约的价值为零的交割价格.

2. 符号：

(1) T：远期合约的到期时间(单位为年).

(2) t：当前的时间(单位为年).

(3) S：标的资产在时间 t 的价格，即当前的价格.

(4) S_T：标的资产在时间 T 的价格.

(5) K：远期合约中的交割价格.

(6) f：远期合约多头在时间 t 的价值.

(7) F：远期价格，即在时间 t 标的资产的远期理论价格.

(8) r：无风险利率，以连续复利(利息力)表示.

下面我们把远期合约过程中每个交易通过时间轴来表示，即每个交易的时间点上标识出该时点的现金流. 这样的表示方法对我们后面远期的定价很有帮助. 图 18-1 是一个以股票为标的资产的远期合约的简单的交易示意图.

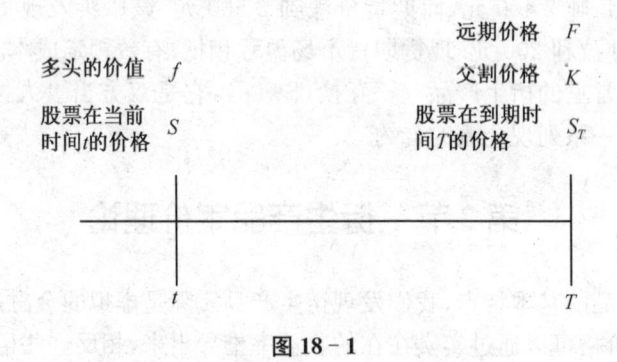

```
多头的价值      f              远期价格    F
                               交割价格    K
股票在当前                      股票在到期时
时间t的价格     S               间T的价格   S_T
               |                           |
               |                           |
               t                           T
```

图 18-1

在签订合约的 t 时间，远期空头可获得 f 的远期合约价格，这时所对应的标的资产现货价格为 S，此外没有别的现金流；到交割日 T 时间，远期空头获得约定的交割价格 K，它应该等于远期价格 F，但在套利市场中交割价可以偏离理论远期价格，此外空头要支付价值为 S_T 的标的资产.

二、定价理论的基本思路

我们要确定一个虚拟金融产品的合理价格，是在几点假设的前提下：

① 没有交易费用和税金；

② 市场参与者能以相同的无风险利率借入和贷出资金；

③ 没有违约风险；

④ 允许现货卖空；

⑤ 采用无套利定价法.

我们认为一个完全的金融市场最终是满足无套利的. 关于无套利的概念，我们在金融市场那一章已经介绍过，简单说就是投资者在无套利市场不会获得大于他初始成本的回报. 之所以有这个假设，因为套利机会导致交易发生和价格的调整，直到经济达到均衡，经济中不再存在套利机会.

经济中无套利机会是衍生证券定价的基础.

无套利定价法的基本思路：构建两种投资组合 A、B，在无套利假设下，若其终值相等，

则其现值也一定相等. 用数学公式表示如下:

$$V_A(T) = V_B(T) \Rightarrow V_A(0) = V_B(0).$$

否则就存在套利机会,即套利者会卖出现值较高的投资组合,买入现值较低的投资组合,并持有到期末,赚取无风险利润. 如图 18-2 所示,A、B 两种组合,如果在期初时价值不同,那么投资者可以卖出组合 B 赚取价值 2,同时以价值 1 买入组合 A,并持有到期终获得价值 3,这个过程中投资者在期初轻易赚取了 2-1=1 的价值.

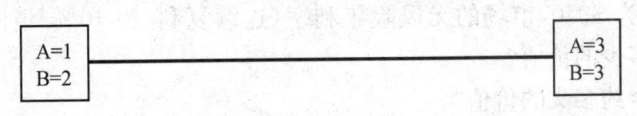

A=1　　　　　　　　　　　　　　　A=3
B=2　　　　　　　　　　　　　　　B=3

图 18-2

套利者的存在将使较高现值的投资组合价格下降,而较低现值的投资组合价格上升,直至套利机会消失,最终使得两种组合的现值相等.

有了无套利的定价假设,我们现在可以对一个虚拟的产品进行定价,其方法是利用前面介绍过的资产复制的数学工具. 具体思路:"复制"一个实体的金融产品,使其与衍生产品的期终价值相同,然后在无套利的假设下我们可以得出它们的期初价值一定也相等,由此得出衍生产品的合理定价.

因为衍生产品的标的资产不同,其资产复制的方法也不同,所以定价公式也略有差异. 我们接下来根据标的资产的不同把衍生产品分为 3 类,分别确定它们的定价方法.

1. 到期前不产生收益的标的资产

这类远期合约的标的物包括零息债券、不支付红利的股票等.

构建两种组合:

组合 A: 一份远期合约多头,加上一笔金额为 $Ke^{-r(T-t)}$ 的现金;

组合 B: 一单位标的资产.

在组合 A 中,现金以无风险利率投资,从时间 t 累积到 T 的金额为 K(用利息力计息),其中 K 等于交割价格,刚好可用来交割,以换取一单位标的资产.

可见,在时间 T 这两个组合都等于一单位标的资产,我们说资产组合 A 复制了资产 B. 根据无套利原理,这两个组合在时间 t 的价值也一定相等,即

$$V_A(T) = V_B(T) \Rightarrow V_A(t) = V_B(t).$$

在 t 时组合 A 的价值是远期合约价值 f 和 $Ke^{-r(T-t)}$ 的现金,组合 B 的价值是标的资产当时的价值 S,由此得等式:

$$f + Ke^{-r(T-t)} = S. \tag{18-1}$$

上式变形得远期合约多头的价值为:

$$f = S - Ke^{-r(T-t)}. \tag{18-2}$$

远期价格 F 就是使得 $f=0$ 的交割价 K 值,故有:

$$F = Se^{r(T-t)}. \tag{18-3}$$

可见,在此情况下,理论远期价格等于标的资产现货价格的终值.

例 18-4 假设一份 3 个月期的远期合约,其标的资产为股票,且无红利,股票的现价为 50 元,市场的无风险年利率为 10%,这份远期的合理价格应为多少?

解 这份远期的合理价格应该为

$$F = 50e^{0.10 \times 0.25} = 51.27(元).$$

例 18-5 某投资者欲以交割价格为 \$960 购买一份远期合约,其标的资产为半年期的零息债券,其现价为 \$940,市场的无风险年利率(连续复利)为 10%. 请问该投资者从这远期合约中能获得多少的价值?

解 该远期合约多头的价值为

$$f = 940 - 960e^{-0.5 \times 0.1} = \$ 26.82.$$

2. 到期前产生已知收益的标的资产

这类远期合约的标的物包括附息债券、支付已知现金红利的股票等.

令已知收益的现值为 D,并构建如下两个组合:

组合 A:一份远期合约多头,加上一笔金额为 $Ke^{-r(T-t)}$ 的现金;

组合 B:一单位标的资产,加上金额为 D 的借款.

证明与前面类似,组合 A 在时间 T 的价值正好等于一单位标的资产. 组合 B 在时间 T 一单位标的资产的收益 D 刚好可以用来偿还借款 D,故该组合的价值在 T 时也等于一单位标的资产.

组合 A、B 的终值相等,我们说,资产组合 A 复制了资产组合 B. 根据无套利原理,组合 A、B 在 t 时的价值也应相等,可得:

$$f + Ke^{-r(T-t)} = S - D. \tag{18-4}$$

上式变形即得远期合约多头的价值为:

$$f = S - D - Ke^{-r(T-t)}. \tag{18-5}$$

远期价格 F 就是使得 $f = 0$ 的 K 值,故有:

$$F = (S - D)e^{r(T-t)}. \tag{18-6}$$

例 18-6 现有一 5 年期债券,其现值为 950 元,且每半年末将收到 50 元的利息,某投资者欲通过远期合约在一年后以 960 元购买该债券,且第二次付息日在远期合约交割日之前. 请问若 6 个月期和 12 个月期的无风险年利率分别为 9% 和 10%,该投资者从此远期合约中获得的价值是多少?

解 该债券已知现金收益的现值为:

$$D = 50e^{-0.09 \times 0.5} + 50e^{-0.10 \times 1} = 93.04(元).$$

该远期合约多头的价值为:

$$f = 950 - 93.04 - 960e^{-0.1 \times 1} = -11.68(元).$$

3. 到期前产生连续收益率的资产

这类远期合约的标的物包括货币、股票指数等.

假设资产的收益率用连续复利表示为 δ,并构建如下两个组合:

组合 A:一份远期合约多头,加上一笔金额为 $Ke^{-r(T-t)}$ 的现金;

组合 B:$e^{-\delta(T-t)}$ 单位的资产,并且资产的所有收益都再投资于该资产.

组合 A 在时间 T 的价值就等于一单位标的资产. 而组合 B 的资产数量随着红利收益的增加而增加,在时刻 T 也正好等于一单位标的资产.

如前,我们说资产组合 A 复制了资产组合 B.

根据无套利原理:

$$f + Ke^{-r(T-t)} = Se^{-\delta(T-t)}. \tag{18-7}$$

上式变形即得远期合约多头的价值为:

$$f = Se^{-\delta(T-t)} - Ke^{-r(T-t)}. \tag{18-8}$$

远期价格 F 就是使得 $f = 0$ 的 K 值,故有:

$$F = Se^{(r-\delta)(T-t)}. \tag{18-9}$$

第3节 远期合约的应用

一、合成远期的方法

在前面的衍生产品的定价理论中出现了一个重要工具,复制. 这个工具在衍生产品的应用中也很常见. 例如:为了在时间 T 获得一单位的股票,既可以直接购买,也可以采取下述 4 个步骤购买:

(1) 在时间 t,投资 $Se^{-\delta(T-t)}$ 元购买零息债券,该债券的收益率为 r,到期时间为 T;

(2) 在时间 t,购买股票远期,远期价格为 $Se^{(r-\delta)(T-t)}$;

(3) 在时间 T,债券到期,获得资金

$$e^{r(T-t)} Se^{-\delta(T-t)} = Se^{(r-\delta)(T-t)};$$

(4) 在时间 T,用债券到期所获得的资金交割股票远期,正好可以获得一单位的股票.

我们通过远期复制了一单位股票. 即在时间 T 的一单位股票,可以通过远期多头和零息债券来合成:

$$股票 = 远期 + 零息债券 (合成股票).$$

变形还可得:

$$远期 = 股票 - 零息债券 (合成远期多头),$$
$$零息债券 = 股票 - 远期 (合成零息债券),$$
$$-远期 = -股票 + 零息债券 (合成远期空头).$$

由上面公式看到,我们可以通过复制的方法来合成各类金融产品. 我们以合成远期多头为例说明其具体操作方法.

为了在 T 时获得一份远期多头,我们可以在 t 时出售零息债券,相当于借钱,购买相应

份额的股票,到 T 时正好累积为一单位股票,并连本带息偿还债务. 若股票是连续产生收益的,则合成远期多头的示意图如图 18-3 所示.

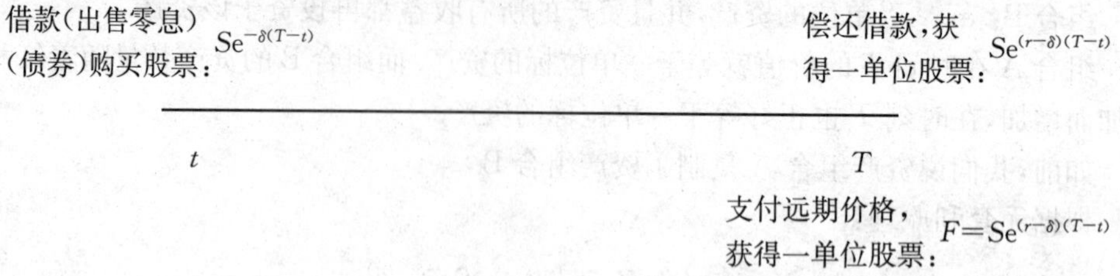

借款(出售零息)
(债券)购买股票: $Se^{-\delta(T-t)}$

t

偿还借款,获
得一单位股票: $Se^{(r-\delta)(T-t)}$

T

支付远期价格,
获得一单位股票: $F=Se^{(r-\delta)(T-t)}$

图 18-3

时间轴之上是合成远期的过程,时间轴之下是直接购买远期的情况. 二者在 T 时价值相等.

二、套保和套利

掌握前面的合成远期的方法对于投资者非常重要,他可以一方面利用远期合成对现货市场的风险进行套保;另一方面当市场有套利机会时利用合成远期进行套利. 我们分别来讨论下面的四种情况:

1. **正向套保(Cash and Carry Hedge)**

假设投资者卖出一个股票远期,即同意在时间 T 按远期价格出售股票. 他所面临的风险就是股价上涨. 对此空头仓位进行套保称作正向套保.

投资者可做如下操作:

合成一个远期多头(出售零息债券(即借钱)买入股票):

$$\text{合成远期} = \text{股票} - \text{零息债券}.$$

在这样的交易中,无论股票价格如何变化,通过合成的远期多头对股票远期空头的风险进行了规避,降风险为零. 这个合成过程也实现了套期保值的操作,在期货市场卖出远期的同时,在现货市场买入等量标的资产,进行等量的反向交易.

2. **正向套利(Cash and Carry Arbitrage)**

在正向套保中,我们假设远期价格是合理的,即 $K = F = Se^{(r-\delta)(T-T)}$. 但在现实中,有可能出现 $K \neq F$,假设 $K > F$,这时市场有正向套利机会.

套利者可以通过:

低买高卖进行套利,即高价出售一个远期,然后低价生成一个合成远期:

$$\text{远期} = \text{股票} - \text{零息债券}.$$

我们可以从下面的例子看到投资者如何在市场上进行正向套利.

例 18-7 考虑一个基于不支付红利的股票的远期合约多头. 假设股价为 40 美元,3 个月期无风险利率为年利率 5%. 假定远期价格偏高,为 43 美元,套利者可以:

(1) 以 5% 的无风险年利率借入 40 美元,买一只股票,这相当于生成一个远期多头(远期=股票-零息债券);

(2) 并在远期市场上做空头(3 个月后以 43 美元卖出股票),用来归还贷款的总额数为:$40 \times (1 + 0.05 \times 3/12) = 40.50$ (美元);

(3) 通过这个策略,套利者在 3 个月内锁定了 $(43-40.5)=2.5$ 美元的收益,但在时间 t

的投资成本为零.

3. 反向套保(Reverse Cash and Carry Hedge):

假设投资者购买了一个股票远期,即同意在时间 T 按远期价格买入股票. 面临的风险是股价下跌. 对此多头仓位进行套保称为反向套保.

投资者可做如下操作:

合成一个远期空头(出售股票,并用所得资金购买零息债券):

$$-远期 = -股票 + 零息债券.$$

在这样的交易中,无论股票价格如何变化,通过合成的远期空头对股票远期多头的风险进行了规避,降风险为零. 这个合成过程也实现了套期保值的操作,在期货市场买入远期的同时,在现货市场卖出等量标的资产,进行等量的反向交易.

4. 反向套利(Reverse Cash and Carry Arbitrage)

当实际交割价格小于理论远期价格,即 $K < F$ 时,市场有反向套利的机会. 套利者可以通过:高价卖空标的资产,同时低价买入远期,从中获利.

下例帮助我们理解反向套利.

例 18-8 在前例中,再假定远期价格偏低,为 39 美元.

(1) 套利者可以以 40 美元卖空股票,将所得收入投资债券,合成远期空头:

$$-远期 = -股票 + 零息债券;$$

(2) 并以 39 美元购买 3 个月远期合约多头. 卖空股票 3 个月后所得收益为:$40 \times (1 + 0.05 \times 3/12) = 40.50$(美元). 此时,套利者支付 39 美元,交割远期合约规定的股票,再将其送到股票市场平仓;

(3) 3 个月末的净收益为:$40.50 - 39.00 = 1.50$(美元),但在时间 t 的投资成本为零.

习题 18

1. 假定 A 公司的股票是 60 元并且不派发股利,年实际利率是 10%. 请验证若 1 年后的股票价格是 66 元,则盈亏为零.
2. 假定 A 公司的股票今天是 105 元,并且预期每季度派发股利 1.70 元,第一次是在 3 个月后,最后一次恰在交割股票前. 年度无风险利率为 6%,因此季度无风险利率是 1.5%. 如果要求现在支付远期合约的价格,请计算该股票一年期的远期价格是多少.
3. 如果股票的价格是 105 元,每日复利一次的年名义收益率为 2%,日股利是多少?如果我们在年初持有一单位股票,假设股利收益全部再投资于该股票,年末将会持有多少单位的股票?如果想在年末持有一单位股票,那么年初应投资多少?
4. 股票的价格是 70 元,连续复利率是 6%. 计算:(1) 如果股利为零,6 个月期的远期价格是多少?(2) 如果 1 年期的远期价格是 72 元,年度的连续股利收益率是多少?
5. 某公司股票的现货价格是 105 元,无风险利率为 6%,股票的年度股利收益率为零. 针对下列两种情况,你将如何进行套利:
   (1) 假定 6 个月的远期价格是 120 元;
   (2) 假定 6 个月的远期价格是 107 元.

第 19 章 期 权

> **学习目的**
> 1. 掌握期权的操作原理及种类；
> 2. 灵活运用二叉树给期权定价；
> 3. 了解 BS 模型及其推导.

引 言

我们从一个例子入手来看看有关期权的内容：A 公司股票现价为 60 美元，在一年后股价可以是 80 美元或 50 美元，即期利率是 0.048%，交易商一年之后期望提供看涨期权执行价为 65 美元，如果交易商的报价为 6.35 美元卖出看涨期权，6 美元买入，6.35 美元和 6 美元之差称为交易商的差价. 这个报价是否公平？一个客户以每股 6.35 美元的价格购入 100 000 股的看涨期权，交易商因此会持有很大风险，他又该如何对冲这个风险？

在第 18 章里我们介绍了衍生产品——远期合约、期货的定价方法，这一章我们将引入另一种常见的衍生产品——期权. 为了解决上例的问题我们需要首先了解期权的概念和特性，在此基础上我们再进一步探讨如何确定期权的合理价格及如何使用期权对冲风险.

第 1 节 期权的基本原理

一、期权的基本概念

(1) 期权(Option)：买方在规定期限内拥有按约定价格购买或出售一定数量标的资产的权利.

(2) 期权的买方(Buyer,多头)：拥有在合约规定的时间购买或出售标的资产的权利.

(3) 期权的卖方(Seller,空头)：承担在规定时间内根据买方要求履行合约的义务.

(4) 期权费(Premium,期权价格 Option Price)：买方支付给卖方一定的费用，作为对卖方承担义务的补偿.

(5) 看涨期权(Call Option)：赋予期权买方以执行价格购买标的资产的权利.

(6) 看跌期权(Put Option)：赋予期权买方以执行价格出售标的资产的权利.

表 19-1 将期权交易中的双重买卖关系更清楚地表达出来.

表 19-1

	看涨期权	看跌期权
期权买方(多头)	以执行价格买入标的资产的权利	以执行价格卖出标的资产的权利
期权卖方(空头)	以执行价格卖出标的资产的义务	以执行价格买入标的资产的义务

看涨期权和看跌期权的运作原理可以通过下面的示意图表达出来：

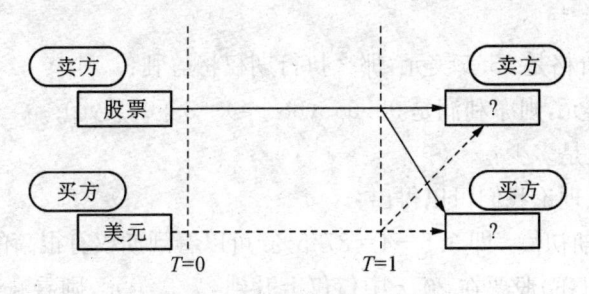

图 19-1 看涨期权示意图

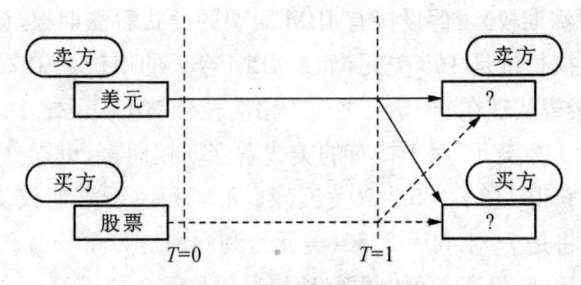

图 19-2 看跌期权示意图

从以上示意图可见期权的买方在到期 T 时可以选择与卖方交易，也可以选择不进行交易. 而卖方的交易方式也随之相应调整, 这与远期合约中买方必须在到期时与卖方交易的操作不同.

例 19-1 （概念辨析）区分下列情况哪些属于期权多头、期权空头、看涨期权、看跌期权？

① A 向 B 支付 100 元后, 有权利在年底按每股 22 元的价格向 B 出售 1 000 股股票.

② C 向 D 支付 110 元后, 有权利在年底按每股 20 元的价格从 D 购买 1 000 股股票.

③ X 有权利在年底向 Y 按 5% 的利率借款 100 万元.

解 A 是多头, B 是空头, 看跌期权.

C 是多头, D 是空头, 看涨期权.

X 是多头, Y 是空头, 看涨期权.

(7) 欧式期权(European-Style Option)：买方只能在期权到期日行使买进或卖出标的资产的权利.

(8) 美式期权(American-Style Option)：允许买方在期权到期前的任何时间执行期权. 美式期权的价值大于相应的欧式期权的价值.

(9) 百慕大期权(Bermudan-Style Option)：买者可以在到期前的某些指定时期行权.

百慕大期权赋予买者的权利是介于美式期权与欧式期权之间的.

上述三种期权可以在全世界范围内买卖,没有任何地理上的含义.

下面几个例子将更清楚地说明各类期权的运作原理和作用.

例19-2(欧式看涨期权) 假设持有通用电气(GE)的看涨期权,将在从今天算起的20天后到期.执行价是88美元,今天的市场价是84美元,因为支付的费用超过了现在的股票价格,你也许会认为看涨期权一文不值.但从现在起20天后,市场价格变得更高是完全有可能的.

① 假设到期日价格是95.5美元,那么执行期权将盈利:

若期权费是4美元,则净利润=95.5-(88+4)=3.50(美元).

其投资回报率又是多少?

根据前面的利息理论我们可以得出:

收益率=利润/期初值,即$3.5\div 4=87.5\%$.可以看到期权有很高的杠杆作用.

② 若通用电气(GE)股票在20天中仅仅上升到87.5美元,则看涨期权将毫无价值,同时投资损失.

例19-3(美式看涨期权) 假设持有IBM股票的美式看涨期权,该期权从现在算起将在15天后到期.假设执行价是105美元,如果IBM今天的市价是107美元,持有者也许会一直等到期权到期,希望从现在起15天之内价格会位于107美元之上.另一方面,若下星期IBM股票上涨到每股112美元.对于持有的美式看涨期权而言,可以立即执行期权.如果不计算期权成本每股将获得112-105=7(美元)利润.若每一看涨期权支付4.50美元,则每一看涨期权的净利润将是7-4.50=2.50(美元),利润率是$2.50\div 4.50=55.5\%$.从此例可见美式期权操作的灵活性,投资者可以更好地规避价格浮动的风险.

例19-4(保护性的看跌期权) 默克公司每股股价为50美元,某人认为在未来数月股价将波动很大,希望尽快出售该股票.

于是开始一个投资计划,购买大约3个月到期的看跌期权,执行价格设在45美元,每一看跌期权要支付2.80美元的期权费.通过看跌期权出售的股票可以使得每股至少获得45美元.只要他持有这些股票的看跌期权,就有出售这些股票的最低价格保证.如果股票价格始终高于45美元的最低点,看跌期权变得毫无价值.而为每个看跌期权支付的2.80美元的费用可以认为是"保险"费用.

(10) 执行价格(Exercise Price):期权合约所规定的,期权买方在行使其权利时,实际执行的标的资产的价格,即标的资产的买价或卖价.

下面介绍与执行价格相联系的几个概念:

内在价值(Intrinsic Value):期权买方行使期权时可以获得的收益的现值.对于看涨期权的买方而言,内在价值就是市场价格高于执行价格带来的收益的现值;对于看跌期权的买方而言,内在价值就是执行价格高于市场价格带来的收益的现值.

接下来的三个概念与内在价值相关:

① **实值期权**(In the Money):内在价值为正的期权.

② **虚值期权**(Out Of the Money):内在价值为负的期权.

③ 平价期权(At the Money)：内在价值为零的期权.

对于看涨期权多头：

当市场价格＞执行价格时,此期权为实值期权；

当市场价格＜执行价格时,此期权为虚值期权.

对于看跌期权多头：

当市场价格＜执行价格时,此期权是实值期权；

当市场价格＞执行价格时,此期权为虚值期权.

在期权的概念中我们要注意区分期权价格与执行价格：期权价格即期权费,它是期权合约本身的价格；执行价格是期权合约中标的资产的交易价格.

通过下面例子我们来辨析下以上几种概念.

例 19-5 A 向 B 支付 100 元后,有权利在年底按每股 22 元的价格向 B 出售 1 000 股股票.假设年底时股票的市场价格为 23 元.这是看涨期权还是看跌期权？期权多头？期权空头？期权价格和执行价格？实值期权还是虚值期权？

解 此交易拥有卖出的权利,故是看跌期权. A 是权利的实行者,故是期权多头, B 是空头. 100 元为期权费,即期权价格,执行价格为交割价 22 元.对于看跌期权多头,当市场价格＞执行价格时,为虚值期权.

二、期权的盈亏

在前面的例子里我们看到一些衡量期权收益的简单方法.下面我们会更加精确地来评价一个期权的盈亏,及不同期权它们的盈亏都有哪些特点.

1. 几个概念

(1) 期权的回收(Payoff)：在不考虑期权费的情况下,期权在满期时的价值.

看涨期权多头的回收 = max[0, 满期时的现货价格 − 执行价格]；

看跌期权多头的回收 = max[0, 执行价格 − 满期时的现货价格].

(2) 期权的盈亏：期权的回收扣除期权费的终值.

看涨期权多头的盈亏 = max[0, 满期时的现货价格 − 执行价格]
　　　　　　　　　　− 期权费的终值；

看跌期权多头的盈亏 = max[0, 执行价格 − 满期时的现货价格]
　　　　　　　　　　− 期权费的终值.

例 19-6 一个关于股票 A 的看涨期权,期限是 1 年,执行价格 105 元.假定 1 年后股票 A 的即期价格是 110 元,则看涨期权多头的回收是：

$$\max[0, 110 - 105] = 5(元).$$

如果满期时股票的价格是 100 元,那么看涨期权多头的回收是：

$$\max[0, 100-105] = 0(元).$$

例 19-7 使用同上例一样的期权,假设 1 年期的年实际利率是 5%,该看涨期权的期权费是 9.40 元,则期权费的终值是:

$$9.40 \times 1.05 = 9.87.$$

若在满期时股票 A 的价格是 120 元,则期权的所有者将执行该期权. 看涨期权多头的盈亏是:

$$\max[0, 120-105] - 9.87 = 5.13(元).$$

如果满期时股票 A 的价格是 100 元,所有者将不执行该期权. 那么看涨期权多头的盈亏是:

$$\max[0, 100-105] - 9.87 = -9.87(元)$$

与远期合约一样,我们可以把期权交易在不同时间点的可能的现金流通过时间轴表示出来,这样的方法对我们后面的各类计算很有帮助. 在图 19-3 上我们也相应地标示了期权概念中的常用符号.

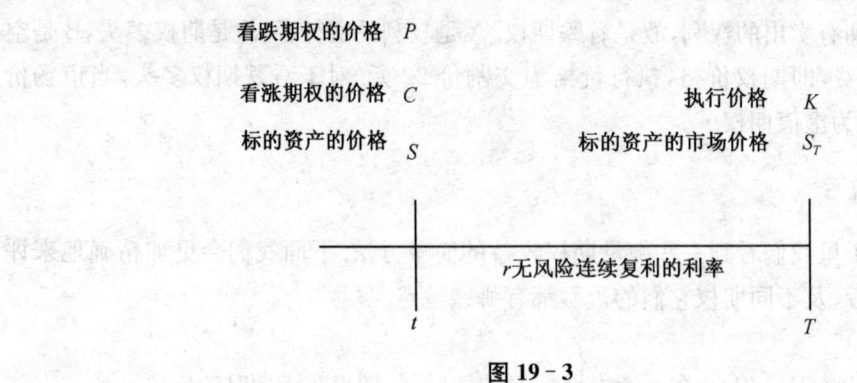

看跌期权的价格 P

看涨期权的价格 C　　　　　　　　　执行价格 K

标的资产的价格 S　　　　　　　　　标的资产的市场价格 S_T

r 无风险连续复利的利率

t　　　　　　　　　　　　　　　T

图 19-3

2. 看涨期权和看跌期权的盈亏的特点和规律

(1) 看涨期权的盈亏

① 如果用符号表示,可得看涨期权多头的盈亏为:

$$\max[0, S_T - K] - C \cdot e^{r(T-t)}.$$

期权到期时标的资产价格小于执行价格,期权可以不执行,对于多头最多只会亏损期权费的终值 $C \cdot e^{r(T-t)}$;

如果标的资产价格大于执行价格,执行期权,但只有当 S_T 大于执行价与期权费终值之和时,多头才会盈利. 因为 S_T 的值可以无限大,所以看涨期权多头的盈利可以无穷大.

可见看涨期权多头的亏损有限,但盈利可能无限.

② 看涨期权空头的盈亏与看涨期权多头的盈亏正好相反:

$$\min[0, K - S_T] + C \cdot e^{r(T-t)}.$$

可见看涨期权空头的亏损可能无限,但盈利最大为期权费终值.

看涨期权的盈亏简易示意图如图 19-4 所示.

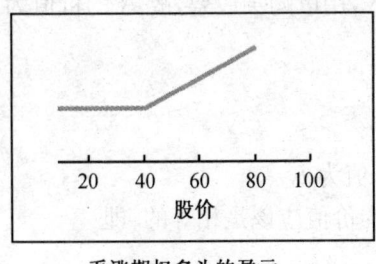

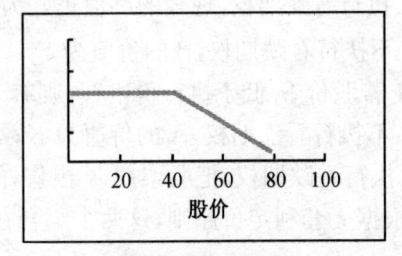

看涨期权多头的盈亏　　　　　　　　看涨期权空头的盈亏

图 19-4

(2) 看跌期权的盈亏

① 如果用符号表示,可得看跌期权多头的盈亏为:
$$\max[0, K-S_T] - P \cdot e^{r(T-t)}.$$

期权到期时标的资产价格大于执行价格,期权可以不执行,对于多头最大的亏损是期权费的终值 $P \cdot e^{r(T-t)}$;

如果标的资产价格小于执行价格,执行期权,但看跌期权多头的盈利最大只能是 $K - P \cdot e^{r(T-t)}$.

可见看跌期权多头的盈亏都是有限的.

② 看跌期权空头的盈亏与看跌期权多头的盈亏正好相反:
$$\min[0, S_T - K] + P \cdot e^{r(T-t)}.$$

可见看跌期权空头的亏损最大 $P \cdot e^{r(T-t)} - K$,但盈利最大为期权费终值.

看跌期权的盈亏简易示意图如图 19-5 所示.

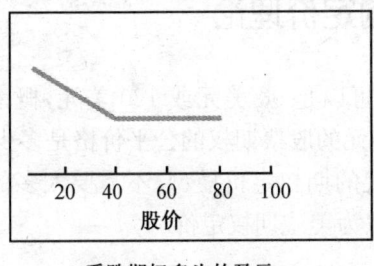

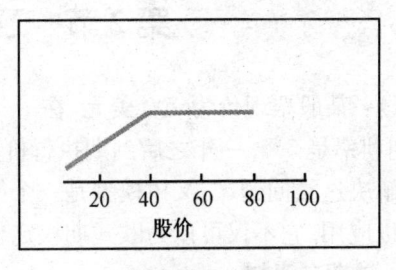

看跌期权多头的盈亏　　　　　　　　看跌期权空头的盈亏

图 19-5

三、看涨期权与看跌期权的平价关系(Put-Call Parity)

在时间 t 考虑下述两个投资组合:

组合 A:一份欧式看涨期权(执行价 K,期权价 C),加上金额为 $K \cdot e^{-r(T-t)}$ 的现金.

组合 B:一份欧式看跌期权(执行价 K,期权价 P),加上一单位股票.

现金以无风险利率 r 投资,在到期时间 T 时,两个组合的价值相等.因为:

(1) 若股价 S_T 超过执行价格 K,则有

A：执行看涨期权,现金的终值正好为执行价 K,用以购买股票,故 A 的价值为 S_T;

B：不执行看跌期权,B 的价值为 S_T.

(2) 若股价 S_T 低于执行价格 K,则有

A：不执行看涨期权,A 的价值为 K;

B：执行看跌期权,把股票按 K 出售,故 B 的价值为 K.

则根据无套利定价原则,这两个组合在时间 t 的价值应该是相等的. 即

$$C + Ke^{-r(T-t)} = P + S \Leftrightarrow C + PV(K) = P + S. \tag{19-1}$$

其中 $PV(K)$ 表示 K 的现值,此即欧式看涨期权与看跌期权之间的平价关系(Parity).

平价关系(Put-Call Parity)的成立需要满足下面的前提条件：

① 看涨期权和看跌期权都是欧式期权;

② 看涨期权和看跌期权有相同的执行价;

③ 标的资产在到期前没有红利分配.

平价关系经变形可得 $C - P = S - Ke^{-r(T-t)}$,将右边用现值符号 PV 表示,则有 $C - P = PV(F - K)$. 由此可得出若远期价格 F 大于执行价格 K,则看涨期权的价格 C 大于看跌期权的价格 P,即

$$F > K \Rightarrow C > P.$$

同理：

$$F < K \Rightarrow C < P,$$
$$F = K \Rightarrow C = P.$$

第 2 节 二叉树的定价理论

问题：某股票现价为 100 美元,在一年后股价可以是 90 美元或 120 美元,概率并未给定,即期利率为 5%. 一年之后到期执行价为 105 美元的股票期权的公平价格是多少？

要解决这类问题,二叉树模型是一个简单、直观的期权定价模型,不需要太多的数学知识就可以应用. 它不仅可以为欧式期权定价,还可以为美式期权定价.

一、单期二叉树

1. 背景

不同时期期权的价值受股票的价格影响,而股票的价格 $\{S(\omega, t), t \in T\}$ 随时间变化是一个随机过程. 我们简化这种随机过程,只有两种状态 $\Omega = \{u, d\}$：u 表示股价上升或 d 表示股价下跌.

市场上股票的衍生证券 V,其价值在时间 $t = \tau$ 时取决于 S 的表现,如果 S 上涨,V 价值为 U,如果 S 下跌,V 价值为 D,今天 V 的公平价格是多少？根据上面的假设我们可以把股票价格和衍生产品价值的随机过程通过下面的二叉树表示(见图 19-6).

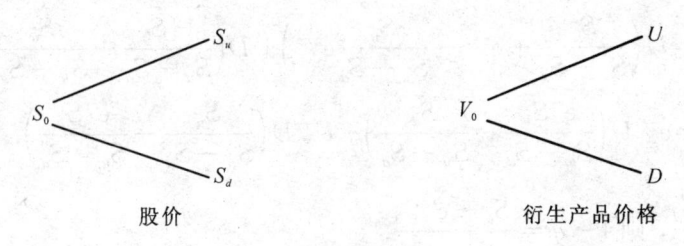

图 19-6

2. 资产组合复制

有了上面的假设,现在我们可以套用曾在远期合约里的定价思路,即通过复制的方法,使两个资产组合在期终时价值相同,然后根据无套利定价理论得出这两个组合在期初值的等式.

构建两种组合:

A:一个期权多头,价值为 V.

B:a 单位的股票和 b 单位的现金合成一个期权多头,其中 a,b 因为期权种类不同,可以为负数,无风险资产利率为 r.

则组合 B 的价值用 Π 表示有:

在 $t=0$ 时:$\Pi_0 = aS_0 + b$;

在 $t=\tau$ 时:

$$\omega = \begin{cases} u, & \Pi_\tau = aS_u + be^{r\tau}, \\ d, & \Pi_\tau = aS_d + be^{r\tau}. \end{cases}$$

因为 a,b 为任意值,我们可以令这个组合 B 的值在 τ 时正好等于期权多头的价值,即

$$\omega = \begin{cases} u, & \Pi_\tau = aS_u + be^{r\tau} = U, \\ d, & \Pi_\tau = aS_d + be^{r\tau} = D. \end{cases} \tag{19-2}$$

因为资产组合 A、B 的价值一致,该 B 组合复制了期权 A.

根据(19-2)解得:

$$\begin{cases} a = \dfrac{U-D}{S_u - S_d}, \\ b = \left(U - \dfrac{U-D}{S_u - S_d} S_u\right) e^{-r\tau}. \end{cases} \tag{19-3}$$

根据无套利定价理论:$V_0 = \Pi_0 = aS_0 + b$,将(19-3)代入得

$$V_0 = \frac{U-D}{S_u - S_d} S_0 + \left(U + \frac{U-D}{S_u - S_d} S_u\right) e^{-r\tau}. \tag{19-4}$$

这是期权的定价公式,但很明显公式(19-4)很难记忆,此公式是否有更易理解和简明的表达?这是我们接下来要完善的.

我们发现如果将 U 和 D 分开,得

$$V_0 = U\left(\frac{S_0}{S_u - S_d} + e^{-r\tau} - \frac{S_u}{S_u - S_d}e^{-r\tau}\right) + D\left(\frac{-S_0}{S_u - S_d} + \frac{S_u}{S_u - S_d}e^{-r\tau}\right)$$
$$= e^{-r\tau}U\left(\frac{e^{r\tau}S_0}{S_u - S_d} - \frac{S_d}{S_u - S_d}\right) + e^{-r\tau}D\left(\frac{S_u}{S_u - S_d} - \frac{e^{r\tau}S_0}{S_u - S_d}\right).$$

令 $q = \dfrac{e^{r\tau}S_0 - S_d}{S_u - S_d}$，则 $1 - q = \dfrac{S_u - e^{r\tau}S_0}{S_u - S_d}$.

上式变形可得一个很简单的表达：

$$V_0 = e^{-r\tau}[qU + (1-q)D]. \tag{19-5}$$

公式(19-5)中括号的部分与求变量的期望值的公式很相似，关键是 q 是否可表示概率？若可以，则期权定价公式可以理解为期权将来价格的期望值的现值.

3. 风险中性概率

引入一个假想的投资者(Hypothesis Investor)，后面简称为 H.I.，其有如下特征：

① H.I. 为风险中性投资者，这与保守投资者有很大差异. 一位风险中性的投资者是风险无差异的，即对于他来说，确定得到 1 美元的投资并不比期望值为 1 的不确定性投资更有吸引力. 大多数人并非风险中性.

② 对于 H.I. 而言，同等回报的股票和无风险投资之间是没有差异的.

根据风险中性投资者的特点，我们可以很容易地推导出在风险中性的条件下，股票的预期收益率应等于无风险利率 r，股票价格在 τ 时的期望值应为 $S_0 e^{r\tau}$，设股价上升的概率为 p，则有：

$$S_0 e^{r\tau} = p \cdot S_u + (1-p)S_d,$$

得

$$p = \frac{S_0 e^{r\tau} - S_d}{S_u - S_d}.$$

由此推得公式(19-5)中的 $q = \dfrac{e^{r\tau}S_0 - S_d}{S_u - S_d}$ 符合风险中性概率的条件.

期权定价公式(19-5)最终可表示为

$$V_0 = e^{-r\tau}E_q[V_\tau]. \tag{19-6}$$

例 19-8 股票现在的价格为 50 美元. 一年后，它的价格可能是 55 美元或 40 美元. 一年期利率为 4%. 现计算两种期权的价格，一种执行价为 48 美元的看涨期权，和一执行价为 45 美元的看跌期权.

解

$$q = \frac{S_0 e^{r\tau} - S_d}{S_u - S_d} = 0.80.$$

看涨期权

$V = \max(0, S_\tau - K)$，$U = 7$，$D = 0$，

$V_0 = e^{-r\tau}E_q[V_\tau] = e^{-r\tau}[qU + (1-q)D] = 5.38.$

看跌期权

$V = \max(0, K - S_\tau)$,$U = 0$,$D = 5$,

$V_0 = e^{-r\tau} E_q[V_\tau] = e^{-r\tau}[qU + (1-q)D] = 0.96$.

问题：如果股票价格只有一个周期的变化，我们可以通过上面的单期二叉树计算出这个股票期权的合理价格．但是实际情况常常复杂很多，股票价格在期权期限内可能不止变化一次，而是两次、多次．如图 19 - 7 所列的股价多期二叉树．

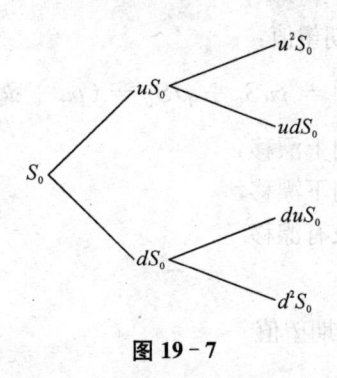

图 19 - 7

若两期后一个衍生产品对应于股票二叉树中的每一个最终结果 u^2S_0, udS_0, d^2S_0 都有一个特定的价值：U, M, D 分别如图 19 - 8 所示，则如何确定衍生产品现在的价格 V_0？

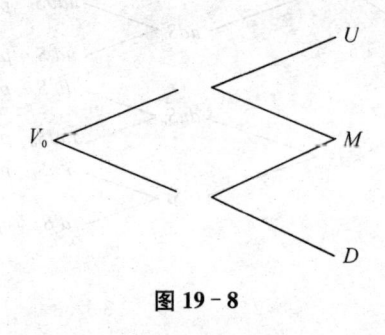

图 19 - 8

二、多期二叉树

单期二叉树模型比较简单，可以将其进一步拓展到多期二叉树模型．解决这类问题我们需要先介绍一种通过二叉树求随机变量期望值的方法——连锁法．我们以股价为例介绍这种方法．

1. 股票价格模型

假设股票的价格在单位时间内只能够沿着两个方向变动．下图采用二叉树的形式列出了可能变动的两个方向，将来的价格等于现值与相应收益率的乘积．我们分别观察单期和多期的股价变化模型，其中 $u > 1$, $d < 1$, $0 < p < 1$, p 表示股票上涨的概率，$q = 1 - p$，需要注意的，这里的 q 是股价下跌的实际概率，不是前面提到的风险中性概率 q．

单期二叉树：

金融数学简明教程

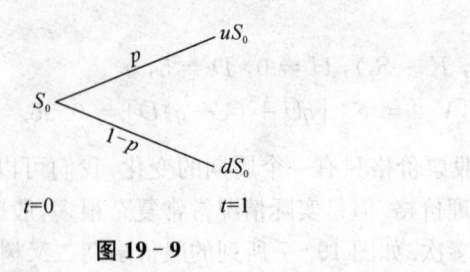

图 19-9

由此可得 $t=1$ 时的股价期望值：

$$E[S_1] = puS_0 + qdS_0 = (pu+dq)S_0. \tag{19-7}$$

$$\begin{cases} pu+qd > 1, \text{股票价格向上漂移,} \\ pu+qd < 1, \text{股票价格向下漂移,} \\ pu+qd = 1, \text{股票价格没有漂移.} \end{cases}$$

多期二叉树：

① 从前往后求满期时股价期望值

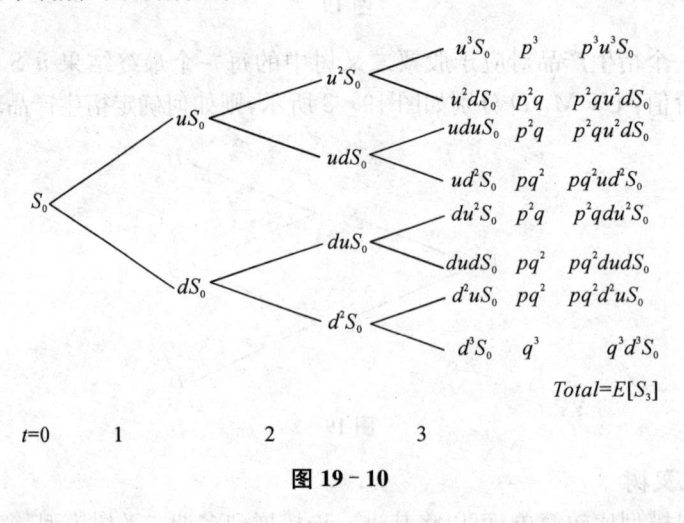

图 19-10

沿用单期二叉树的思路，我们很容易得出对于多期的股价期望值。例如：这里股价变化 3 期后，其期望值是

$$\begin{aligned} E[S_3] &= [(pu)^3 + 3qd(pu)^2 + 3(qd)^2pu + (qd)^3]S_0 \\ &= (pu+qd)^3 S_0. \end{aligned} \tag{19-8}$$

通过上面两个例子，我们可以大胆推测，在任意时期的股价期望值有下面的等式关系：

$$\begin{aligned} E[S_{k+1}] &= (pu+qd)E[S_k], \\ E[S_{k+1}] &= (pu+qd)^{k+1}S_0. \end{aligned} \tag{19-9}$$

等式(19-9)用数学归纳法很容易证明得到.

我们通过这种方法可以得出满期时股价期望值，但是对多期二叉树，计算的工作量很大. 接下来我们要介绍另一种比较简化的方法——连锁法. 为了使用这个方法，我们需要先

· 210 ·

合并二叉树中的重复项.沿用上面的例子图 19-10 简化得：

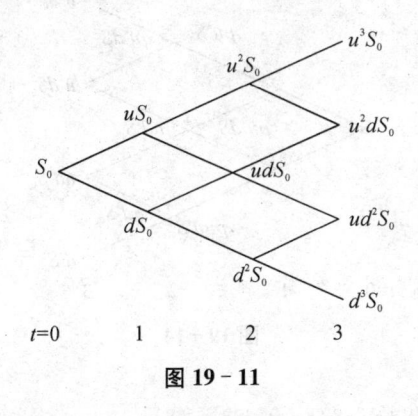

图 19-11

② 连锁法求满期时股价期望值（从后向前推导）

每个空白节点表示未来股票价格期望值，而非实际值，以期获得股价的满期时期望值.

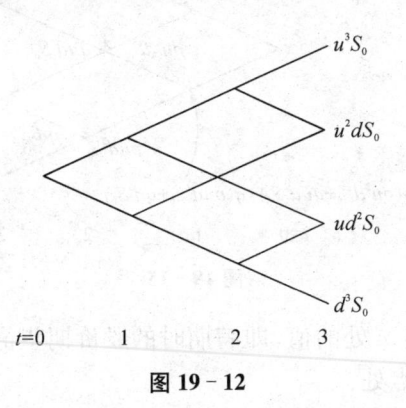

图 19-12

连锁法基本思路：先观察股票价格二叉树的一个简单分支.

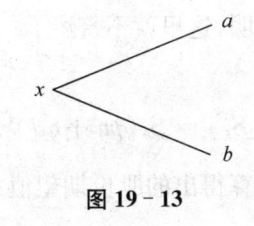

图 19-13

x 表示股票未来价格 a 和 b 的期望值，则

$$x = pa + qb.$$

按照这个思路我们从后向前在每个节点填入它下一个时期的股价期望值.

图 19-14

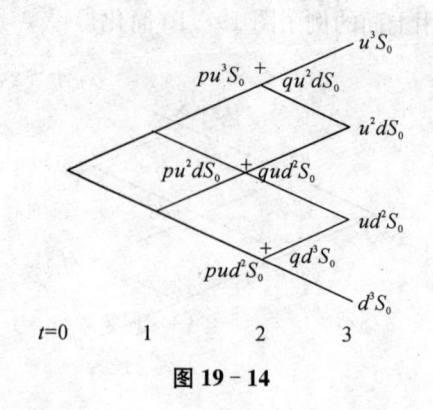

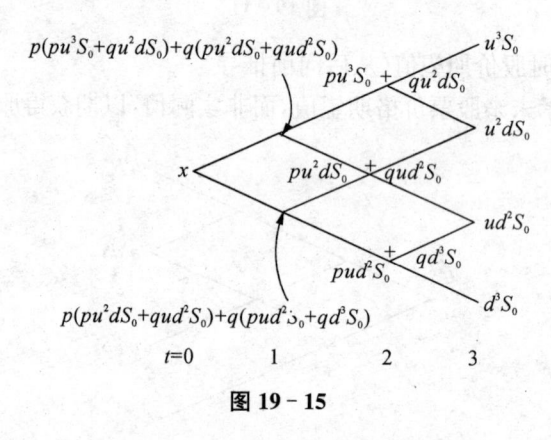

图 19-15

以此类推我们可以求出 x 处的值,即满期时的股价期望值. 将节点输入值中的股票价格因子分离出来,则每个节点处:

$$\text{节点输入值} = (\text{节点股票价格}) \times (pu+qd)^{\text{剩余列数}}. \tag{19-10}$$

这个等式通过归纳法很容易证明,这里就不赘述了.

按此规律在 x 处的输入值为

$$E[S_k] = S_0(pu+qd)^k.$$

这个结果与前面从前往后推计算得出的股价期望值相等. 证明我们可以使用连锁法来解决这类多期的股价期望值的问题.

2. 用二叉树进行欧式期权定价

对于多期的期权定价我们也可以采用"连锁法"的思路解题.

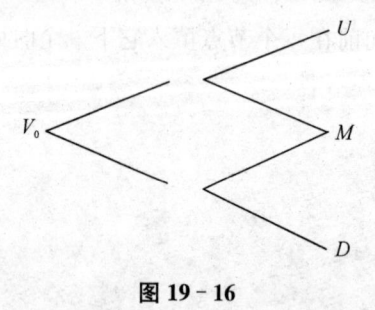

图 19-16

· 212 ·

例 19-9 请用二叉树确定如下欧式看涨期权的价格:期权期限 $t=3$ 年,标的物为股票,股价变化每年观察一次,$S_0=100$ 美元,$K=105$ 美元,$u=1.1$,$d=0.9$,$r=0.02$.

解 首先构造一个三期的股票价格二叉树模型,如图所示:

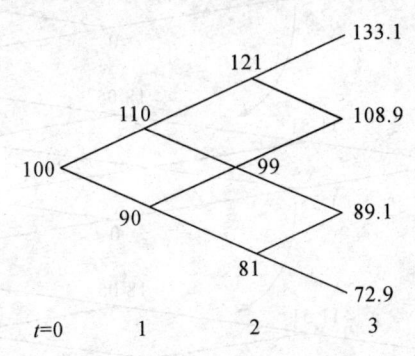

```
                              133.1
                      121
              110             108.9
      100             99
              90              89.1
                      81
                              72.9
  t=0    1      2       3
```

然后由此导出三期的期权价格二叉树模型,$V=\max(0,S_T-K)$.

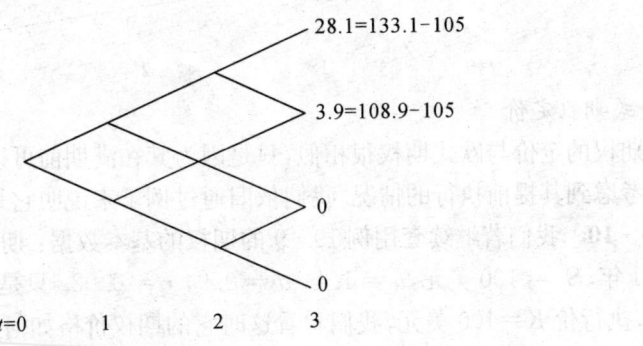

```
                              28.1=133.1-105
                              3.9=108.9-105
                              0
                              0
  t=0    1      2       3
```

设股价上涨概率 p 等于风险中性概率 q,

$$q=\frac{e^{r\tau}S_0-S_d}{S_u-S_d}\Rightarrow q=\frac{e^{r\tau}-d}{u-d},\ q=0.6.$$

求得代入后面计算中.

通过连锁法:

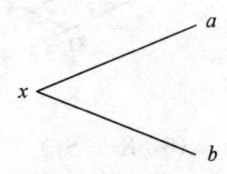

```
        a
   x
        b
```

X 是期权未来价格 a 和 b 的期望值,因为有无风险利率,所以还要将其期望值贴现到该节点的观察时点,则 $X=e^{-rT}[qa+(1-q)b]$.

算出每个节点的期望值,依次从后往前推算,最终求得在 $t=0$ 这个节点的期权价格满期时的期望值的现值,即我们要求的期权现在的公平价格 $V_0=7.30$ 美元.

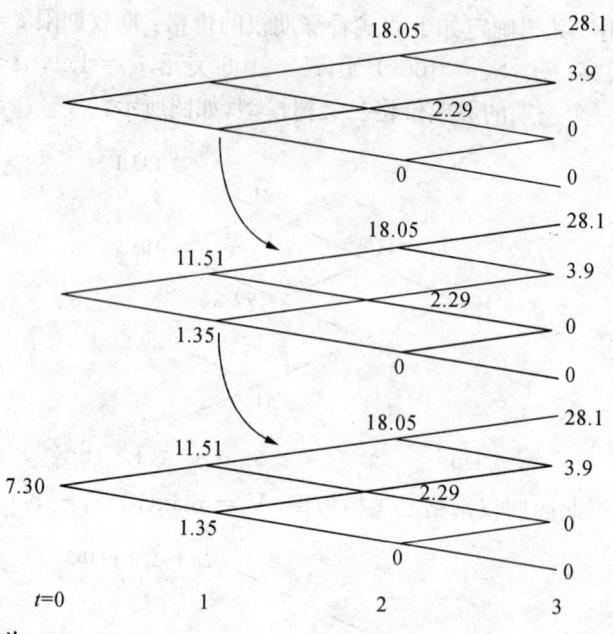

[期权二叉树图示，显示从 t=0 到 t=3 各节点价值：7.30 → 11.51, 1.35 → 18.05, 2.29, 0 → 28.1, 3.9, 0, 0]

3. 美式期权定价

美式期权的定价与欧式期权很相似，只是因为其在满期前可以随时执行，所以我们在计算中必须考虑到其提前执行的情况. 我们依旧通过例子来说明它是如何操作的.

例 19-10 我们若继续套用例 19-9 的期权的基本数据：期限 $t=3$ 年, 股价变化观察周期 τ 为 1 年, $S_0 = 100$ 美元, $u = 1.1, d = 0.9, r = 0.02$. 只是将期权的类型改变为美式看跌期权, 执行价 $K=100$ 美元, 我们看看这时它的期权价格如何确定.

解 第一步依旧是画股价的二叉树：

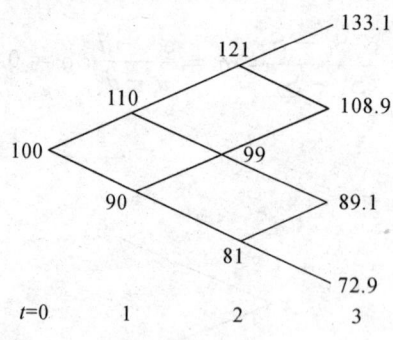

[股价二叉树：100 → 110, 90 → 121, 99, 81 → 133.1, 108.9, 89.1, 72.9]

第二步画出期权二叉树, $V = \max(0, K - S_T)$.

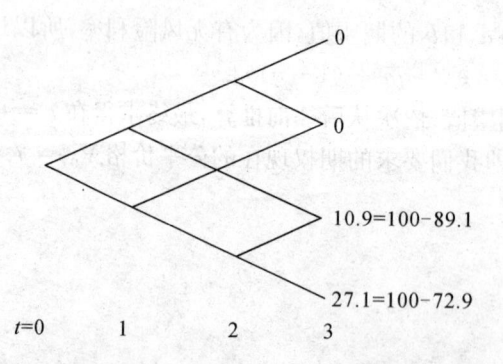

[期权二叉树末端值：0, 0, 10.9=100−89.1, 27.1=100−72.9]

设股价上涨概率 p 等于风险中性概率 q,
$$q = \frac{e^{-rT}S_0 - S_d}{S_u - S_d} = 0.6.$$

这时在 $t=2$ 的节点处有两个选择:
① 立即执行;
② 继续持有到下一期再执行.

策略:计算每一种方案的价值,再选择最大的.

如果选择②继续持有到下一期再执行,我们就要用连锁法,算出节点的期望值现值:

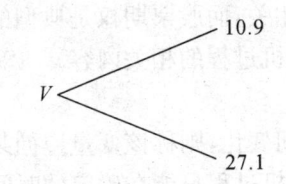

$$V \begin{array}{c} 10.9 \\ \\ 27.1 \end{array}$$

$$e^{-0.02}(10.9 \times 0.6 + 27.1 \times 0.4) = 17.03(美元).$$

若选择①立即执行,则 $V = \max(0, 100-81) = 19$(美元). 因为 $19 > 17.03$,所以我们在此节点选择立即执行期权,此节点的期权价格是 19. 用二叉树表示如下:

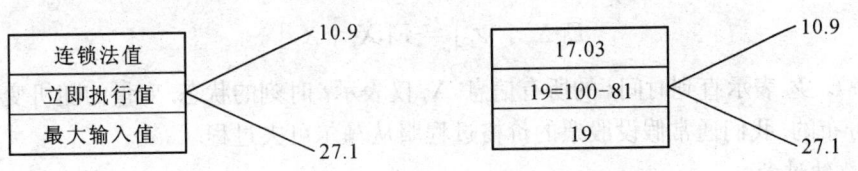

连锁法值
立即执行值
最大输入值

17.03
19=100-81
19

这样依次从后往前推算,我们最终得到期权现在的公平价格应该是 4.9 美元.

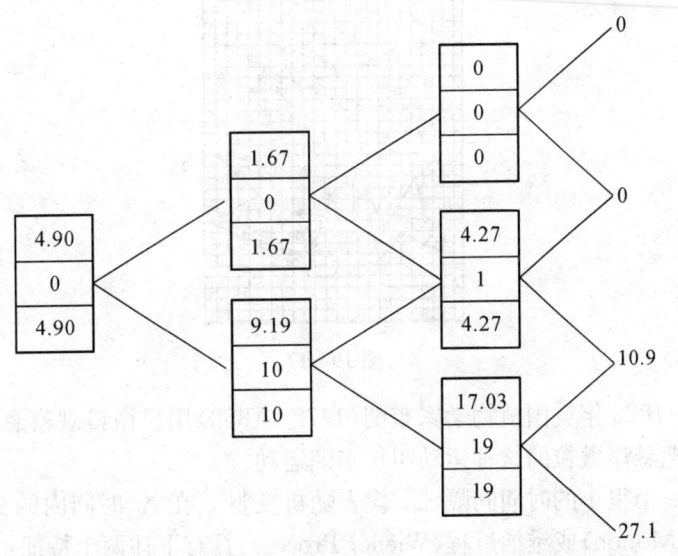

二叉树模型是一种简单、直观的期权定价模型.它把期权的有效期分为很小的时间间隔 Δt,并假设在每一个时间间隔 Δt 内,证券价格只有两种变动的可能.在较长的时间间隔内,这种二值运动的假设可能不符合实际,但是当时间间隔很小时,这种假设是可以接受的.因此,二叉树模型实际上是在用大量离散的小幅度二值运动来模拟连续的资产价格运动.

第3节 连续时间模型定价理论

本节介绍连续时间的 Black-Scholes 期权定价模型. 与前面多期模型不同,连续时间模型假定价格是连续变化的,而不是离散的. 这样假设有利于许多数学工具的应用,也更接近市场的实际. 证券交易的速度越来越快,离散化的数学模型可能不足以反映.

一、股票价格的随机过程

期权价格与相应的资产价格相关,而股票期权是典型的期权. 因此需要对股票价格的波动过程进行说明,为此需要引入随机过程的相关内容.

1. 马尔可夫过程

若变量以不确定的方式随时间变化,则称该变量遵循某种随机过程. 随机过程分为离散时间和连续时间两种. 离散时间随机过程只能在确定的时间点上变化,连续时间随机过程的变化可在任何时刻发生. 下面分析中的资产价格随时间连续变化.

一个随机过程 $\{X_t\}_{t\geq 0}$ 称为马尔可夫(Markov)过程,如果预测该过程将来的值只与它的目前值相关,过程过去的历史以及从过去运行到现在的方式都是无关的,即

$$E[X_s \mid \Psi_t] = E[X_s \mid X_t]. \tag{19-11}$$

这里 $s \geq t$,Ψ_t 表示直到时间 t 的所有信息,X_t 仅表示 t 时刻的状态. 变量的随机变化是相互独立同分布的. 我们通常假设股票的价格过程服从马尔可夫过程.

2. 维纳过程

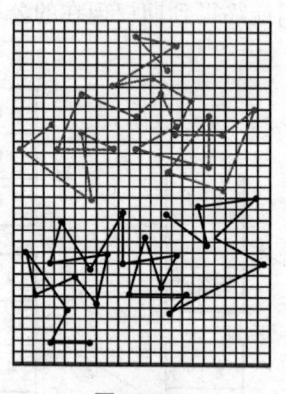

图 19-17

维纳过程是 1826 年英国植物学家布朗(1773—1858)用显微镜观察悬浮在水中的花粉时发现的,后来把悬浮微粒的这种运动叫作布朗运动.

令 Δt 代表一个很小的时间间隔,Δz 代表随机变量 z 在 Δt 时间内的变化,则标准布朗运动(Brownian Motion)或维纳过程(Wiener Process)具有下述两个特征:

① $\Delta z = \varepsilon \sqrt{\Delta t}$,其中 $\varepsilon \sim N(0, 1)$; $\qquad(19-12)$

② 对于任意两个不同的时间间隔 Δt,Δz 相互独立. $\qquad(19-13)$

由特征①可知,$\Delta z \sim N(0, t)$. 由特征②可知标准布朗运动是马尔可夫过程的一种特殊形式. 当 $\Delta t \to 0$ 时,标准布朗运动可以表示为:

$$\mathrm{d}z = \varepsilon\sqrt{\mathrm{d}t}. \tag{19-14}$$

在布朗运动中,漂移率(Drift Rate)是指随机变量 z 的均值在单位时间内的变化量;方差率(Variance Rate)是指随机变量 z 在单位时间内的变化量的方差.

标准布朗运动的漂移率为 0,方差率为 1. 漂移率为 0 意味着,在未来任意时刻,z 的均值都等于它的当前值. 方差率为 1 意味着,在一段长度为 T 的时间以后,z 的方差为 T.

如果令漂移率为 a,方差率为 b^2,可得到随机变量 x 的普通布朗运动为:

$$\mathrm{d}x = a\mathrm{d}t + b\mathrm{d}z; \tag{19-15}$$

其中 a 和 b 均为常数;$\mathrm{d}z$ 遵循标准布朗运动.

在一个很短的时间间隔 Δt 以后,随机变量 x 的变化值 Δx 为:

$$\Delta x = a\Delta t + b\varepsilon\sqrt{\Delta t}. \tag{19-16}$$

可见,Δx 也服从正态分布,其均值为 $a\Delta t$,标准差为 $b\sqrt{\Delta t}$,方差为 $b^2\Delta t$. 同样地,在任意时间长度 T 后,随机变量 x 值的变化 Δx 也服从正态分布,其均值为 aT,标准差为 $b\sqrt{T}$,方差为 b^2T.

3. 股票价格的变化过程

有了前面的数学基础,现在我们再讨论连续模型里的股票价格.

保罗·萨缪尔森在 1965 年首次提出下面的股价模型:

$$\mathrm{d}S_t = \mu S_t \mathrm{d}t + \sigma S_t \mathrm{d}B_t, \tag{19-17}$$

其中 S_t 为股票在时刻 t 的价格;

μ 为漂移参数;

σ 为方差参数;

B_t 服从布朗运动.

在式中,若令 $\sigma = 0$,则得

$$\frac{\mathrm{d}S}{\mathrm{d}t} = \mu S.$$

求解上式微分方程可得:

$$S(T) = e^{\mu T}S_0. \tag{19-18}$$

其中 $S(T)$ 表示 T 时刻的股价.

我们同时观察在离散模型中的股价模型,根据二叉树模型,在一个给定时间间隔 Δt,令:

$$S_1 = e^{\mu\Delta t}S_0,$$

$$S_{k+1} = e^{\mu\Delta t}S_k,$$

则 $S_k = e^{\mu\Delta t}\cdots e^{\mu\Delta t}S_0$,其中乘积项含有 k 个 $e^{\mu\Delta t}$,可得:

$$S_k = e^{\mu k\Delta t}S_0.$$

令 $T = k\Delta t$,则有:

$$S(T) = S_k = e^{\mu T} S_0.$$

这表明 k 个小时间段的共同影响等同于相应大时间段 $T = k\Delta t$ 的影响.

当 $\Delta t \to 0$ 时股价变化越准确,也越近似上面的连续时间下的价格(19-18).但公式(19-18)是一个确定性的公式,而股价并不具有此式所示的可预测性和确定性.故考虑到不可测因素对股价的影响,我们在式(19-18)中添加一个随机变量 $Z \sim N(0,1)$,得:

$$S_1 = e^{\mu \Delta t} e^{cZ_1} S_0.$$

其中 $Z_1 \sim N(0,1)$ 为在 $t=(0,1)$ 期间的股价影响因子,c 为常数.

重复这个过程,可依次获得股价序列 $S_2, S_3, \cdots, S_k$,即 $S_k = e^{\mu \Delta t} e^{cZ_k} S_{k-1}$.

假设 $Z_i, i=1, 2, \cdots, k$ 都是独立分布的标准正态随机变量.重复的乘积项也可以表达成以下公式:

$$S_k = e^{\mu k \Delta t} e^{c \sum_{i=1}^{k} Z_i} S_0. \tag{19-19}$$

公式(19-19)多了随机项,因此更接近实际.然而该模型有一个不足之处我们必须加以纠正.式(19-19)中有两个漂移项量的来源:第一个来于 $e^{\mu \Delta t}$ 中的 μ,它的作用类似于债券和货币市场基金中的利率;第二个漂移项来自于 $e^{c \sum_{i=1}^{k} Z_i}$,但我们对股价的期望值希望是消除不确定的干扰因素 Z,即希望期望的所有漂移项来自于一个方面 $e^{\mu \Delta t}$.

利用随机变量 Z 的一个重要等式,我们可以达到此目的:

$$E[e^{cZ}] = e^{\frac{c^2}{2}}. \tag{19-20}$$

因为变量 Z 为正态分布,则 $\exp(Z)$ 为对数正态分布,根据对数正态分布的特征我们很容易得到上面的等式(19-20).

利用公式(19-20)就可以对模型进行标准正态变换,修正漂移量 e^{cZ} 为 $\exp\left[cZ - \dfrac{c^2}{2}\right]$,以期这个漂移量的期望值为1,我们综合这个因素进行考虑,得 $E[S_1] = e^{\mu \Delta t} S_0$,达到我们的目的,消除了不确定因素对股价期望值的影响.股价模型现在变成:

$$S_k = e^{\mu k \Delta t} e^{c \sum_{i=1}^{k} Z_i - \frac{k c^2}{2}} S_0. \tag{19-21}$$

令 $W_k = \sum_{i=1}^{k} Z_i$,根据 Z 的分布函数我们很容易得出 W_k 是一个均值为0,方差为 k 的正态随机变量.现在模型可表示为:

$$S_k = e^{\mu k \Delta t} e^{c W_k - \frac{k c^2}{2}} S_0. \tag{19-22}$$

其中 S_0 为股票的初始价格;

$e^{\mu k \Delta t}$ 为漂移因子(复利因子);

$e^{c W_k}$ 为随机因子;

$\mathrm{e}^{-k\frac{c^2}{2}}$ 为修正因子.

通过修正因子我们已经把随机因子对股价期望值的干扰消除了,但是修正因子中的 c 应如何取值比较合理?

我们注意到 W_k 的方差是 k,随着 k 的增加,W_k 值离均值越远.为了使得 cW_k 的总的方差独立于 k,需要对常量 c 随 k 进行调整.

我们可以在 c 和 k 之间建立一个关系式,使得 cW_k 的方差等于 $\sigma^2 T$,具体做法如下:

$$\mathrm{Var}(cW_k) = c^2 \mathrm{Var}(W_k) = c^2 k = \sigma^2 T.$$

这样公式(19-22)中的 $c^2 k$ 就可以被替代,模型可写成

$$S_T = S_0 \mathrm{e}^{\mu T} \mathrm{e}^{\sigma W_t - \sigma^2 \frac{T}{2}} = S_0 \mathrm{e}^{\sigma W_T + \left(\mu - \frac{\sigma^2}{2}\right)T}. \tag{19-23}$$

这个股票模型为对数正态模型,W_T 是均值为 0、方差为 T 的随机正态分布变量.对数正态模型有两个参数,μ 表明长期趋势,σ 表明波动率.

最终整理得到股价的几何布朗运动模型(GBM):

$$S_T = S_0 \exp\left[\sigma B_T + \left(\mu - \frac{\sigma^2}{2}\right)T\right]. \tag{19-24}$$

其中 $B_T \sim N(0, T)$.

若对于任意两个价格随机变量之比 $S(y+t)/S(y)$ 独立于时刻 y 及此前的所有价格,且 $\ln(S(y+t)/S(y)) \sim N(\mu t, \sigma^2 t)$,则 Sy 的集合称为几何布朗运动.

根据上面几何布朗运动的定义,我们可以证明得出公式(19-24)符合几何布朗运动规律.

关于几何布朗运动参数 μ 和 σ,我们可以通过统计的参数估计法得到的样本均值和方差代替总体的均值和方差.

通过之前的连续模型里股价模型的建立,我们现在可以进一步讨论股票的衍生品,股票期权的定价模型.

二、Black-Scholes 期权定价公式

1. 基本假设条件

Black-Scholes 模型假设资产价格在各节点是一个给定概率下的连续随机过程,并通过随机积分推导出该公式,模型假设如下:

① 证券价格遵循几何布朗运动,即 μ 和 σ 为常数;
② 允许卖空;
③ 没有交易费用和税收,所有证券都是完全可分的;
④ 在衍生证券有效期内标的证券没有现金收益支付;
⑤ 不存在无风险套利机会;
⑥ 证券交易是连续的,价格变动也是连续的;
⑦ 在衍生证券有效期内,无风险利率 r 为常数;
⑧ 模型针对欧式期权、股票期权、看涨期权.

2. Black-Scholes 欧式看涨期权定价公式

$$V = S_0 N(d_1) - Ke^{-r\tau}N(d_2). \quad (19-25)$$

其中 V 为期权价格；

S_0 为股票现价；

$N(x)$ 为标准正态分布函数；

K 为期权的执行价格；

τ 为距离到期的时间.

$$\begin{cases} d_1 = \dfrac{\ln(S_0/K) + \left(r + \dfrac{\sigma^2}{2}\right)\tau}{\sqrt{\tau}\sigma}, \\ d_2 = d_1 - \sigma\sqrt{\tau}. \end{cases}$$

是否注意到，这一公式中没有出现漂移率 μ？参数 μ 是投资者在短时间后获得的预期收益率，依附于某种股票的衍生证券的价值一般独立于 μ，参数 σ 是股票价格波动率.

Black-Scholes 定价系统在完全市场中得到期权价格与漂移率无关，被称为风险中性定价方法，无套利是这种定价的基本假设.

Black-Scholes 方程的结果认为，由于在方程中消掉了漂移项，而漂移项代表人们对证券价格未来变化的预期，也即证券的风险期望收益率. 因此，这意味着期权的价格与人们对证券价格未来变化的预测无关，投资者的风险偏好并不影响期权价格.

从 BS 微分方程中我们可以发现：衍生证券的价值决定公式中出现的变量为标的证券当前市价 (S)、时间 (t)、证券价格的波动率 (σ) 和无风险利率 r，它们全都是客观变量，独立于主观变量——风险收益偏好. 而受制于主观的风险收益偏好的标的证券预期收益率并未包括在衍生证券的价值决定公式中.

由此我们可以利用 BS 公式得到的结论，作出一个可以大大简化我们的工作的风险中性假设：在对衍生证券定价时，所有投资者都是风险中性的.

所谓风险中性，即无论实际风险如何，投资者都只要求无风险利率回报.

风险中性假设的结果：投资者进入了一个风险中性世界，所有证券的预期收益率可以等于无风险利率，所有现金流量都可以通过无风险利率进行贴现求得现值.

尽管风险中性假定仅仅是为了求解 Black-Scholes 微分方程而作出的人为假定，但 BS 发现，通过这种假定所获得的结论不仅适用于投资者风险中性情况，也适用于投资者厌恶风险的所有情况. 也就是说，我们在风险中性世界中得到的期权结论，适合于现实世界.

应该注意的是，实际期权交易中，很多看涨期权是通过竞价市场而非理论公式定价. 根据欧式看涨期权和看跌期权之间的平价关系，可以得到欧式看跌期权的定价公式为：

$$P = C + Ke^{-r\tau} - S_0 = Ke^{-r\tau}N(-d_2) - S_0 N(-d_1). \quad (19-26)$$

证明略.

三、Black-Scholes 公式推导

这节里我们要介绍 Black-Scholes 公式的推导过程. 我们会介绍一种非常直观和简单的

证明方法,只需要一些正态分布和简单的求积分的知识.不过在正式推导之前,我们需要将之前的股价模型做一些修正.

1. 修正的模型

这部分内容概括讲就是"让股票市价等于模型定价."根据此思路我们会导出一个新模型.

首先,建立一个股票模型,我们构造一个只包括股票和现金的简单组合.假设买了 a 股价格为 S_0 的股票,现金为 b 美元,则投资额为:

$$\Pi = aS_0 + b. \tag{19-27}$$

经过时间 τ 后,投资的资金将变为

$$\Pi_\tau = aS_\tau + be^{r\tau}. \tag{19-28}$$

用无风险利率 r 贴现该值,得到:

$$e^{-r\tau}\Pi_\tau = ae^{-r\tau}S_\tau + b. \tag{19-29}$$

与公式(19-27)联立并消去 b,得:

$$e^{-r\tau}\Pi_\tau = ae^{-r\tau}S_\tau + \Pi_0 - aS_0. \tag{19-30}$$

将上式中带有 Π 项的合并在左边,带 S 项的合并在右边,我们可以得到 Π 和 S 间存在一个奇特的关系:

$$e^{-r\tau}\Pi_\tau - \Pi_0 = a(e^{-r\tau}S_\tau - S_0). \tag{19-31}$$

该等式显示,若使得 S 满足关系式

$$E(e^{-r\tau}S_\tau - S_0) = 0, \tag{19-32}$$

则无论 a 值为多少,都有:

$$E(e^{-r\tau}\Pi_\tau - \Pi_0) = 0. \tag{19-33}$$

这样因子 a 被消去了,因此 a 值是多少并不影响结果.故我们可得 $\Pi_0 = e^{-r\tau}E(\Pi_\tau)$.

事实上,即使 a 值不断变化,上式总是成立.

介于这个关系,我们采用 $\widetilde{S}_\tau$ 替代原有的真正股价模型 S_τ,方差保持不变,$\widetilde{S}_\tau$ 模型满足如下关系:

$$\widetilde{S}_0 = e^{-r\tau}E(\widetilde{S}_\tau). \tag{19-34}$$

$\widetilde{S}_\tau$ 的公式表达与公式(19-24)相似,其形式为:

$$\widetilde{S}_\tau = S_0 \exp(\sigma B_\tau + m\tau). \tag{19-35}$$

根据前面的结论,修正后的股价模型满足

$$S_0 = e^{-r\tau}E(S_0 e^{\sigma B_\tau + m\tau}). \tag{19-36}$$

由此得:

$$E(\mathrm{e}^{\sigma B_\tau + (m-r)\tau}) = 1,$$
$$m = r - \frac{\sigma^2}{2}. \tag{19-37}$$

因此股价的修正模型为

$$\widetilde{S}_\tau = S_0 \exp\left[\sigma B_\tau + \left(r - \frac{\sigma^2}{2}\right)\tau\right]. \tag{19-38}$$

修正模型和 GBM 模型看上去非常接近,但它与股价模型是完全不同的模型,在该模型中股价的增长率被人为地设低了. 该模型不适合预测未来股价,但是在计算现值确是理想的模型.

2. 公式推导

对欧式看涨期权,最终的报酬为 $(S_T - K)^+$,因此

$$V = \mathrm{e}^{-rT} E(S_T - K)^+.$$

这里我们采用修正股价模型:

$$S_T = S_0 \exp\left[\sigma B_T + \left(r - \frac{\sigma^2}{2}\right)T\right],$$

且 B_T 这个随机变量服从正态分布 $N(0, T)$,我们可以用 $\sqrt{T}Z$ 代替 B_T,其中 Z 是标准正态分布 $N(0, 1)$,则有:

$$S_T = S_0 \exp\left[\sigma \sqrt{T} Z + \left(r - \frac{\sigma^2}{2}\right)T\right].$$

因此

$$V = \mathrm{e}^{-rT} E\left[\left(S_0 \exp\left[\sigma \sqrt{T} Z + \left(r - \frac{\sigma^2}{2}\right)T\right] - K\right)^+\right]$$
$$= \frac{\mathrm{e}^{-rT}}{\sqrt{2\pi}} \int_{-\infty}^{\infty} \left[\left(S_0 \exp\left[\sigma \sqrt{T} x + \left(r - \frac{\sigma^2}{2}\right)T\right] - K\right)^+\right] \mathrm{e}^{\frac{x^2}{2}} \mathrm{d}x.$$

通过积分的一些基本规则我们将计算期望值. 计算过程并没有看上去那么难,事实上我们不需要做任何积分.

首先计算括号中的表达式应该大于等于 0,且当

$$S_0 \exp\left[\sigma \sqrt{T} x + \left(r - \frac{\sigma^2}{2}\right)T\right] - K = 0, \text{得}$$

$$x = \frac{\ln\left(\frac{K}{S_0}\right) - \left(r - \frac{\sigma^2}{2}\right)T}{\sigma \sqrt{T}}.$$

于是期权价格可更准确表示为:

$$V = \frac{e^{-rT}}{\sqrt{2\pi}} \int_a^\infty \left[S_0 \exp\left[\sigma\sqrt{T}x + \left(r - \frac{\sigma^2}{2}\right)T \right] - K \right] e^{-\frac{x^2}{2}} dx,$$

$$a = \frac{\ln\left(\frac{K}{S_0}\right) - \left(r - \frac{\sigma^2}{2}\right)T}{\sigma\sqrt{T}}.$$

接下来我们分两部分求积分：
第二项

$$\frac{1}{\sqrt{2\pi}} \int_a^\infty [-K] e^{-\frac{x^2}{2}} dx = -K(1 - N(a)) = -KN(-a).$$

这一步通过标准正态分布的特点很容易求得.
第一项

$$\frac{1}{\sqrt{2\pi}} \int_a^\infty \left[S_0 \exp\left[\sigma\sqrt{T}x + \left(r - \frac{\sigma^2}{2}\right)T \right] \right] e^{-\frac{x^2}{2}} dx$$

$$= \frac{1}{\sqrt{2\pi}} S_0 e^{\left(r - \frac{\sigma^2}{2}\right)T} \int_a^\infty e^{\sigma\sqrt{T}x} e^{-\frac{x^2}{2}} dx.$$

为了简化积分，我们采取凑平方和换元法.
首先凑平方：

$$\frac{x^2}{2} - \sigma\sqrt{T}x = \frac{x^2}{2} - \sigma\sqrt{T}x + \frac{\sigma^2 T}{2} - \frac{\sigma^2 T}{2}$$

$$= \frac{(x - \sigma\sqrt{T})^2}{2} - \frac{\sigma^2 T}{2},$$

则

$$\frac{1}{\sqrt{2\pi}} \int_a^\infty e^{\sigma\sqrt{T}x} e^{-\frac{x^2}{2}} dx = \frac{1}{\sqrt{2\pi}} \int_a^\infty \exp\left[-\frac{(x - \sigma\sqrt{T})^2}{2} + \frac{\sigma^2 T}{2} \right] dx$$

下面采取换元法，令 $y = x - \sigma\sqrt{T}$，积分变为：

$$e^{\frac{\sigma^2 T}{2}} \frac{1}{\sqrt{2\pi}} \int_{a-\sigma\sqrt{T}}^\infty \exp\left(-\frac{y^2}{2}\right) dy = e^{\frac{\sigma^2 T}{2}} (1 - N(a - \sigma\sqrt{T})) = e^{\frac{\sigma^2 T}{2}} N(-(a - \sigma\sqrt{T})).$$

这样第一项积分得：

$$S_0 e^{rT} N(-(a - \sigma\sqrt{T})).$$

最后我们将第二项和第一项积分的结果代入，得：

$$V = e^{-rT} E(S_T - K)^+$$
$$= e^{-rT} [S_0 e^{rT} N(-(a - \sigma\sqrt{T})) - KN(-a)]$$
$$= S_0 N(-(a - \sigma\sqrt{T})) - K e^{-rT} N(-a).$$

其中

$$a = \frac{\ln\left(\frac{K}{S_0}\right) - \left(r - \frac{\sigma^2}{2}\right)T}{\sigma\sqrt{T}},$$

$$-a = \frac{\ln\left(\frac{S_0}{K}\right) + \left(r - \frac{\sigma^2}{2}\right)T}{\sigma\sqrt{T}},$$

$$-(a - \sigma\sqrt{T}) = \frac{\ln\left(\frac{S_0}{K}\right) + \left(r + \frac{\sigma^2}{2}\right)T}{\sigma\sqrt{T}}.$$

令

$$-a = d_2, \quad -(a - \sigma\sqrt{T}) = d_1,$$

从而得：

$$V = S_0 N(d_1) - e^{-rT} K N(d_2).$$

回顾以上推导过程，我们没有用到高深的数学技巧. 而且二叉树定价模型可以给出由 Black-Scholes 公式计算所得值的近似值，即二叉树模型可以模拟几何布朗运动.

习题 19

1. 某公司股票现价为 60 美元，在一年后股价可以是 80 美元或 50 美元，即期利率是 0.048%，交易商一年之后期望提供看涨期权执行价为 65 美元，此看涨期权的公平价格是多少？（请画出股价和期权价的二叉树模型）如果交易商的报价为 6.35 美元卖出看涨期权，6 美元买入，6.35 美元和 6 美元之差称为交易商的差价. 一个客户以每股 6.35 美元的价格购入 100 000 股的看涨期权，交易商现在持有一个风险很大的头寸，他决定通过购买股票对冲风险，他该购买多少股票？如果通过购买股票，交易商是否规避了风险？（提示：此题为德尔塔对冲，试用具体数据分析当股票上升或下跌时交易商的盈亏情况）

2. 一个股票的欧式看涨期权，股票的现值是 14 欧元，其将来涨跌的收益率分别是 $U = 2 = 1/d$，两年后期权到期，执行价 18 欧元，即期利率 5%，求此期权现在的公平价格？（提示：画出股价和期权价的二叉树，先算出第一年的两种情况的期权价，再进一步推导出现在的价格）

3. 假设一股票在相邻的交易日价格上涨 50% 的概率是 1/3，下跌 10% 的概率是 2/3. 如果该股票周一开始交易，价格是 2 美元，那么预期周四价格的期望值是多少？请问股票价格的期望值是多少？请用股票价格的二叉树压缩图来求解.

4. 如果某股票价格模型满足 $u = 1.134, d = 0.8, p = 0.6, S_2 = 6.38, 4.52, 3.2$. 那么通过画节点图，我们可以求得股票的初始价格即 S_0，请写出公式.

5. 一个股票的美式看跌期权，股票的现值是 16 欧元，其将来涨跌的年收益率分别是 $U = 2 = 1/d$，三年后期权到期，执行价 16 欧元，年利率 4%，求此期权现在的公平价格.（请画出期权价的二叉树）

附 录

附表1 泊松概率分布表

$$P(X=m) = \frac{\lambda^m}{m!}e^{-\lambda}$$

m \ λ	0.1	0.2	0.3	0.4	0.5	0.6	0.7	0.8
0	0.904837	0.818731	0.740818	0.676320	0.606531	0.548812	0.496585	0.449329
1	0.090484	0.163746	0.222245	0.268128	0.303265	0.329287	0.347610	0.359463
2	0.004524	0.016375	0.033337	0.053626	0.075816	0.098786	0.121663	0.143785
3	0.000151	0.001092	0.003334	0.007150	0.012636	0.019757	0.028388	0.038343
4	0.000004	0.000055	0.000250	0.000715	0.001580	0.002964	0.004968	0.007669
5		0.000002	0.000015	0.000057	0.000158	0.000356	0.000696	0.001227
6			0.000001	0.000004	0.000013	0.000036	0.000081	0.000164
7					0.000001	0.000003	0.000008	0.000019
8							0.000001	0.000002
9								
10								
11								
12								
13								
14								
15								
16								

m \ λ	0.9	1.0	1.5	2.0	2.5	3.0	3.5	4.0
0	0.406570	0.367879	0.223130	0.135335	0.082085	0.049787	0.030197	0.018316
1	0.365913	0.367879	0.334695	0.270671	0.205212	0.149361	0.105691	0.073263
2	0.164661	0.183940	0.251021	0.270671	0.256516	0.224042	0.184959	0.146525
3	0.049398	0.061313	0.125510	0.180447	0.213763	0.224042	0.215785	0.195367
4	0.011115	0.015328	0.047067	0.090224	0.133602	0.168031	0.188812	0.195367

续表

m\λ	0.9	1.0	1.5	2.0	2.5	3.0	3.5	4.0
5	0.002001	0.003066	0.014120	0.036089	0.066801	0.100819	0.132169	0.156293
6	0.000300	0.000511	0.003530	0.012030	0.027834	0.050409	0.077098	0.104196
7	0.000039	0.000073	0.000756	0.003437	0.009941	0.021604	0.038549	0.059540
8	0.000004	0.000009	0.000142	0.000859	0.003106	0.008102	0.016865	0.029770
9		0.000001	0.000024	0.000191	0.000863	0.002701	0.006559	0.013231
10			0.000004	0.000038	0.000216	0.000810	0.002296	0.005292
11				0.000007	0.000049	0.000221	0.000730	0.001925
12				0.000001	0.000010	0.000055	0.000213	0.000642
13					0.000002	0.000013	0.000057	0.000197
14						0.000003	0.000014	0.000056
15						0.000001	0.000003	0.000015
16							0.000001	0.000004

m\λ	4.5	5.0	5.5	6.0	6.5	7.0	7.5	8.0
0	0.011109	0.006738	0.004087	0.002479	0.001503	0.000912	0.000553	0.000335
1	0.049990	0.033690	0.022477	0.014873	0.009773	0.006383	0.004148	0.002684
2	0.112479	0.084224	0.061812	0.044618	0.031760	0.022341	0.015556	0.010735
3	0.168718	0.140374	0.113323	0.089235	0.068814	0.052129	0.038888	0.028626
4	0.189808	0.175467	0.155819	0.133853	0.111822	0.091226	0.072917	0.057252
5	0.170827	0.175467	0.171001	0.160623	0.145369	0.127717	0.109374	0.091604
6	0.128120	0.146223	0.157117	0.160623	0.157483	0.149003	0.136719	0.122138
7	0.082363	0.104445	0.123449	0.137677	0.146234	0.149003	0.146484	0.139587
8	0.046329	0.065278	0.084872	0.103258	0.118815	0.130377	0.137328	0.139587
9	0.023165	0.036266	0.051866	0.068838	0.085811	0.101405	0.114441	0.124077
10	0.010424	0.018133	0.028526	0.041303	0.055777	0.070983	0.085830	0.099262
11	0.004264	0.008242	0.014263	0.022529	0.032959	0.045171	0.058521	0.072190
12	0.001599	0.003434	0.006537	0.011264	0.017853	0.026350	0.036575	0.048127
13	0.000554	0.001321	0.002766	0.005199	0.008927	0.014188	0.021101	0.029616
14	0.000178	0.000472	0.001086	0.002228	0.004144	0.007094	0.011305	0.016924
15	0.000053	0.000157	0.000399	0.000891	0.001796	0.003311	0.005652	0.009026
16	0.000015	0.000049	0.000137	0.000334	0.000730	0.001448	0.002649	0.004513

续表

m \ λ	4.5	5.0	5.5	6.0	6.5	7.0	7.5	8.0
17	0.000004	0.000014	0.000044	0.000118	0.000279	0.000596	0.001169	0.002124
18	0.000001	0.000004	0.000014	0.000039	0.000100	0.000232	0.000487	0.000944
19		0.000001	0.000004	0.000012	0.000035	0.000085	0.000192	0.000397
20			0.000001	0.000004	0.000011	0.000030	0.000072	0.000159
21				0.000001	0.000004	0.000010	0.000026	0.000061
22					0.000001	0.000003	0.000009	0.000022
23						0.000001	0.000003	0.000008
24							0.000001	0.000003
25								0.000001
26								
27								
28								
29								

m \ λ	8.5	9.0	9.5	10.0	m \ λ	20	m \ λ	30
0	0.000203	0.000123	0.000075	0.000045	5	0.0001	12	0.0001
1	0.001730	0.001111	0.000711	0.000454	6	0.0002	13	0.0002
2	0.007350	0.004998	0.003378	0.002270	7	0.0005	14	0.0005
3	0.020826	0.014994	0.010696	0.007567	8	0.0013	15	0.0010
4	0.044255	0.033737	0.025403	0.018917	9	0.0029	16	0.0019
5	0.075233	0.060727	0.048266	0.037833	10	0.0058	17	0.0034
6	0.106581	0.091090	0.076421	0.063055	11	0.0106	18	0.0057
7	0.129419	0.117116	0.103714	0.090079	12	0.0176	19	0.0089
8	0.137508	0.131756	0.123160	0.112599	13	0.0271	20	0.0134
9	0.129869	0.131756	0.130003	0.125110	14	0.0382	21	0.0192
10	0.110303	0.118580	0.122502	0.125110	15	0.0517	22	0.0261
11	0.085300	0.097020	0.106662	0.113736	16	0.0646	23	0.0341
12	0.060421	0.072765	0.084440	0.094780	17	0.0760	24	0.0426
13	0.039506	0.050376	0.061706	0.072908	18	0.0814	25	0.0571
14	0.023986	0.032384	0.041872	0.052077	19	0.0888	26	0.0590
15	0.013592	0.019431	0.026519	0.034718	20	0.0888	27	0.0655

续表

m \ λ	8.5	9.0	9.5	10.0	m \ λ	20	m \ λ	30
16	0.007220	0.010930	0.015746	0.021699	21	0.0846	28	0.0702
17	0.003611	0.005786	0.008799	0.012764	22	0.0767	29	0.0726
18	0.001705	0.002893	0.004644	0.007091	23	0.0669	30	0.0726
19	0.000762	0.001370	0.002322	0.003732	24	0.0557	31	0.0703
20	0.000324	0.000617	0.001103	0.001866	25	0.0446	32	0.0659
21	0.000132	0.000264	0.000433	0.000889	26	0.0343	33	0.0599
22	0.000050	0.000108	0.000216	0.000404	27	0.0254	34	0.0529
23	0.000019	0.000042	0.000089	0.000176	28	0.0182	35	0.0453
24	0.000007	0.000016	0.000025	0.000073	29	0.0125	36	0.0378
25	0.000002	0.000006	0.000014	0.000029	30	0.0083	37	0.0306
26	0.000001	0.000002	0.000004	0.000011	31	0.0054	38	0.0242
27		0.000001	0.000002	0.000004	32	0.0034	39	0.0186
28			0.000001	0.000001	33	0.0020	40	0.0139
29				0.000001	34	0.0012	41	0.0102
							42	0.0073
							43	0.0051
					35	0.0007	44	0.0035
					36	0.0004	45	0.0023
					37	0.0002	46	0.0015
					38	0.0001	47	0.0010
					39	0.0001	48	0.0006

附表2 标准正态分布密度函数值表

$$\varphi(u) = \frac{1}{\sqrt{2\pi}} e^{-\frac{u^2}{2}}$$

u	0.00	0.01	0.02	0.03	0.04	0.05	0.06	0.07	0.08	0.09
0.0	0.3989	0.3989	0.3989	0.3988	0.3986	0.3984	0.3982	0.3980	0.3977	0.3973
0.1	0.3970	0.3965	0.3961	0.3956	0.3951	0.3945	0.3939	0.3932	0.3925	0.3918
0.2	0.3910	0.3902	0.3894	0.3885	0.3876	0.3867	0.3857	0.3847	0.3836	0.3825
0.3	0.3814	0.3802	0.3790	0.3778	0.3765	0.3752	0.3739	0.3725	0.3712	0.3697
0.4	0.3683	0.3668	0.3653	0.3637	0.3621	0.3605	0.3589	0.3572	0.3555	0.3538
0.5	0.3521	0.3503	0.3485	0.3467	0.3448	0.3429	0.3410	0.3391	0.3372	0.3352
0.6	0.3332	0.3312	0.3292	0.3271	0.3251	0.3230	0.3209	0.3187	0.3166	0.3144
0.7	0.3123	0.3101	0.3079	0.3056	0.3034	0.3011	0.2989	0.2966	0.2943	0.2920
0.8	0.2897	0.2874	0.2850	0.2827	0.2803	0.2780	0.2756	0.2732	0.2709	0.2685
0.9	0.2661	0.2637	0.2613	0.2589	0.2565	0.2541	0.2516	0.2492	0.2468	0.2444
1.0	0.2420	0.2396	0.2371	0.2347	0.2323	0.2299	0.2275	0.2251	0.2227	0.2203
1.1	0.2179	0.2155	0.2131	0.2107	0.2083	0.2056	0.2036	0.2012	0.1989	0.1965
1.2	0.1942	0.1919	0.1895	0.1872	0.1849	0.1826	0.1804	0.1781	0.1758	0.1736
1.3	0.1714	0.1691	0.1669	0.1647	0.1626	0.1604	0.1582	0.1561	0.1539	0.1518
1.4	0.1497	0.1476	0.1456	0.1435	0.1415	0.1394	0.1374	0.1354	0.1334	0.1315
1.5	0.1295	0.1276	0.1257	0.1238	0.1219	0.1200	0.1182	0.1163	0.1145	0.1127
1.6	0.1109	0.1092	0.1074	0.1057	0.1040	0.1023	0.1006	0.09893	0.09728	0.09566
1.7	0.09405	0.09246	0.09089	0.08933	0.08780	0.08628	0.08478	0.08329	0.08183	0.08038
1.8	0.07895	0.077754	0.07614	0.07477	0.07341	0.07206	0.07074	0.06943	0.06814	0.06687
1.9	0.06562	0.06438	0.06316	0.06195	0.06077	0.05959	0.05844	0.05730	0.05618	0.05508
2.0	0.05399	0.05292	0.05186	0.05082	0.04980	0.04879	0.04780	0.04682	0.04586	0.04491
2.1	0.04398	0.04307	0.04217	0.04128	0.04041	0.03959	0.03871	0.03788	0.03706	0.03626
2.2	0.03547	0.03470	0.03394	0.03319	0.03246	0.03174	0.03103	0.03034	0.02965	0.02898
2.3	0.02833	0.02768	0.02705	0.02643	0.02582	0.02522	0.02463	0.02406	0.02349	0.02294
2.4	0.02239	0.02186	0.02134	0.02083	0.02033	0.01984	0.01936	0.01888	0.01842	0.01797
2.5	0.01753	0.01709	0.01667	0.01625	$0.0^2 1585$	0.01545	0.01506	0.01468	0.01431	0.01394
2.6	0.01358	0.01323	0.01287	0.01256	$0.0^2 1223$	0.01191	0.01160	0.01130	0.01100	0.01071
2.7	0.01042	0.01014	$0.0^2 9871$	$0.0^2 9606$	$0.0^2 9347$	$0.0^2 9094$	$0.0^2 8846$	$0.0^2 8605$	$0.0^2 8370$	$0.0^2 8140$

续表

u	0.00	0.01	0.02	0.03	0.04	0.05	0.06	0.07	0.08	0.09
2.8	0.0²7915	0.0²7697	0.0²7483	0.0²7274	0.0²7071	0.0²6873	0.0²6679	0.0²6491	0.0²6307	0.0²6127
2.9	0.0²5953	0.0²5782	0.0²5616	0.0²5454	0.0²5296	0.0²5143	0.0²4993	0.0²4847	0.0²4705	0.0²4567
3.0	0.0²4432	0.0²4301	0.0²4173	0.0²4049	0.0²3928	0.0²3810	0.0²3695	0.0²3584	0.0²3475	0.0²3370
3.1	0.0²3267	0.0²3167	0.0²3070	0.0²2975	0.0²2884	0.0²2794	0.0²2707	0.0²2623	0.0²2541	0.0²2461
3.2	0.0²2384	0.0²2309	0.0²2236	0.0²2165	0.0²2096	0.0²2029	0.0²1964	0.0²1901	0.0²1840	0.0²1780
3.3	0.0²1723	0.0²1667	0.0²1612	0.0²1560	0.0²1508	0.0²1459	0.0²1411	0.0²1364	0.0²1319	0.0²1275
3.4	0.0²1232	0.0²1191	0.0²1151	0.0²1112	0.0²1075	0.0²1033	0.0²1003	0.0³9689	0.0³9358	0.0³9037
3.5	0.0³8727	0.0³8426	0.0³8135	0.0³7853	0.0³7581	0.0³7317	0.0³7061	0.0³6814	0.0³6575	0.0³6343
3.6	0.0³6119	0.0³5902	0.0³5693	0.0³5490	0.0³5294	0.0³5105	0.0³4921	0.0³4744	0.0³4573	0.0³4408
3.7	0.0³4248	0.0³4093	0.0³3944	0.0³3800	0.0³3661	0.0³3526	0.0³3396	0.0³3271	0.0³3149	0.0³3032
3.8	0.0³2919	0.0³2810	0.0³2705	0.0³2604	0.0³2506	0.0³2411	0.0³2320	0.0³2232	0.0³2147	0.0³2065
3.9	0.0³1987	0.0³1910	0.0³1837	0.0³1766	0.0³1693	0.0³1633	0.0³1569	0.0³1508	0.0³1449	0.0³1393
4.0	0.0³1333	0.0³1286	0.0³1235	0.0³1186	0.0³1140	0.0³1094	0.0³1051	0.0³1009	0.0⁴9687	0.0⁴9299
4.1	0.0⁴8926	0.0⁴8567	0.0⁴8222	0.0⁴7890	0.0⁴7570	0.0⁴7263	0.0⁴6967	0.0⁴6683	0.0⁴6410	0.0⁴6147
4.2	0.0⁴5894	0.0⁴5652	0.0⁴5418	0.0⁴5194	0.0⁴4979	0.0⁴4772	0.0⁴4573	0.0⁴4382	0.0⁴4199	0.0⁴4023
4.3	0.0⁴3854	0.0⁴3691	0.0⁴3535	0.0⁴3386	0.0⁴3242	0.0⁴3104	0.0⁴2972	0.0⁴2845	0.0⁴2723	0.0⁴2606
4.4	0.0⁴2494	0.0⁴2387	0.0⁴2284	0.0⁸2185	0.0⁴2090	0.0⁴1999	0.0⁴1912	0.0⁴1829	0.0⁴1749	0.0⁴1672
4.5	0.0⁴1593	0.0⁴1528	0.0⁴1461	0.0⁴1396	0.0⁴1334	0.0⁴1275	0.0⁴1218	0.0⁴1164	0.0⁴1112	0.0⁴1062
4.6	0.0⁴1014	0.0⁵9684	0.0⁵9248	0.0⁵8830	0.0⁵8430	0.0⁵8047	0.0⁵7681	0.0⁵7331	0.0⁵6996	0.0⁵6676
4.7	0.0⁵6370	0.0⁵6077	0.0⁵5797	0.0⁵5530	0.0⁵5274	0.0⁵5030	0.0⁵4796	0.0⁵4573	0.0⁵4360	0.0⁵4156
4.8	0.0⁵3961	0.0⁵3775	0.0⁵3593	0.0⁵3428	0.0⁵3267	0.0⁵3112	0.0⁵2965	0.0⁵2824	0.0⁵2690	0.0⁵2561
4.9	0.0⁵2439	0.0⁵2322	0.0⁵2211	0.0⁵2105	0.0⁵2003	0.0⁵1907	0.0⁵1814	0.0⁵1727	0.0⁵1643	0.0⁵1563

附表3 标准正态分布函数表

$$\Phi(u) = \frac{1}{\sqrt{2\pi}} \int_{-\infty}^{u} e^{-\frac{x^2}{2}} dx \quad (u \geq 0)$$

u	0.00	0.01	0.02	0.03	0.04	0.05	0.06	0.07	0.08	0.09
0.0	0.50000	0.5040	0.5080	0.5120	0.5160	0.5199	0.5239	0.5279	0.5319	0.5359
0.1	0.5398	0.5438	0.5478	0.5517	0.5557	0.5596	0.5636	0.5675	0.5714	0.5753
0.2	0.5793	0.5832	0.5871	0.5910	0.5948	0.5987	0.6026	0.6064	0.6103	0.6141
0.3	0.6179	0.6217	0.6255	0.6293	0.6331	0.6368	0.6404	0.6443	0.6480	0.6517
0.4	0.6554	0.6591	0.6628	0.6664	0.6700	0.6736	0.6772	0.6808	0.6844	0.6879
0.5	0.6915	0.6950	0.6985	0.7019	0.7054	0.7088	0.7123	0.7157	0.7190	0.7224
0.6	0.7257	0.7291	0.7324	0.7357	0.7389	0.7422	0.7454	0.7486	0.7517	0.7549
0.7	0.7580	0.7611	0.7642	0.7673	0.7703	0.7734	0.7764	0.7794	0.7823	0.7852
0.8	0.7881	0.7910	0.7939	0.7967	0.7995	0.8023	0.8051	0.8078	0.8106	0.8133
0.9	0.8159	0.8186	0.8212	0.8238	0.8264	0.8289	0.8315	0.8340	0.8365	0.8389
1.0	0.8413	0.8438	0.8461	0.8485	0.8508	0.8531	0.8554	0.8577	0.8599	0.8621
1.1	0.8643	0.8665	0.8686	0.8708	0.8729	0.8749	0.8770	0.8790	0.8810	0.8830
1.2	0.8849	0.8869	0.8888	0.8907	0.8925	0.8944	0.8962	0.8980	0.8997	0.9015
1.3	0.90320	0.90490	0.90658	0.90824	0.90988	0.91149	0.91309	0.91466	0.91621	0.9177
1.4	0.91924	0.92073	0.92220	0.92364	0.92507	0.92647	0.92785	0.92922	0.93056	0.9319
1.5	0.93319	0.93448	0.93574	0.93699	0.93822	0.93943	0.94062	0.94179	0.94255	0.9441
1.6	0.94520	0.94630	0.94738	0.94845	0.94950	0.95053	0.95154	0.95254	0.95352	0.9545
1.7	0.95543	0.95637	0.95728	0.95818	0.95907	0.95994	0.96080	0.96164	0.96246	0.9633
1.8	0.96407	0.96485	0.96562	0.96638	0.96721	0.96784	0.96856	0.96926	0.96995	0.9706
1.9	0.97128	0.97193	0.97257	0.97320	0.97381	0.97441	0.97500	0.97558	0.97615	0.9767
2.0	0.97725	0.97778	0.97831	0.97882	0.97932	0.97982	0.98030	0.98077	0.98124	0.98169
2.1	0.98214	0.98257	0.98300	0.98341	0.98382	0.98422	0.98461	0.98500	0.98537	0.98574
2.2	0.98610	0.98645	0.98679	0.98713	0.98745	0.98778	0.98809	0.98840	0.98870	0.9890
2.3	0.98928	0.98956	0.98983	0.9^{2}0097	0.9^{2}0358	0.9^{2}0613	0.9^{2}0863	0.9^{2}1106	0.9^{2}1344	0.9^{2}157
2.4	0.9^{2}1802	0.9^{2}2024	0.9^{2}2240	0.9^{2}2451	0.9^{2}2656	0.9^{2}2857	0.9^{2}3053	0.9^{2}3244	0.9^{2}3431	0.9^{2}36
2.5	0.9^{2}3790	0.9^{2}3963	0.9^{2}4132	0.9^{2}4297	0.9^{2}4457	0.9^{2}4614	0.9^{2}4766	0.9^{2}4915	0.9^{2}5060	0.9^{2}52
2.6	0.9^{2}5339	0.9^{2}5473	0.9^{2}5604	0.9^{2}5731	0.9^{2}5855	0.9^{2}5975	0.9^{2}6093	0.9^{2}6207	0.9^{2}6319	0.9^{2}64
2.7	0.9^{2}6533	0.9^{2}6636	0.9^{2}6736	0.9^{2}6833	0.9^{2}6928	0.9^{2}7020	0.9^{2}7110	0.9^{2}7197	0.9^{2}7282	0.9^{2}74

续表

u	0.00	0.01	0.02	0.03	0.04	0.05	0.06	0.07	0.08	0.09
2.8	0.$9^2$7445	0.$9^2$7523	0.$9^2$7599	0.$9^2$7673	0.$9^2$7744	0.$9^2$7814	0.$9^2$7882	0.$9^2$7948	0.$9^2$8012	0.$9^2$81
2.9	0.$9^2$8134	0.$9^2$8193	0.$9^2$8250	0.$9^2$8305	0.$9^2$8359	0.$9^2$8411	0.$9^2$8462	0.$9^2$8511	0.$9^2$8559	0.$9^2$86
3.0	0.$9^2$8650	0.$9^2$8694	0.$9^2$8736	0.$9^2$8777	0.$9^2$8817	0.$9^2$8856	0.$9^2$8893	0.$9^2$8930	0.$9^2$8965	0.$9^2$899
3.1	0.$9^3$0324	0.$9^3$0646	0.$9^3$0957	0.$9^3$1260	0.$9^3$1553	0.$9^3$1836	0.$9^3$2112	0.$9^3$2378	0.$9^3$2656	0.$9^3$233
3.2	0.$9^3$3129	0.$9^3$3363	0.$9^3$3590	0.$9^3$3810	0.$9^3$4024	0.$9^3$4230	0.$9^3$4429	0.$9^3$4623	0.$9^3$4810	0.$9^3$499
3.3	0.$9^3$5166	0.$9^3$5335	0.$9^3$5499	0.$9^3$5658	0.$9^3$5811	0.$9^3$5959	0.$9^3$6103	0.$9^3$6242	0.$9^3$6376	0.$9^3$651
3.4	0.$9^3$6633	0.$9^3$6752	0.$9^3$6869	0.$9^3$6982	0.$9^3$7091	0.$9^3$7197	0.$9^3$7299	0.$9^3$7398	0.$9^3$7498	0.$9^3$758
3.5	0.$9^3$7674	0.$9^3$7759	0.$9^3$7842	0.$9^3$7922	0.$9^3$7999	0.$9^3$8074	0.$9^3$8146	0.$9^3$8215	0.$9^3$828	0.$9^3$835
3.6	0.$9^3$8409	0.$9^3$8469	0.$9^3$8527	0.$9^3$8583	0.$9^3$8637	0.$9^3$8689	0.$9^3$8739	0.$9^3$8787	0.$9^3$883	0.$9^3$888
3.7	0.$9^3$8922	0.$9^3$8964	0.$9^4$0039	0.$9^4$0426	0.$9^4$0799	0.$9^4$1158	0.$9^4$1504	0.$9^4$1838	0.$9^4$21	0.$9^4$25
3.8	0.$9^4$2765	0.$9^4$3052	0.$9^4$3327	0.$9^4$3593	0.$9^4$3848	0.$9^4$4094	0.$9^4$4331	0.$9^4$4558	0.$9^4$48	0.$9^4$50
3.9	0.$9^4$5190	0.$9^4$5385	0.$9^4$5573	0.$9^4$5753	0.$9^4$5926	0.$9^4$6092	0.$9^4$6253	0.$9^4$6406	0.$9^4$66	0.$9^4$67
4.0	0.$9^4$6833	0.$9^4$6964	0.$9^4$7090	0.$9^4$7211	0.$9^4$7327	0.$9^4$7439	0.$9^4$7546	0.$9^4$7649	0.$9^4$77	0.$9^4$78
4.1	0.$9^4$7934	0.$9^4$8022	0.$9^4$8106	0.$9^4$8186	0.$9^4$8263	0.$9^4$8338	0.$9^4$8409	0.$9^4$8477	0.$9^4$85	0.$9^4$86
4.2	0.$9^4$8665	0.$9^4$8723	0.$9^4$8778	0.$9^4$8832	0.$9^4$8882	0.$9^4$8931	0.$9^4$8978	0.$9^5$0226	0.$9^5$1	0.$9^5$1
4.3	0.$9^5$1460	0.$9^5$1837	0.$9^5$2199	0.$9^5$2545	0.$9^5$2876	0.$9^5$3193	0.$9^5$3497	0.$9^5$3788	0.$9^5$4	0.$9^5$4
4.4	0.$9^5$4587	0.$9^5$4831	0.$9^5$5065	0.$9^5$5288	0.$9^5$5502	0.$9^5$5706	0.$9^5$5902	0.$9^5$6089	0.$9^5$6268	0.$9^5$63
4.5	0.$9^5$6602	0.$9^5$6759	0.$9^5$6908	0.$9^5$7051	0.$9^5$7187	0.$9^5$7318	0.$9^5$7442	0.$9^5$7561	0.$9^5$8	0.$9^5$8
4.6	0.$9^5$7888	0.$9^5$7987	0.$9^5$8081	0.$9^5$8172	0.$9^5$8258	0.$9^5$8340	0.$9^5$8419	0.$9^5$8494	0.$9^5$9	0.$9^5$9
4.7	0.$9^5$8699	0.$9^5$8761	0.$9^5$8821	0.$9^5$8877	0.$9^5$8931	0.$9^5$8983	0.$9^5$0320	0.$9^5$0789	0.$9^5$9	0.$9^5$9
4.8	0.$9^5$2067	0.$9^5$2453	0.$9^5$2822	0.$9^5$3173	0.$9^5$3508	0.$9^5$3827	0.$9^5$4131	0.$9^5$4420	0.$9^5$9	0.$9^5$9
4.9	0.$9^5$5208	0.$9^5$5446	0.$9^5$5673	0.$9^5$5889	0.$9^5$6094	0.$9^5$6289	0.$9^5$6475	0.$9^5$6652	1.0000	1.0000

附表4　t分布双侧临界值表

$$P(|t(n)|>t_\alpha)=\alpha \quad n:\text{自由度}$$

n \ α	0.9	0.8	0.7	0.6	0.5	0.4	0.3	0.2	0.1	0.05	0.02	0.01	0.001
1	0.158	0.325	0.510	0.727	1.000	1.376	1.963	3.078	6.314	12.706	31.821	63.657	636.619
2	0.142	0.289	0.445	0.617	0.816	1.061	1.386	1.886	2.920	4.303	6.965	9.925	31.598
3	0.137	0.277	0.424	0.584	0.765	0.978	1.250	1.638	2.353	3.182	4.541	5.841	12.924
4	0.134	0.271	0.414	0.569	0.741	0.941	1.190	1.533	2.132	2.776	3.747	4.604	8.610
5	0.132	0.267	0.408	0.559	0.727	0.920	1.156	1.476	2.015	2.571	3.365	4.032	6.859
6	0.131	0.265	0.404	0.553	0.718	0.906	1.134	1.440	1.943	2.447	3.143	3.707	5.959
7	0.130	0.263	0.402	0.549	0.711	0.896	1.119	1.415	1.895	2.365	2.998	3.499	5.405
8	0.130	0.262	0.399	0.546	0.706	0.889	1.108	1.397	1.860	2.306	2.896	3.355	5.041
9	0.129	0.261	0.398	0.543	0.703	0.883	1.100	1.383	1.833	2.262	2.821	3.250	4.781
10	0.129	0.260	0.397	0.542	0.700	0.879	1.093	1.372	1.812	2.228	2.764	3.169	4.587
11	0.129	0.260	0.396	0.540	0.697	0.876	1.088	1.363	1.796	2.201	2.718	3.106	4.437
12	0.128	0.259	0.395	0.539	0.695	0.873	1.083	1.356	1.782	2.179	2.681	3.055	4.318
13	0.128	0.259	0.394	0.538	0.694	0.870	1.079	1.350	1.771	2.160	2.650	3.012	4.221
14	0.128	0.258	0.393	0.537	0.692	0.868	1.076	1.345	1.761	2.145	2.624	2.977	4.140
15	0.128	0.258	0.393	0.536	0.691	0.866	1.074	1.341	1.753	2.131	2.602	2.947	4.073
16	0.128	0.258	0.392	0.535	0.690	0.865	1.071	1.337	1.746	2.120	2.583	2.921	4.015
17	0.128	0.257	0.392	0.534	0.689	0.863	1.069	1.333	1.740	2.110	2.567	2.898	3.965
18	0.127	0.257	0.392	0.534	0.688	0.862	1.067	1.330	1.734	2.101	2.552	2.878	3.922
19	0.127	0.257	0.391	0.533	0.688	0.861	1.066	1.328	1.729	2.093	2.539	2.861	3.883
20	0.127	0.257	0.391	0.533	0.687	0.860	1.064	1.325	1.725	2.086	2.528	2.845	3.850
21	0.127	0.257	0.391	0.532	0.686	0.859	1.063	1.323	1.721	2.080	2.518	2.831	3.819
22	0.127	0.256	0.390	0.532	0.686	0.858	1.061	1.321	1.717	2.074	2.508	2.819	3.792
23	0.127	0.256	0.390	0.532	0.685	0.858	1.060	1.319	1.714	2.069	2.500	2.807	3.767
24	0.127	0.256	0.390	0.531	0.685	0.857	1.059	1.318	1.711	2.064	2.492	2.797	3.745
25	0.127	0.256	0.390	0.531	0.684	0.856	1.058	1.316	1.708	2.060	2.485	2.787	3.725
26	0.127	0.256	0.390	0.531	0.684	0.856	1.058	1.315	1.706	2.056	2.479	2.779	3.707
27	0.127	0.256	0.389	0.531	0.684	0.855	1.057	1.314	1.703	2.052	2.473	2.771	3.690
28	0.127	0.256	0.389	0.530	0.683	0.855	1.056	1.313	1.701	2.048	2.467	2.763	3.674

续表

n\α	0.9	0.8	0.7	0.6	0.5	0.4	0.3	0.2	0.1	0.05	0.02	0.01	0.001
29	0.127	0.256	0.389	0.530	0.683	0.854	1.055	1.311	1.699	2.045	2.462	2.756	3.659
30	0.127	0.256	0.389	0.530	0.683	0.854	1.055	1.310	1.697	2.042	2.457	2.750	3.646
40	0.126	0.255	0.388	0.529	0.681	0.851	1.050	1.303	1.684	2.021	2.432	2.704	3.551
60	0.126	0.254	0.387	0.527	0.679	0.848	1.046	1.296	1.671	2.000	2.390	2.660	3.460
120	0.126	0.254	0.386	0.526	0.677	0.845	1.041	1.289	1.658	1.980	2.358	2.617	3.373
∞	0.126	0.253	0.385	0.524	0.674	0.842	1.036	1.282	1.645	1.960	2.326	2.576	3.291

附表5 χ^2分布的上侧临界值χ_α^2表

$$P(\chi^2(n) \geqslant \chi_\alpha^2) = \alpha \quad n\text{：自由度}$$

n \ α	0.995	0.99	0.98	0.975	0.95	0.90	0.10	0.05	0.025	0.02	0.01	0.005
1	0.0⁴393	0.0³157	0.0³628	0.0³982	0.0²393	0.0158	2.71	3.84	5.02	5.41	6.63	7.88
2	0.0100	0.0201	0.0404	0.0506	0.103	0.211	4.61	5.99	7.38	7.82	9.21	10.6
3	0.0717	0.115	0.185	0.216	0.352	0.584	6.25	7.81	9.35	9.84	11.3	12.8
4	0.2070	0.297	0.429	0.484	0.711	1.06	7.78	9.49	11.1	11.7	12.3	14.9
5	0.4120	0.554	0.752	0.831	1.145	1.61	9.24	11.1	12.8	13.4	15.1	16.7
6	0.676	0.872	1.13	1.24	1.64	2.20	10.6	12.6	14.4	15.0	16.8	18.5
7	0.989	1.24	1.56	1.69	2.17	2.83	12.0	14.1	16.0	16.6	18.5	20.3
8	1.340	1.65	2.03	2.18	2.73	3.49	13.4	15.5	17.5	18.2	20.1	22.0
9	1.730	2.09	2.53	2.70	3.33	4.17	14.7	16.9	19.0	19.7	21.7	23.6
10	2.160	2.56	3.06	3.25	3.94	4.87	16.0	18.3	20.5	21.2	23.2	25.2
11	2.60	3.05	3.61	3.82	4.57	5.58	17.3	19.7	21.9	22.6	24.7	26.8
12	3.07	3.57	4.18	4.40	5.23	6.30	18.5	21.0	23.3	24.0	26.2	28.3
13	3.57	4.11	4.77	5.01	5.89	7.04	19.8	22.4	24.7	25.5	27.7	29.8
14	4.07	4.66	5.37	5.63	6.57	7.79	21.10	23.7	26.1	26.9	29.1	31.3
15	4.60	5.23	5.99	6.26	7.26	8.55	22.3	25.0	27.5	28.3	30.6	32.8
16	5.14	5.81	6.61	6.91	7.96	9.31	23.5	26.3	28.8	29.6	32.0	34.3
17	5.70	6.41	7.26	7.56	8.67	10.1	24.8	27.6	30.2	31.0	33.4	35.7
18	6.26	7.01	7.91	8.23	9.39	10.9	26.0	28.9	31.5	32.3	34.8	37.2
19	6.84	7.63	8.57	8.91	10.1	11.7	27.2	30.1	32.9	33.7	36.2	38.6
20	7.43	8.26	9.24	9.59	10.9	12.4	28.4	31.4	34.2	35.0	37.6	40.0
21	8.03	8.90	9.92	10.3	11.6	13.2	29.6	32.7	35.5	36.3	38.9	41.4
22	8.64	9.54	10.6	11.0	12.3	14.0	20.8	33.9	36.8	37.7	40.3	42.8
23	9.26	10.2	11.3	11.7	13.1	14.8	32.0	35.2	38.1	39.0	41.6	44.2
24	9.89	10.9	12.0	12.4	13.8	15.7	33.2	36.4	39.4	40.3	43.0	45.6
25	10.5	11.5	12.7	13.1	14.6	16.5	34.4	37.7	40.6	41.6	44.3	46.9
26	11.2	12.2	13.4	13.8	15.4	17.3	35.6	38.9	41.9	42.9	45.6	48.3
27	11.8	12.9	14.1	14.6	16.2	18.1	36.7	40.1	43.2	44.1	47.0	49.6
28	12.5	13.6	14.8	15.3	16.9	18.9	37.9	41.3	44.5	45.4	48.3	51.0
29	13.1	14.3	15.6	16.0	17.7	19.8	39.1	42.6	45.7	46.7	49.6	52.3
30	13.8	15.0	16.3	16.8	18.5	20.6	40.3	43.8	47.0	48.0	50.9	53.7

参考文献

[1] 孟生旺. 金融数学. 北京：中国人民大学出版社, 2009.
[2] 斯塔夫里, 古德曼. 金融数学. 蔡明超译, 北京：机械工业出版社, 2004.
[3] 马雷克·凯宾斯基, 托马什·扎斯特温尼克. 金融数学——金融工程引论. 佟孟华译, 北京：中国人民大学出版社, 2009.
[4] 约翰·赫尔. 期权、期货及其他衍生产品. 王勇, 索吾林译, 北京：机械工业出版社, 2011.
[5] 李向科, 丁庭栋. 金融衍生品定价、对冲和套利分析. 北京：北京大学出版社, 2008.
[6] 吴岚, 黄海. 金融数学引论. 北京：北京大学出版社, 2005.
[7] 华东师范大学数学系. 数学分析. 北京：高等教育出版社, 2001.
[8] 马传渔. 微积分（经济管理类）. 北京：高等教育出版社, 2007.
[9] 吴赣昌. 概率论与数理统计. 北京：中国人民大学出版社, 2009.
[10] 袁荫棠. 概率论与数理统计（经济管理类）. 北京：中国人民大学出版社, 1990.